经济学导论

徐丹丹　徐秋慧　编著

经济科学出版社

图书在版编目（CIP）数据

经济学导论／徐丹丹等编著 . —北京：经济科学出版社，2010.8

ISBN 978 - 7 - 5058 - 9765 - 6

Ⅰ. ①经⋯　Ⅱ. ①徐⋯　Ⅲ. ①经济学 - 高等学校 - 教材　Ⅳ. ①F0

中国版本图书馆 CIP 数据核字（2010）第 151059 号

责任编辑：王东岗
责任校对：张长松
版式设计：代小卫
技术编辑：潘泽新

经济学导论

徐丹丹　徐秋慧　编著

经济科学出版社出版、发行　新华书店经销

社址：北京市海淀区阜成路甲 28 号　邮编：100142

总编部电话：88191217　发行部电话：88191540

网址：www. esp. com. cn

电子邮件：esp@ esp. com. cn

北京汉德鼎印刷有限公司印刷

华丰装订厂装订

787×1092　16 开　18 印张　330000 字

2010 年 8 月第 1 版　2010 年 8 月第 1 次印刷

印数：0001—5000 册

ISBN 978 - 7 - 5058 - 9765 - 6　定价：28.00 元

序 言

我国改革开放已经走过 30 年的历程。30 年的时间，社会已经足够更换一代人了。在计划经济下成长起来并接受教育的最后一代人，其主体基本接近或已经退出工作岗位。当前正在工作岗位辛勤劳作和奉献的人基本上都已经是在改革开放进程中成长起来的一代人。计划经济下的思维与行为方式、工作习惯已经在社会生活中逐渐褪去。市场经济的新的思维和行为方式正在形成和发展，正日益渗透到社会生活的各个方面。

在当今的社会，人们日益强烈地感觉到，无论从事何种工作，事实上都无法摆脱市场经济的影响（不是连少林寺的和尚都在为佛教事业的生存与延续而直接接入市场经济了吗?）。与其浑浑噩噩地任由市场经济浪潮冲击，被动地在无边的大海中浮沉，倒不如多了解一些市场的运作规律，积极参与其中，趋利避害，来得更为实际一些。所以，社会上越来越多的人希望系统地、多了解一些市场经济的知识，多学习一些经济学的原理。

市场经济的核心原则是效率原则，即以既定的代价获取最大的成果，或以最小的代价达到既定的目标。怎样才能实际贯彻和实现这一原则呢？这就需要掌握一系列的、系统的相关理论和办法。这就是经济学和管理学的理论和方法。

在我国改革开放过程中，整个国家将工作的中心转移到经济活动上，而人们对市场经济的运作及规律的了解，由不熟悉到熟悉需要一定的时间和过程。现实中，经济学家们较多地参与改革与经济决策，在媒体上对经济问题发表意见，使他们中的一些人成为经济生活中众人敬仰的"热点人物"和"权威"。一些抓住机遇在市场经济中"发迹"的富豪也成为很多人羡慕和追捧的对象。但这些情况并非普通大众所能够企及，人们只不过希望在市场经济下自己的生活过得更好一些，对前景和自己的努力结果更清醒更明白一些。当然，也不排除人们发家致富的愿望。当前，我国的社会主义市场经济正在不断深入发展，自己创业的非经管类专业的人士也越来越多，他们也十分迫切地需要对经济学理论有一定的了解和把握。……无论如何，社会经济生活的许多情况都使人们增强了学习和了解经济学与管理学知识的欲望。

与市场经济的发展相适应，高等院校的经济类和管理类学科、专业也早已成为大学生和研究生的首选学科与热门专业。当然，高等院校的学生不可能全部进入经济学和管理学专业进行学习。但非经管类专业的学生仍然需要学习这方面的知识。有鉴于此，国内外很多高校都在为非经管类各专业本科生开设"经济学导论"或相关课程，以增强对学生的通识教育，培养更加符合市场需求和社会需要的、具备多方面工作能力的大学生。

北京工商大学徐丹丹教授和徐秋慧老师积三年的理论研究、探索与教学实践基础，为非经管类学生的经济学通选课程主编了《经济学导论》。该教材既是她们进行《经济学导论》课程教学改革与教材建设的成果，也完全是适应非经管类各专业本科生、高职高专学生需要而撰写的经济学教材。它也适合没有机会在大学学习但又希望对相关知识有所了解的社会人士自学。

这本教材在不少方面具有鲜明的特色，值得向有志于学习和了解经济学知识的非经管类学生及其他人士推荐。

首先，该教材内容精练而全面，基本上涵盖了国际通行的关于市场经济运行规律的经济学教材的主要内容。本教材篇幅不大，但内容体系较为完整、充实，体现了富有教学经验的编者对教材内容安排的认真与精到。该教材对现代经济学基本理论和方法进行系统介绍时，做到了重点突出、详略得当。其理论介绍深入浅出，通俗易懂。

其次，应该说，经济学理论本身是枯燥的，但该教材文风简洁、明快，语言活泼，举例贴近现实，这些都有助于很好地说明经济学原理。编者在保持国内教材严谨性的同时，吸取了国外同类教材语言活泼，布局生动，引人入胜的优点。教材中还以专栏形式介绍经济理论的最新进展和现实世界的事实数据。相信本教材这些特点必定会帮助读者对经济学产生浓厚的兴趣，领会到经济学的盎然生机和趣味。

再者，本教材试图让经济学思维和分析方法成为学生的基本分析方法之一。其实学习经济学主要是学习其思维方式和分析方法。该教材注重这方面的训练，是很值得赞赏的。教材中大量运用了近期国内外的经济数据和实际案例，帮助学生理解抽象的理论，提高学习兴趣。这对提升学生对于现实经济运行和经济政策的分析思考能力，形成正确理解经济社会的思考方法，大有裨益。

此外，为方便学生进一步深入学习，本教材设立了网上学习环节，帮助学生巩固理论，拓宽视野。经济科学出版社还在网站上公布附有答案的习题库、教学 PPT、诺贝尔经济学奖获得者学术评介等内容，这些既有助于教师教学，也有利于学生进一步理解所学内容，把握理论前沿。

总之，这本《经济学导论》是一部有特色的成功教材。我相信，这部教材对于非经管类学生和初学者进入经济学知识的领域，一定可以得到很好的帮助。

北京大学外国经济学说研究中心主任　博士生导师

王志伟

2010 年 8 月 4 日

前　言

在现代社会，经济学已经渗透到我们生活的方方面面，并时时处处影响着我们的思维和决策。有鉴于此，国内外多所高校为非经管类各专业本科生开设了经济学导论课程，以建立更加完善的通识教育课程体系，培养更加符合市场需求和社会需要的具备多元竞争力的大学生。在哈佛大学，"经济学导论"是最受各学科、各专业学生欢迎的课程。在国内，北京大学、复旦大学等高校也先后为非经管类学生开设了经济学导论课程。在此背景下，北京工商大学加强了通识教育课程建设，并于 2007 年委托我们进行"经济学导论课程建设规划研究"，该研究是北京工商大学的教育教学研究与改革项目。2008 年 9 月，北京工商大学为理工类学生开设了经济学导论课程，目前已有近 2000 名学生成为受益者。通过该课程的学习，学生不仅可以了解经济学产生和发展的过程，掌握经济学的基本理论和分析方法，而且能够运用所学的理论和方法分析、观察经济现象并理解相关的经济政策，增强对市场经济的理解能力和适应能力，提高其经济学素养。2009年 7 月，"经济学导论"获批北京工商大学优秀教材建设项目。现在呈现在读者面前的这本教材就是经济学导论教学改革与教材建设的成果。

本教材的具体特色可以概括为以下几个方面：

1. 内容精而全。本教材篇幅不大，但体系完整、内容充实。既对现代经济的基本理论和方法进行了系统的介绍，又做到了重点突出、详略得当，理论讲解深入浅出，避免了精而不全、全而不精、或深或浅的情形。

2. 风格简洁、明快。与国外此类教材相比，国内教材一般体系严谨，但生动活泼不足。本教材在编写中既注重保留国内教材的严谨之风，又注重吸取国外教材的生动清新。通过简洁的架构，明快的语言，将经济学娓娓道来，让读者领会到经济学的盎然生机。

3. 试图将经济学分析方法内生为学生的本能素养。本教材大量运用近期国内外的经济数据和实际案例，帮助学生理解抽象的理论，提高学习兴趣，提升学生对现实经济运行和经济政策的分析思考能力，形成有效理解和适应经济社会的思考方法。

4. 设立网上学习环节,帮助学生巩固理论,拓宽视野。本教材不仅以专栏形式介绍经济理论的最新进展和现实世界的事实数据,还在经济科学出版社网站(经济科学出版社网站资源下载栏 http://www.esp.com.cn/Resource/ResourceList.aspx)上公布附有答案的习题库、教学 PPT、诺贝尔经济学奖获得者学术评介等内容,不仅有助于教师教学,又引导学生进一步理解所学内容,把握理论前沿。

本教材是为非经管类高校本科生、经管类专科生、高职高专学生和对经济学感兴趣的初学读者编写的。使用本教材的教师可根据教学实际情况恰当选择教学内容。

编 者
2010 年 7 月

目　　录

第一章 引　言

"经济学家和政治学家们的思想，不论它们在对的时候还是错的时候，都比一般所设想的要更有力量。的确，世界就是由它们统治着。讲求实际的人自认为他们不受任何学理的影响，可是他们经常是某个已故经济学家的俘虏。在空中听取灵感的当权的狂人，他们的狂乱想法不过是从若干年前学术界拙劣作家的作品中提炼出来的。"

——约翰·梅纳德·凯恩斯：《就业、利息和货币通论》

本章内容提要：

- 经济学是研究如何有效配置和充分利用稀缺性资源的学问
- 资源的稀缺性导致了选择和机会成本
- 经济学包括微观经济学和宏观经济学两部分，各部分又包括若干原理
- 经济学家运用假设和模型思考和解释世界，他们在观察和分析经济问题时既运用实证分析方法，也运用规范分析方法

当我们拿起报纸、打开电视、浏览网页或者高谈阔论时，最热门的话题不外乎扩大国内需求、减少失业、中美贸易摩擦、收入分配差距、保持8%的增长速度、国有企业垄断等等，所有这些话题谈论的都是经济问题，而为这些问题提供解释的学科就是经济学。本章将介绍经济学的基本知识，并以此武装你的大脑，让你可以像经济学家那样为你的高谈阔论抛出掷地有声的理论证据。

|第|一|节|
什么是经济学

一、经济学的由来

经济学是一门古老而又年轻的学问。说它古老，是因为自从进入奴隶社会后，人们就开始关注和思考经济问题，形成了丰富而又富贵的经济学思想。例如，在我国战国时期，诸子百家就提出了许多天才的经济主张。其中，荀况写作的《富国》专篇，完整地论述了"重本"、"上下俱富"等富国思想。再如，在古希腊，色诺芬写作的《经济论》专著，系统地论述了家庭经济管理的思想，首次提出了"经济学"这个术语，并沿用至今。说它年轻，是因为直到1776年现代经济学之父亚当·斯密出版著名的《国民财富的性质与原因的研究》（以下简称《国富论》）后，经济学才从伦理学和政治学中彻底分离出来，成为一门完全独立的科学。我们现在学习的经济学，只有200多年的历史，同哲学、数学、物理学等相比，显然是很年轻了。

在经济学发展的历史上，有很长一段时间，经济学被叫做政治经济学。其首创者是法国重商主义的理论家蒙克莱田。1615年，他写了一本小册子，书名叫《献给国王和王太后的政治经济学》，首次使用了政治经济学这个术语。当时的用意是，他研究的主题是整个国家的经济问题，不同于古希腊和古罗马学者们对家庭管理的研究。此后，政治经济学这个术语便广为流传，并被学界普遍接受。例如，李嘉图的《政治经济学及赋税原理》、萨伊的《政治经济学概论》、穆勒的《政治经济原理—及其在社会哲学上的若干应用》、杰文斯的《政治经济学理论》、马克思的《政治经济学批判》等，这些古典经济学家的经济学著作一般都冠以政治经济学。

1890年，英国著名经济学家、新古典学派的创始人马歇尔出版了其划时代的著作《经济学原理》，第一次从书名中去掉了"政治"这两个字。此后，经济学这一称谓就逐渐取代了政治经济学。1935年，伦敦学派的代表人物罗宾斯在《论经济科学的性质和意义》一书中，把马歇尔的古典经济学和瓦尔拉斯的边际主义综合起来，重新定义了经济学。

目前，在我国的经济学语境中，政治经济学特指马克思经济学，经济学则特指在西方国家中流行的与马克思经济学不同的"西方"经济学。至于"新政治经济学"，则特指专门研究政治市场的经济学说，是西方经济学的一个分支，与马克思经济学不是一回事。

二、经济学的定义

人类社会从产生开始就面临各种各样的经济问题，这些问题的根源在于人类欲望无限，而满足我们欲望的资源是有限的，这就是资源的稀缺性。人类欲望是指人们主观上希望得到的东西。例如，我们希望活得更健康，寿命更长；我们希望拥有一个更加祥和与安全的美好世界；我们期望拥有更宽敞的住房；我们期望有更多的时间去欣赏足球联赛、听音乐会、旅行等。这也就是中国人常说的"人心不足"、"贪得无厌"，正是人类不断增长的欲望推动着经济增长、科技进步和社会发展。

然而，当我们试图满足我们越来越多样化，层次越来越高的欲望时，时间、财力、价格等种种因素常常把我们限制得捉襟见肘。一个学生会发现，一天只有24小时，在看世界杯的同时，他没有办法找到更多的时间准备期末考试；一个家庭主妇会发现，家庭月收入只有8 000元，如果购买大屏幕液晶电视的话，基本就没有能力再满足女儿去看世博会等活动的愿望；一个企业主会发现，如果将原材料用于生产甲产品的话，就没有足够的原材料生产乙产品。由小及大，对于全社会来说，可用于生产的资源数量决定了我们欲望满足的边界。可见，资源的稀缺性无处不在。

经济学上所说的资源，一般是指能用于生产物品或劳务的生产要素，包括自然资源和经济资源两大类。

自然资源是指自然界中先天存在的物质资源，在经济学中通常以"土地（Land）"来泛指所有自然资源。在有些情况下，人们不必支付代价就可以取用这类资源。例如，人们在丛林里呼吸新鲜的空气，在海滩上享受明媚的阳光，在山涧边饮用清冽的泉水等。从这个角度看，这类物品是自由取用物品。当然，这种说法是相对的。因为，有些时候，这类物品是可以自由取用的；有些时候，则不能自由取用。例如，在丽江的玉龙雪山，游客可自由地饮用山涧的泉水。但是，在繁华的都市，人们必须付费后才能饮用矿泉水。再如，在未开化的原始社会，人们可以在土地上自由地放牧或狩猎。但是，在现代工业社会，很少有国家允许人们免费使用土地和森林资源。从发展趋势上看，随着人口的增长，生产率的提高，自由取用的自然资源越来越少，其稀缺性越来越明显。

经济资源是指劳动、资本和企业家才能。劳动（Labor）指生产产品的技能，包括体力劳动和脑力劳动。劳动要素包括人力资源的数量和质量。资本

（Capital）是指生产出的最终产品，并用于再生产中，例如机器、厂房、设备等。企业家才能（Entrepreneurship）是企业家特有的个人素质，其作用包括组织协调其他要素进行生产、寻求和发现新的商业机会、引进新的生产技术或发明和引导和带动企业。经济资源可以经过人们的努力而不断增加和积累。例如，通过教育，人力资本会增加；通过储蓄和投资，资本设备会增加；通过农田水利建设，土地资源可以增加，等等。但是，相对而言，经济资源的增长总是落后于人们需求的增长，或者说，经济资源总是有限的、稀缺的。经济资源一般有多种用途，可以用于多种组合，生产效用不同的物品和劳务。例如，一块土地，可以播种小麦，也可以挖塘养鱼；一匹布帛，可以制成服装，也可以做成被褥，等等。因此，一定量的资源，有一个如何配置才能有效利用的问题。或者说，怎样配置既定的资源，其使用效率才最高，才使我们的欲望获得最大限度满足。

经济学正是从欲望无限和资源有限这一矛盾出发，确定其研究对象就是研究如何实现资源的最优配置以使人类需要得到最大限度满足的一门社会科学。由于稀缺性，有限的资源用于此用途就无法用于彼用途，因此，经济学也被称为选择的科学。

三、机会成本

正是由于稀缺性，有限的资源用于此用途就无法用于彼用途，因此，我们必须做出选择。而一旦我们做出选择时，就必须放弃其他的可供选择，我们所放弃的选择可能带来的收益就是我们选择的机会成本（Opportunity Cost）。例如，当学生选择了看足球赛时，就意味着他放弃了晚上4个小时的学习时间，4小时的学习可能带来的高分数就是学生看球赛的机会成本；当家庭主妇决定支付女儿的旅游费用时，就意味着她无法再购买心仪的液晶电视，她所放弃的液晶电视能够为她带来的享受就成为支付女儿旅游费用的机会成本；当企业主决定多生产100单位甲产品时，他就必须少生产60单位乙产品，那么60单位乙产品就是100单位甲产品的机会成本。

为了更清楚地理解机会成本，我们看一个简单的例子。假设一个经济体仅生产两种物品：机床（可代表资本品）和电视（可代表消费品）。在资源总量既定、生产技术既定条件下，假设可能生产的机床和电视的最大数量组合如图1-1、表1-1所示。

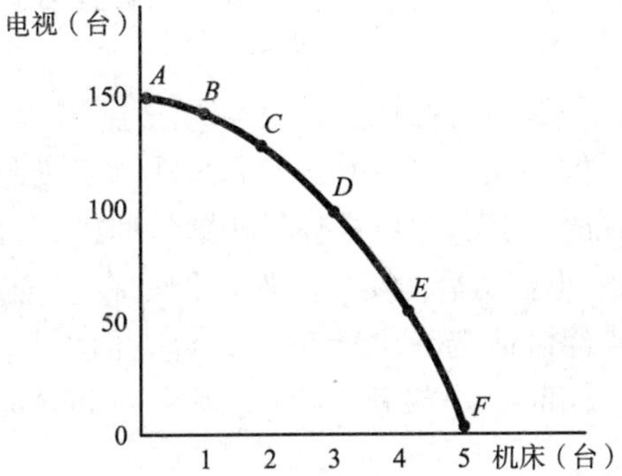

图 1-1 生产可能性边界

表 1-1　　　　　　　　　　　　　生产可能性边界

可能性	机床（台）	电视（台）
A	0	150
B	1	140
C	2	120
D	3	90
E	4	50
F	5	0

图 1-1、表 1-1 中的数据说明，当全社会的经济资源都被用来生产机床和电视时，所能获得的产品数量有一系列的可能性，分别用 A、B、C、D、E 和 F 组合表示。其中，组合 A 表示资源全部用于生产机床的情形，组合 F 表示资源全部用于生产电视的情形。组合 B、C、D、E 则表示同时生产机床和电视的各种可能的组合。

我们将表 1-1 中的数据画在图 1-1 中，横轴和纵轴分别表示机床和电视的数量。表 1-1 的 A 至 F 这六种可能性在图 1-1 中对应地用 A 至 F 这六个点表示。假设机床和电视的数量可以连续变化，可能的组合点应不限于这六个点，将这些点连接起来成为一条平滑的线，该线上的所有点均可表示可能的组合点。这条线就形成生产可能性边界。

在生产可能性边界上，表明资源被充分利用，是在既定资源和技术条件下所可能生产的最大数量的组合，属于有技术效率的组合。在生产可能性边界内，虽然在生产上是可能的，但未实现资源的充分利用，是缺乏技术效率的。在生产可能性边界外，则表明是生产上不可能实现的点，即在现有的资源和技术条件下是无法实现的。

生产可能性曲线说明资源是稀缺的，人类无法生产出超越可能性曲线之外的产品数量组合；生产可能性曲线也说明人们必须在既定资源数量下做出选择，当选择多生产一单位电视时，就必须要放弃某些数量的机床，所放弃的机床数量就是生产这一单位电视的机会成本；反之亦然。例如在 B 点，经济体生产 1 台机床和 140 台电视机，当经济体选择生产在 C 组合点而不是 B 组合点时，它就要增加 1 台机床的生产，同时必须放弃 20 台电视机，也就是说，1 台机床的机会成本就是 20 台电视机。

顺着生产可能性边界移动，当经济体不断增加机床的生产时，每增产 1 台机床所需要放弃的电视的数量是逐渐增加的。第 1 台机床的机会成本是 10 台电视，第 2 台机床的机会成本是 20 台电视，第 3 台机床的机会成本是 30 台电视，第 4 台机床的机会成本是 40 台电视，第 5 台机床的机会成本是 50 台电视。这些数字说明的就是全社会都面临的机会成本递增的规律，据此可以推断，我们生产的某种产品的数量越多，所要付出的机会成本就越多，这使得生产可能性边界是凹向原点的一条曲线。

从你今天开始学习经济学，你的大脑中就要充斥各种各样的经济学理论、模型，直到你期末考试结束之后，甚至你可能将这本书扔到废纸篓里。很多年之后，也许你已经忘记了书里的所有内容，甚至你已经不记得你曾经有过这样一本书，但是你不应该忘记的是，有所得必有所失，你必须为你的任何选择付出成本，天下没有免费的午餐。

四、经济学的基本问题

面对资源稀缺性的制约，所有生产者都面临选择，即如何用既定的稀缺性资源生产出最多的物品和劳动，并分配给不同的社会成员，满足他们自身的各种需要的问题。这些选择构成了经济学的三大基本问题。

问题一："生产什么"（What），即将稀缺的资源用于生产什么产品？生产多少？人们有各种各样的欲望。例如，衣食住行等。而资源是有限的，这就需要选择究竟生产哪些产品，各生产多少，以满足人们哪些欲望以及在多大程度上满足。例如，土地资源是有限的，可以用来种粮食，也可以用来盖房子，这都是人们所需要的。那么究竟多少用来种粮食？多少用来盖房子？这是人们要进行选择的经济问题之一。

问题二："如何生产"（How），即用什么方法来生产产品？生产的过程是将各种生产要素进行组合的过程。不同的组合方式，得到的产量会存在差异。例如，同样的电器，可以采取完全自动化的流水线生产，也可以采取人工组装方式生产，前者投入的机器设备多，而投入的劳动少，后者投入的机器设备少，而投入的人工多。究竟选择哪种方式最有经济效率？这是人们要进行选择的经济问题之一。

问题三："为谁生产"（for Whom）。资源是稀缺的，生产出来的产品相对于人们的欲望而言是有限的，那么这些产品如何分配给社会中的个人和集团？依照什么原则分配？这是人们要进行选择的经济问题之一。

上述三个基本的经济问题是任何社会任何时候都必须要面对和认真解决的，实际上涵盖了经济活动的基本环节，即生产、分配、交换、消费。另外，应对现代经济的周期性波动和经济全球化浪潮，何时生产（When）、何地生产（Where）也开始成为值得关注的两个经济问题。

何时生产是指产品与劳务的生产时间往往受到供求、经济波动等因素的制约。当某一产品或劳务供不应求时，生产此类产品或劳务的厂商便会通过加班、追加投资等方式扩大生产，并会吸引新的厂商加入，从而整个行业的生产规模扩大，供给增加。另外，在现代货币经济周期性波动中，经济繁荣时期，产品生产规模大，供给力强；在经济衰退时期，生产萎缩，供给力下降。

何地生产是指任何产品或劳务的生产都存在成本—收益问题，有必要对产品或劳务的生产加工地进行选择。产地的选择往往受到多种因素的影响，具体地讲，需要统筹考虑资源、交通、市场和技术等。在经济全球化中，资本流动相对自由，跨国跨地区的投资设厂也越来越多。产品的产地、原材料的产地、产品销售地逐渐分离。

综上所述，为了有效率地使用稀缺资源，以满足人们各种欲望和需求，任何社会或国家都必须解决生产什么产品及生产多少、用什么方法生产、生产出来的产品如何在社会之间进行分配的问题。在不同的经济协调机制中，解决这三个基本经济问题的方式也不同。

五、经济协调机制

对于整个社会经济来说，做出选择的决策者主要有三类：消费者（Consumer）、厂商（Firm）和政府（Government）。消费者是购买产品进行消费以满足自身需求的人。厂商是利用资源生产产品的组织。政府是提供产品进行收入与财产再分配的组织。这三类主体均独立进行选择和决策。那么，这里的问题就是，既然居民、厂商和政府的决策都是各自独立进行的，如何协调三者之间的关系，以便使得经济良好运行呢？这将涉及到协调机制的问题。目前，主要的经济协调机制有三种：计划经济、市场经济和混合经济。

（一）计划经济

计划经济（Planning Economy），又称指令经济（Command Economy），是指通过某个中央机构的行政命令协调居民和厂商决策的机制。这是一种自上而下的协调资源配置的方式。目前，世界上只有少数国家由一个中央计划者来配置资源的计划经济模式。其通常做法是由国家掌握主要的生产要素，并通过行政命令的方式，把资源分配到各个部门、地区和企业，并管理产品的分配，乃至消费。这就是苏联和东欧国家试验过的计划经济模式。在改革开放以前，我国也曾经部分地使用过这种方法。事实证明，中央计划的配置方式不能有效地调动要素所有者的主动性和积极性，因而资源配置效率较低。

（二）市场经济

市场经济（Market Economy），是指通过价格调节来协调单个经济主体决策的机制。这是一种自下而上的协调资源配置的方法。目前，多数国家是通过市场来配置资源的。其特点是，千百万的家庭和企业通过市场彼此联系起来。它们自主地决定工作多少，购买什么，以及如何把储蓄用于投资。事实证明，通过价格机制配置资源，能够调动各个方面的积极性，经济的活力较强，包容性较好，因而效率较高。

（三）混合经济

混合经济（Mixed Economy），即主要依靠经济组织中的价格体系，同时也采用多种形式的政府干预来进行资源配置，即由市场机制和政府调控相结合的经济。混合经济出现的原因在于，市场机制是有效率的，但市场又不是万能的，市场在一定条件下也会失灵。计划经济模式有很多弊端，但也不是一无是处，它也有自己的优势。如果把两者的优势结合起来，同时又能避免其缺陷，就会更好地调节资源配置。事实上，目前许多实行市场经济的国家，都在某种程度上引入了计划，实行混合经济模式。美国的经济模式被认为是典型的混合经济。从某种程度上说，我国也采用了混合经济方式。

本书不欲对计划经济展开讨论，将重点讲解市场经济是如何协调资源配置的，以及政府调控在弥补市场失灵中的作用。

|第|二|节|

经济学的分支

微观经济学和宏观经济学是西方经济学两大分支，二者构成了现代西方经济学的核心。

一、微观经济学

微观经济学这个词来源于希腊语 mikros，意思是"小"，它研究经济个体所做出的选择，这些选择在市场上的相互作用，以及政府对个体选择的影响。微观经济学的内容主要来源于马歇尔的《经济学原理》，也包括后人的一些重要研究成果。微观经济学分析的假设前提是，社会的资源总量是既定的。研究的主题是，用什么方式配置经济资源，其利用效率最高。

微观经济学研究对象是单个的经济单位，如单个企业、单个消费者和单个市场等的选择行为，重点是研究消费者如何利用有限的货币收入购买商品和劳务以获取最大效用（满足），生产者如何利用有限的资源生产商品和劳务以获取最大利润。其核心结论是：通过市场（价格）机制配置资源，就可以自动地实现充分就业均衡。不仅可以实现单个经济单位的最大化利益，也能达到整个社会的福利最大化。在这里，价格就像一只看不见的手，引导着整个社会的经济活动。因此，微观经济学又被称为价格理论。另外，因为微观经济分析的经济变量都是个量，所以，微观经济学又被称为个量经济学。

微观经济学的主要内容如下：

1. 价格理论。微观经济学的核心内容是价格机制。价格是由供给和需求两种力量共同决定的。这是全部微观分析的基础。所以，微观经济学一般先讨论价格决定问题。具体内容包括需求规律、供给规律，价格决定理论、弹性理论等。微观经济学讲的价格是市场均衡价格，所以这部分内容有时也被称作均衡价格理论。本书的第二章将讨论这些内容。

2. 消费者行为理论。市场经济是以需求为导向的。社会的最终需求是消费者的消费需求。同时，消费者的需求又是决定均衡价格的重要力量。所以，微观经济学在考察价格决定时，首先分析消费者的偏好、需求和选择行为。其基本结论是，消费者将有限的货币收入分配于各种商品的购买，以实现效用的最大化。具体内容包括基数效用论和序数效用论等。本书的第三章将讨论这些内容。

3. 生产者行为理论。在市场上，生产者或厂商作为商品或劳务的供给者，是决定均衡价格的另一重要力量。所以，微观经济学在考察了消费者行为对价格决定的影响后，接着分析生产者选择行为的影响。其基本结论是，生产者将有限的生产资源分配于各种商品的生产上，以实现利润的最大化。具体内容包括生产理论和成本理论等。本书的第四章将讨论这些内容。

4. 市场理论。生产者的选择行为同市场竞争程度有关。例如，在完全竞争市场上，生产者是价格接受者，其行为特征是在既定价格前提下选择最大化产量。与此不同，在完全垄断市场上，生产者是价格制定者，其行为特征是通过选择产量，决定利润最大化的价格。所以，在一般地考察了生产者行为后，还需要结合市场的特点，进行更深入的分析。根据市场竞争程度的不同，市场可以分四种类型，即完全竞争市场、完全垄断市场、垄断竞争市场和寡头市场。市场理论主要分析上述市场结构的特征及其对资源配置的影响。本书的第五章将讨论这些内容。

5. 分配理论。在市场经济中，人们的收入取决于他们提供的要素数量和要素价格。要素价格取决于要素供给和要素需求两种力量的均衡。生产中的要素主要包括土地、劳动和资本。要素市场理论主要研究地租、工资和利润等要素收入是如何决定的，及其对资源配置效率的影响。要素价格关系到人们的收入分配，回答了"为谁生产"的问题，所以又叫做分配理论。本书的第六章将讨论这些内容。

6. 市场失灵与政府管制。在有些情况下，如市场中出现了垄断、产出是公共产品、外部不经济、信息不完全等，市场机制就会失灵，导致资源配置效率下降。政府实施适当的微观经济政策，有可能校正失灵的市场。本书的第七章将讨论这些内容。

二、宏观经济学

宏观经济学这个词来源于希腊语的 makros，意思是"大"，它研究整体经济体的运行及其规律。"宏观经济学"这一概念一般被认为是挪威经济学家弗里希在 1933 年的《动态经济学中的传播问题与推动问题》一文中首次提出来的。1948 年首次在教科书（美国的肯尼斯·博尔丁编写的《经济分析》）中使用。古典经济学家有丰富的宏观经济思想，但没有独立系统的宏观经济分析专著。英国经济学家凯恩斯在 1936 年出版的《就业、利息和货币通论》，被认为是现代宏观经济学形成的标志。

宏观经济学的研究对象是总体经济，即整个国民经济的活动，如国内生产总值、物价水平和失业率等的变动。在长期内，经济是不断增长的，因而，宏观经济学首先要研究经济增长问题。在短期内，经济运行有可能背离长期增长趋势，出现经济波动，因而宏观经济学也要研究短期经济波动问题。财政政策、货币政策和汇率政策等宏观政策对经济总量变动有重要影响，因而宏观经济还要研究宏观经济政策的设计、实施及影响问题。宏观经济学研究的目的和任务是：解释经济事件，设计经济政策。

宏观经济学的主要内容如下：

1. 总需求—总供给模型。现代宏观经济学的核心内容是国民收入的决定问题。在短期内，要素数量、技术水平等生产能力是既定的，而且利用不充分，因而决定收入的主要因素是总支出水平。这就是需求决定理论。同时，在短期内，价格和工资等也是不变的，因而产出、收入和就业大体上按相同的比例变化。本书第九章将讨论这些内容。

2. 失业理论与通货膨胀理论。一般地说，现代经济是在通货膨胀与通货紧缩的交替中向前发展的，通货膨胀和通货紧缩是现代经济的普遍现象。通货紧缩期间往往有大量的失业。通货膨胀理论分析通货膨胀的原因、类型和经济影响。失业理论分析失业的原因、类型和影响等。本书第十章将讨论这些内容。

3. 宏观经济政策。宏观经济政策是宏观经济学的重要内容。现代经济的一个基本特征是有效需求不足，资源不能充分利用，需要政府管理总需求。其主要手段是实施宏观需求管理政策，重点是财政政策，并辅以货币政策。本书第十一章将讨论这些内容。

4. 经济增长理论。长期经济增长理论是宏观经济学的重要组成部分。经济增长主要探讨经济增长的源泉和增长方式，并由此形成了一些经济增长模型。经济长期稳定增长也是政府宏观经济政策的重要调控目标。本书第十二章将讨论这些内容。

5. 开放经济理论。现代经济的重要特点是要素可以在国际间流动，各国经济相互联系，相互影响。开放经济理论主要讨论国际间的商品流动和资本流动，即国际贸易理论和国际金融理论。这些内容也是国际经济学的重要组成部分。本书第十三章将讨论其中的主要内容。

|第|三|节|
经济学家如何思考

一、经济学的基本假设

面对纷繁复杂的经济现实，经济学家理解经济行为的方式分两步。第一步是将该经济行为的决策者划分为四类：家庭、企业、政府和外国人。微观经济分析关注每个个体的家庭、企业和政府的行为及其相互影响，而宏观经济学将这四类决策者总括为家庭部门、企业部门、政府部门和国外部门，研究每个部门的决策及其影响。第二步就是做出两个极其重要的基本假设，这是所有经济思想的基础，在经济学家的思维中无处不在。

（一）经济人假设

"经济人假设"，也简称经济人，指的是在进行经济分析时，假定人的思考和行为都是有理性的，都是试图在既定成本的前提下获得最大收益。"经济人假设"来自亚当·斯密《国富论》中的一段话：我们每天所需要的食物和饮料，不是出自屠户、酿酒家和面包师的恩惠，而是出于他们自利的打算。我们不说唤起他们利他人的话，而说对他们有好处。此后，西尼耳定量地确定了个人经济利益最大化公理，约翰·穆勒在此基础上总结出了"经济人假设"，最后帕累托将"经济人"这一名词引入经济学。与"经济人"相对的概念是"道德人"或"社会人"。

经济人假设有两个核心内容：一是假设经济人的本性是利己的；二是假设经济人的选择行为是有理性的。所谓利己，是指经济人在选择时，首先考虑的是自己的利益和需要，而不是他人的利益和需要。这种利益或需要，可能是物质方面的，也可能是精神方面的。前者一般表现为"利"，后者一般表现为"名"。"追名逐利"就是对经济人假设的最好描述。在一般人的思维中，利己和自私是同义词，自利是不道德的。但在经济学家的心目中，自利是一种客观心理状态。经济学家接受经济人假设，只是为了方便研究人的经济行为特征，并不意味着赞赏和提倡自利这种人性。经济学家认可经济人假设，也不否认人还有其他心性，如同情心、利他主义等。所谓理性人，是指经济人在选择时，会进行成本—收益计算，会从若干个备选方案中挑选一个收益既定时成本最小，或成本既定时收益最大的方案。经济学家接受理性人假设，并不否认经济人的选择有可能失误。

此外，经济学家所说的经济人假设，是指人的行为动机，而不是其具体行为或行为结果。因为，有些人做了"好"事，其动机可能是利他的，也可能是利己的。例如，丰田公司生产的唯一目的和决定性动机肯定是利润，但这并不意味着他们生产的汽车必定是低劣的。反过来，丰田汽车质量上乘，也不意味着丰田公司的经营动机是利他的。

（二）稀缺性假设

稀缺性是每个决策者都面临的约束，在前面的部分中已经论述详尽，这里就不再赘述。

经济人假设和稀缺性假设是经济学家思考经济问题的起点。为了解释为什么存在贫困，为什么企业有兴有衰，为什么有的政策带来了繁荣，而另一些政策却让经济步入萧条，经济学家总是从这三个问题开始：

- 决策者个体是谁？
- 他们在对什么进行最大化？
- 他们面临的约束是什么？

二、经济学的分析方法

经济学家在观察和分析经济问题的过程中，可以运用实证分析方法和规范分析方法。前者回答"是什么"的问题，后者回答"应该是什么"的问题。

（一）实证分析

实证分析是描述性的。它们做出关于世界是什么的表述。例如，某年某国经济增长率是3%，失业率是4%，等等。这些实证分析数据反映着经济运行的实际状况。

实证分析方法以理性和逻辑为特征，表现为经济学家注重收集经济数据，运用规范的数理统计方法，整理和分析数据，从中得到结论，并检验结论是否符合经济事实。实证分析方法是受近代科学和工业革命催生的科学主义的影响而出现的，并经过从马歇尔开始的众多经济学家的发展，而逐渐占据了经济学方法论的统治地位。

实证分析一般有三个步骤：一是收集数据，即根据研究的需要，详细、全面、系统地收集有关经济现象的相关数据；二是构建模型，即分析研究运行中相关变量之间的逻辑关系；三是检验与预测。由于拟合的模型只是实际情况的一个较好的近似，理论的预测值与事实就未必一致，所以经济学家必须据此改进模型或预测相关变量。

（二）规范分析

规范分析是命令性的。它们做出世界应该是什么的表述。例如，某年某国国民收入应该增长3%，失业率应当控制在4%以内，等等。规范分析方法重视价值观和行为倾向的伦理基础，关注经济行为和经济政策对人们福利的影响和评价，强调关于条件、状况、事物和行为的价值判断。这对于产生规则性知识是必要的和有效的。但是，在规范分析中，由于价值判断的标准不同，对同一经济问题不同的经济学家有不同的看法。例如，对于雇佣劳动，马克思认为是资本家剥削了工人，而弗里德曼则认为是工人剥削了资本家。而且，规范分析的结果是否正确也无法用数据检验。例如，对于雇佣劳动的规范分析，仅仅通过工资率或利润率并不能证明是马克思还是弗里德曼正确。对于这类分析的评价，一般通过政治或立法的手段来解决。例如，在一个高度集权的国家，关于规范分析的争论，往往由最高统治者做出裁决。在一个民主政治体制中，这种争论一般由议会通过多数原则解决。无论采用哪种方法，都是在政治领域中，而不是在科学领域内解决有关规范问题的争论。

三、经济学中的障碍和陷阱

经济学是一门古老而又年轻的学科。1776年《国富论》的发表距今已有二百多年的历史，这期间经济学取得了不小的成就，但在许多领域尚存亟待解决的问题。原因之一在于经济学中的障碍与陷阱，即在对经济理论的学习与运用中，需要注意避免下列可能产生的推理谬误。

● 不能保持"其他条件不变"

在经济学分析中，我们大量使用的一个假设就是"其他条件不变"。经济学推理中，为考察众多影响经济问题的因素中的某一因素的作用，一般假定其他因素不变的情况下，然后判断该被考察因素变化，会带来什么样的变化。

如果忽略"其他条件不变"的假设，可能得出错误的结论。例如，鸡蛋的价格比20年前上涨了很多，但是对鸡蛋的需求量却增加了。从表面上看，似乎可以推导出这种现象违背了需求定律的结论，因为按照需求定律，需求量和价格的变化是反方向的变化的。实际上，在需求定律中，有一个重要的假定，即"其他条件不变"的情况下，需求量和价格的变化是反方向的。由于这 20 年不可能保持"其他条件不变",例如收入的增加、对鸡蛋偏好的增强等,它们的变化都可能使人们对鸡蛋的需求增加。因此,这一现象并不违背需求定律。

- **合成谬误**

合成谬误,是指对于部分来说是对的事情,认为对整体来说也是对的。但事实可能并非如此,整体不总是等于部分之和。例如,一个农民丰收,他的收入会增加,但是如果所有的农民都丰收,他们的收入反而会下降。这是因为,大家都丰收,会带来粮食供给量的增加,从而导致粮食价格下跌,收入可能不仅没有增加,反而会减少。同样的道理,如果一个人获得更多的货币,他的境况会更好,但是如果每个人都获得更多的货币,这会导致物价的上涨,这个社会反而可能变糟。

- **后此谬误**

后此谬误是指在考察因果关系时,因为 A 事件发生在 B 事件之前,而认为 A 事件引发了 B 事件。事实上,观察到事件 A 在事件 B 之前发生的事实并不一定能够证明事件 A 为事件 B 的原因。认为"在此事件之后"便意味着"因为此事件"就可能犯了后此谬误。例如,临近春节前,蔬菜、肉类和水果等价格往往会上涨,如果认为是因为这些食物的价格上涨,引起了春节的到来,这就犯了后此谬误的错误。事实上,是因为春节引起了人们对食物的需求增加,从而导致价格的上涨。

本章小结

1. 经济学是研究人们如何利用既定的稀缺性资源生产出最多的物品和劳务,并分配给不同的社会成员,满足其需要的科学。

2. 经济学研究中有两个基本假设,一是资源是稀缺的;二是经济人假设。

3. 经济学包括微观经济学和宏观经济学两个部分。其中,微观经济学是在假定经济资源总量既定的前提下,研究如何配置资源,才能使其利用效率最高。宏观济经济学是在假定微观经济主体都能有效利用资源的前提下,研究如何配置资源,才能消除有效需求不足,实现资源充分就业。

4. 经济学的功能是解释世界和改善世界。为此,经济学家必须运用科学的研究方法,包括提出假设、观察现象、实证分析和规范分析和建立模型等。

思考题

1. "将来，随着技术的更进一步发展，我们最终会消除稀缺性。在高新技术发展的未来，稀缺性将会消失。"你是否赞同这一说法？请解释你的看法，也请解释稀缺性的含义。并解释为什么稀缺性的存在需要人们进行选择。

2. 生产可能性边界是如何阐明稀缺性概念的？

3. 请分析说明我国现行的经济协调机制。

4. 思考在生活中遇到的问题，请说明哪些是宏观经济学问题，哪些是微观经济学问题。

专栏

经济学的演进：三次革命和三次综合

如果从重商主义算起，经济学迄今大体上经历了重商主义、古典经济学、新古典经济学和当代经济学四个发展阶段。其间，发生过三次重要的革命和大的综合。

一、亚当·斯密革命和约翰·穆勒综合

重商主义是欧洲资本原始积累时期的经济学说。该学说认为，一国积累的金银越多，就越富有，因而主张由政府管制农业、商业和制造业；垄断对外贸易；实行贸易保护主义；并利用殖民地为母国的制造业提供原料和市场。重商主义反映了当时（15～17世纪中期）商业资本的利益和要求，对于增加资本原始积累，推动资本主义生产方式的建立和发展，发挥了重要作用。但是，重商主义的分析只局限于流通领域，没有深入到生产领域，因而其理论是幼稚的，不科学的。所以，从17世纪中期开始，就在"斯密革命"的过程中逐渐地被古典经济学取代了。

古典经济学又称古典政治经济学，是指大约从1750～1875年这一时期内除马克思经济学之外的所有的政治经济学。其主要代表人物是英国的威廉·配第、大卫·李嘉图和亚当·斯密。其标志性著作是亚当·斯密1776年出版的《国民财富的性质和原因的研究》。《国富论》把经济学研究的对象，从流通领域转移到生产领域；坚持劳动创造价值的理论，认为经济规律决定着价格和要素报酬，并且相信价格体系是最好的资源配置办法；主张自由竞争，反对重商主义的国家干预。斯密的这些思想被认为是革命性的，史称"斯密革命"。

亚当·斯密有许多追随者。其中，李嘉图在推动古典经济学的发展中，做出了重要贡献。他在继承斯密理论的同时，也批判了斯密的一些观点，从而形成了

一种似乎不同于斯密的体系，甚至有人将此称为"李嘉图革命"。李嘉图的成功又吸引了一批跟随者，其中最著名的是詹姆斯·穆勒。

1848 年，约翰·穆勒出版了《政治经济原理—及其在社会哲学上的若干应用》。该书将斯密的学说和此后发展起来的其他学派的学说糅合在一起，形成了一个折衷的体系，实现了经济学发展史上的首次大综合。在很长一段时期内，该书成为大学的经济学教材，被誉为第一本里程碑式的经济学教科书。

二、边际革命和马歇尔综合

19 世纪 70 年代初，奥地利的门格尔、英国的杰文斯和法国的瓦尔拉斯几乎同时出版了自己的代表作《国民经济学理论》（1871）、《政治经济学理论》（1871）和《纯粹经济学要义》（1874），各自独立地提出了边际效用价值理论，创立了边际分析方法，标志着李嘉图古典经济学的终结和现代经济学的开始。在经济学发展史上，边际学派的兴起及其对现代经济学的划时代影响，被称为边际革命。

边际学派的核心理论是边际效用价值论。该学派公开否定劳动价值论，主张用边际效用论取而代之。它们把个人的偏好、消费和市场需求提高到经济问题的首位，强调用主观的边际效用来说明商品价格的决定。它们研究的核心问题是消费者和生产者最大化时的均衡问题。至于这些资源的数量是如何决定的，以及它们是怎样增加的，也就是亚当·斯密所关注的经济增长问题则不在他们的研究视野之内。在方法论方面，边际学派开始大量地运用数学工具，尤其是边际分析。在其学术论文和专著中，开始大量出现数学公式、联立方程，以及各种数学符号和曲线图。边际学派利用方程组代表需求和供给，通过寻找它们的根来解决最优问题。边际分析强调问题的微小变化，因而它们基本上不研究国民收入的决定、经济增长和经济发展等宏观经济问题。

边际革命对现代经济学的形成和发展产生了深远而重要的影响。其中，英国经济学家、剑桥学派创始人马歇尔继承了约翰·穆勒的折衷主义传统，把边际革命和新出现的各种理论综合起来，构造了一个独立的理论体系。他在 1890 年出版了著名的《经济学原理》，实现了经济学发展史上的第二次大综合。在很长一段时期中，该书被奉为西方经济学界的"圣经"，并成为第二本里程碑式的经济学教科书。

三、凯恩斯革命和萨缪尔森综合

20 世纪 30 年代以前，以马歇尔经济学为代表的新古典经济学，居于西方经济学界的主流地位。该学说相信自由放任的市场经济具有自我调节机制，能够自动地达到充分就业的均衡状态。

20 世纪 30 年代，资本主义世界爆发了空前的经济危机。大量的银行倒闭，工厂关门，产出下降，进出口减少，工人失业，贫困增加，社会陷于动荡。面对这场历史上最严重、最持久、最广泛的危机，传统的经济理论既给不出科学的解释，也提不出化解危机的有效对策。在此背景下，英国经济学、宏观经济学之父凯恩斯于 1936 年出版了划时代巨著《就业、利息和货币通论》。这本著作在经济理论、研究方法和政策主张等方面，从根本上突破了传统经济学的固有见解，引发了一场经济理论上的巨大革命，史称"凯恩斯革命"。

《通论》出版后，微观经济理论和宏观经济理论都持续发展和不断完善。1948 年，美国经济学家、新古典综合派的创始人萨缪尔森，把以马歇尔为代表的新古典经济学和以凯恩斯为代表的宏观经济理论综合起来，创立了新古典综合理论体系，实现了经济学发展史上的第三次大综合。这次综合的理论成果，就是萨缪尔森于 1948 年出版的《经济学》。此后，《经济学》就逐渐取代马歇尔的《经济学原理》，成为第三本里程碑式的经济学教科书。该书每隔三年修订再出版一次。2001 年出版了第 17 版，在对新古典经济学、凯恩斯主义、现代货币主义、供给学派、理性预期等"诸子百家"进行综合的同时，还强调计算机信息技术所引起的经济和经济学领域的创新，网络经济对经济效率和市场力量的影响，对全球的公共产品——环境问题更加重视。2005 年出版的第 18 版，不仅增强了"信息网络经济"的色调，而且对"市场在发现"和"国际宏观经济学"等前沿问题的给予正视和回应。可以说《经济学》各版本推出的过程，就是从"原始的综合"到"成熟的综合"的过程。该书也成为有史以来生命期最长，发行量最大的一本经济学教科书。

第二章　需求与供给

> 你甚至可以使一只鹦鹉成为一个博学的经济学家；它必须学习的全部知识就是"供给"与"需求"这两个单词。

> ——托马斯·卡莱尔

本章内容提要：
- 与需求有关的概念和基本原理，包括：需求函数、需求表、需求曲线、需求定理等
- 与供给有关的概念和基本原理，包括：供给函数、供给表、供给曲线、供给定理等
- 均衡价格的决定及变动
- 需求价格弹性以及影响需求价格弹性的因素，需求弹性与总收益的关系
- 其他弹性，包括需求的收入弹性和需求的交叉弹性
- 供给价格弹性以及影响供给价格弹性的因素
- 市场中的政府干预，包括：价格上限和价格下限、税收归宿

如果你需要买一台新电脑，或者想要一瓶饮料，再或是想要坐飞机去上海参观世博会，你都必须要找到提供这些产品和服务的场所，这些场所就是市场，即任何一种能使得买卖双方获得信息并相互交易的安排。市场中的买卖双方构成了需求和供给，这两种力量的相互作用决定了市场价格，而价格是有效配置经济资源的基础性机制。本章讨论的需求和供给理论是微观经济分析的基本范畴和逻辑起点，也是微观经济学的核心。

第一节

需　　求

一、需求和需求规律

经济学上所说的需求，是指在一定时期内，在每一价格水平下，消费者愿意

并且能够购买的某种商品的数量。一个消费者想购买某种商品，同时又有支付能力时，才能形成真实的需求。如果没有购买能力，仅仅有购买的欲望，是潜在的需求，而不是现实的需求。经济学上讨论的需求是有支付能力的需求，或有效需求。

在理解需求概念时，还应当注意，需求是指对应于一系列价格的一系列数量，而不是一个特定的具体的数值。其中，对应于某一特定价格水平，消费者实际购买的商品数量，叫需求量。

在一定时期内，如果其他条件不变，某种商品的价格上升，其需求量就会减少；反之，该商品的价格下降，其需求量就会增加。需求量与价格呈负相关。对多数商品而言，这种关系是成立的，因而经济学家称之为需求规律或需求定律。在这里，假定前提是其他条件不变。因为，如果其他条件变了，上述关系不一定成立。例如，如果买者的收入增加了，即使某种商品的价格上升了，其购买量完全有可能增加，而不是减少。

需求规律可以用需求表和需求曲线表示。需求表是用来表示其他条件不变时，某种商品的价格与其需求量之间对应关系的表格。表2-1是苹果的需求表，表中数据显示，当苹果的价格为每公斤1元时，其需求量为1 000公斤；当价格上升到2元时，其需求量减少到800公斤，随着价格的上升，需求量不断减少。

表2-1　　　　　　　　　　　　　　　　苹果的需求表

项目	A	B	C	D	E
价格（元）	1	2	3	4	5
需求量（公斤）	1 000	800	600	400	200

上述对应关系还可以用一条需求曲线来表示。需求曲线是一条表示在其他条件不变时，某种商品需求量与其价格之间关系的曲线。图2-1是根据表2-1做出的曲线。

在图2-1中，横轴表示商品（在这里是苹果）的需求量，纵轴表示该商品的价格。需求曲线上标出的A、B、C、D、E各点分别代表需求表上各行的资料。例如，A点表示，价格是1元时，需求量是1 000公斤。

在一般情况下，需求曲线是向右下方倾斜的。这意味着该商品需求量与价格之间呈负相关关系。当商品需求量与价格之间呈线性关系时，需求曲线是一条直线。对于某些特殊商品，如吉芬物品，其需求曲线则向右上方倾斜。

需求规律还可以用一元需求函数来表示。其一般公式是：

$$Q^d = f(P)$$

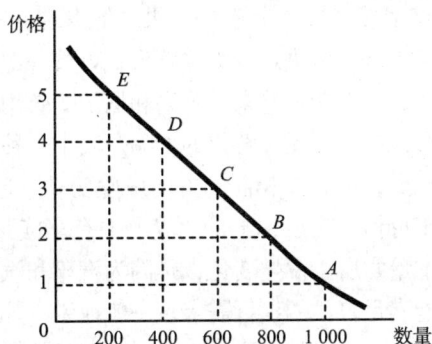

图 2-1　苹果的需求曲线

其中，Q^d 代表商品的需求量，P 代表商品的价格。

二、需求的决定因素

我们在前面讨论需求时，一直假定其他条件不变。这些条件主要是指消费者的收入水平、相关商品的价格、预期、人口以及偏好等。这些条件是需求背后的决定因素，如果这些条件全部或其中某一个变化了，即使商品本身的价格不变，其需求量也会变化，表现为整个需求表的变化或需求曲线的移动。

（一）收入水平

可以观察到，如果商品本身的价格不变，而消费者的收入变化了，其需求量就会变化。具体有两种情况：一种情况是，随着消费者收入的增加，其购买量会增加。例如，在改革开放以前，我国北方地区居民主食是粮食，肉类消费量较少。现在，随着收入增长，人们食用的肉类显著增加。这种随着收入增加，购买量也增加的商品，叫正常物品。另一种情况是，随着消费者收入的增加，其购买量会减少。例如，在改革开放以前，我国居民主要穿着化纤织物。现在，人们的收入增加了，主要穿着纯棉织物，化纤织物的购买量大幅度减少了。这种随着收入增加，购买量反而减少的物品，叫低档物品。需要指出的是，正常物品和低档物品的划分是相对的，会因人因时因地而有所不同。

（二）相关商品的价格

消费者在购买某种商品时，除了考虑该商品本身的价格外，还会考虑其他相关商品的价格。例如，某消费者去超市购买苹果。他发现，苹果的价格虽然没有变化，但橘子价格下降了。于是，他决定少买些苹果，再买一部分橘子。苹果需求量之所以发生变化，是因为在这位消费者看来，苹果和橘子的效用相似，可以相互替代满足同一欲望。一般地说，凡是可以相互替代的物品，其中一种商品的价格下降了，另一种商品的需求量就会减少，两者按相同的方向发生变动。也有相反的情形。例如，某消费者中意的一款汽车价格下降了，于是他成了"有车族"。相应地，他对汽油的购买量增加了。汽油需求之所以发生变化，是因为汽车和汽油是互补品，消费者同时消费这两种商品，才能满足自己的出行需求。一般地说，凡是互补品，其中一种商品的价格下降了，互补品的需求量就会增加，两者按相反的方向变动。

（三）价格预期

消费者在购买某种商品时，除了考虑该商品当前的价格外，还会考虑其未来的价格走势，即对未来的价格进行预期。例如，2009 年，大量资金流入房地产业，推动城市商品房价格上升。人们预期在未来较长的时期内房价会继续上涨，于是纷纷买房。据统计，2009 年我国全国商品房销售额 43 995 亿元，比上年增长 75.5%。其中，商品房销售面积 93 713 万平方米，比上年增长 42.1%。商品房需求量的这种变化，显然与预期有关。一般地说，凡是消费者预期价格将来会上涨，现在的购买量就会增加；相反，如果预期价格将来会下跌，现在的购买量就会减少，两者按相同的方向变化。

（四）偏好

偏好是指人们对商品的喜欢或爱好。人们的购买决策是由其偏好决定的。随着偏好的改变，商品的需求量就会发生变化。例如，在读高中时，你可能不喜欢经济学，不会购买《就业、利息和货币通论》之类的经济学书籍。现在，你读经济学本科了，喜欢经济学了，就会多买一些马克思、斯密、凯恩斯或弗里德曼的书。

（五）其他因素

其他因素如社会风俗、文化传统、制度安排等。这些也会影响消费者的偏好或收入水平，进而影响消费者的需求量。此外，人口规模和人口结构也会影响需求，但主要影响市场需求，而不是个别需求。例如，在一个人烟稀少的偏僻乡镇，可能没有几个人买笔记本电脑。但是，在繁华的大都市，笔记本电脑有很大的市场。这是人口规模的影响。同时，人口结构也影响商品的需求量。例如，在老龄化社会，对医疗保健等商品和劳务有巨大的需求。而在新兴的移民城市，教育服务则有巨大的需求。

如果把影响需求量的所有因素都纳入分析，需求函数就可表示为：

$$Q^d = f(P, X_1) \quad Q^d = f(P, X_1, X_2, X_3, \cdots, X_n)$$

其中，Q 表示某商品的需求量，P 表示某商品自身的价格，X_1，X_2，X_3，$\cdots$，X_n 表示影响该商品的其他因素，如相关商品的价格、消费者收入、消费者偏好、预期等等。这是需求函数的一般形式。

三、需求量变动与需求变动

在实际生活中，影响消费者购买计划的因素变化可能会引起需求量的变动，也可能引起需求的变动。然而，不论是需求量的变动，还是需求的变动，我们能观察到的外在表现都是购买量的变动。例如，当你的月收入从 2 000 元增加到 3 000 元时，在电影价格不变的情况下，你可能每月看电影的数量会增加两场，或者，当你的收入没有变化而电影价格从每场 60 元下降为 40 元时，你也可能每月多看两场电影，表面来看，你对电影的需求数量具有同样的增加，但是这两种增加的原因却是不同的。

（一）需求量的变动

需求量的变动源于商品价格的变化。假设你对电影的需求曲线是图 2 - 2 中的 D_0，在其他因素不变的情况下，当电影价格下降时，对电影的需求数量会增加，需求量沿着需求曲线 D_0 向下移动，从 A 点移动到 B 点；反之，当价格上升时，对电影的需求数量会下降，需求量沿着需求曲线 D_0 向上移动，从 A 点移动到 C 点。这种移动所反映的是需求规律。

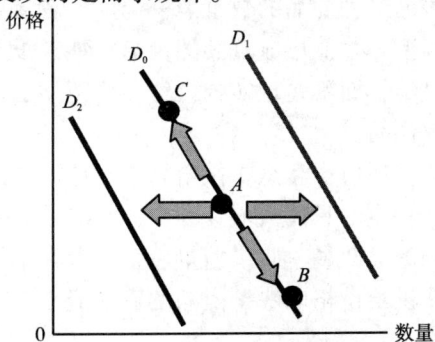

图 2 - 2　需求的变动

总之，需求量的变动是在其他条件不变的情况下，商品价格变化引起的需求量的变动，表现为同一条需求曲线上点的移动，反映的是需求量同商品本身价格水平之间的关系。

（二）需求的变动

需求的变动源于非价格因素的变化。假设你对电影的需求曲线为 D_0，每场电影的价格保持不变。如果你的收入增加，你愿意每月多看 2 场电影，你对电影的需求曲线向右移动到 D_1，即价格不变的情况下，你将消费更多的电影；或者，原本你并不喜欢看电影，但是由于好朋友的影响，你认为看电影会增加你的文化修养，因此，在电影价格不变的情况下，你也可能多看几场电影，对电影的需求曲线也将向右移动；再或者，由于你决定参加出国考试，面对时间的稀缺性，你选择将更多的时间用于复习功课，更少的时间用于看电影，那么，你对电影的需求必然降低，需求曲线向左移动到 D_2，即在价格不变的情况下，你将消费更少的电影。

总之，需求的变动是在商品本身价格水平不变的条件下，其他因素变化引起需求量的变动，表现为整条需求曲线的平行移动，反映的是需求量同其他因素之间的关系。

第二节
供　给

一、供给和供给规律

经济学上所说的供给，是指生产者在一定时期内，在各种可能的价格水平下愿意并且能够提供销售的某种商品的数量。一个生产者希望出售某种商品，又有能力生产并提供到市场上，才能形成真实的供给。如果没有生产能力，仅仅有出售的欲望，是潜在的供给，而不是现实的供给。经济学上讨论的供给是有实际生产能力的供给，或有效供给。

在理解供给概念时，还应当注意，供给是指对应于一系列出售价格的一系列出售数量，而不是一个特定的具体数值。其中，对应于某一特定价格水平，生产者愿意并且实际出售的商品数量，叫供给量。生产者在销售一定量商品时愿意接受的价格叫供给价格。供给价格取决于商品的边际成本。对同一商品，不同的生产者有不同的供给价格。

在一定时期内，如果其他条件不变，某种商品的价格上升，其供给量就会增加；反之，该商品的价格下降，其供给量就会减少。供给量与价格正相关。对多数商品而言，这种关系是成立的，因而经济学家称之为供给规律或供给定律。在这里，假定前提是其他条件不变。因为，如果其他条件变了，上述关系不一定成立。例如，如果生产成本上升了，即使某种商品的价格不变，其供给量也有可能下降。

供给规律可以用供给表和供给曲线表示。供给表是用来表示其他条件不变时，某种商品的价格与供给量之间对应关系的表格。表 2－2 是苹果的供给表，表中数据显示，当每公斤苹果的价格为 1 元时，其供给量为 200 公斤；当价格上升到 2 元时，其供给量增加到 400 公斤，随着价格上升，苹果的供给数量增加。

表 2－2　　　　　　　　　　　　苹果的供给表

项目	F	G	H	I	J
价格（元）	1	2	3	4	5
供给量（公斤）	200	400	600	800	1 000

上述对应关系还可以用一条供给曲线来表示。供给曲线是一条表示在其他条件不变时，某种商品供给量与其价格之间关系的曲线。图 2－3 是根据表 2－2 做出的曲线。

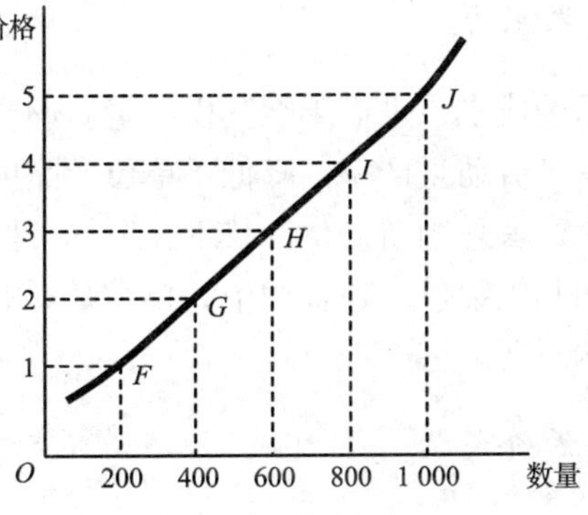

图 2－3　苹果的供给曲线

在图 2－3 中，横轴表示苹果的供给量，纵轴表示苹果的价格。供给曲线上标出的 F、G、H、I、J 各点分别代表供给表上各行的资料。例如，F 点表示，价格是 1 元时，供给量是 200 公斤。I 点表示，价格为 4 元时，供给量为 800 公斤。

在一般情况下，供给曲线是向右上方倾斜的。这意味着该商品供给量与价格之间呈正相关关系。当商品需求量与价格之间呈线性关系时，供给曲线是一条直线。有些特殊商品，如劳动，其供给曲线有可能向后弯曲。

供给规律还可以用一元供给函数来表示。其一般公式是：

$$Q^s = f(P)$$

其中，Q^s 代表商品的供给量，P 代表商品的价格。

二、供给的决定因素

我们在前面讨论供给规律时，一直假定其他条件不变。这些条件主要是指产品的生产成本、技术水平、相关商品的价格、价格预期等。这些条件是背后的因素，如果这些条件全部或其中某一个变化了，即使商品本身的价格不变，其供给量也会变化。这种变化表现为整个供给表的变化或供给曲线的移动。

（一）产品成本或生产要素价格

生产某种商品的生产成本，即生产要素的价格，对其供给量有重要影响。例如，如果面包的价格不变，而面粉的价格上升了，面包的供给量就会减少。再如，如果工人的工资提高了，而产品的卖价没有相应地提高，该商品的供给量也会减少。

（二）生产的技术水平

生产技术影响产品的成本，进而影响其供给量。假定其他条件不变，生产者采用先进的技术，提高了劳动生产率，降低了单位产品的人工成本，其供给量就会增加。同样，如果生产者采用新的生产技术，节约了原材料和能源消耗，也会降低产品的成本，增加其供给量。在长期中，技术是影响供给量的重要因素。在短期内，一般假定技术不变。

（三）相关商品的价格

一种商品的供给还会受到相关商品价格的影响。例如，一位菜农在既定的土地上，既可以种植油菜，也可以种植西红柿。在这种情况下，油菜的供给量就取决于西红柿的价格。一般情形是，如果西红柿的价格上升，油菜的产量就会下降，两者按相反的方向变化。这是因为，西红柿和油菜是可以相互替代的，是替代品。如果两种物品替代的，即这两种物品是用同一资源生产的，那么，一种替代品的价格上升，另一种被替代的商品供给就会减少。如果两种物品是互补的，即这两种物品必须是同时生产的，那么，一种物品价格上升，另一种物品的供给也会增加。例如，从煤中提炼化学产品时，可以同时生产煤焦油和尼龙。当煤焦油的价格上升时，其副产品尼龙的供给也会增加。

（四）生产者的预期

生产者在制定销售计划时，除了考虑该商品当前的价格外，还会考虑其未来价格走势，即对未来的价格进行预期。一般情形是，如果生产者预期价格将要上升，就会减少当前的销售，表现为惜售、囤积货源。例如，2009 年下半年，开发商预期商品房价格将上升，于是大量捂盘，减少了商品房上市量，导致价格进一步上涨。但是，预期未来价格上升，会增加现在的生产，将的供给会增加。

此外，税收与补贴、企业经营目标、自然条件，生产者人数等，对供给也有影响。例如，如果其他条件不变，生产者人数增加了，供给就会增加。但是，生产者人数主要影响市场供给，而不是个别供给。

如果把影响供给量的所有因素都纳入分析，供给函数就可表示为：

$$Q^s = f(P, X_1, X_2, X_3, \cdots, X_n)$$

其中，Q^s 表示某商品的供给量，P 表示某商品自身的价格，X_1，X_2，X_3，$\cdots$，X_n 表示影响该商品供给的其他因素。例如，产品成本、生产的技术水平、相关商品的价格、生产者对未来价格的预期等等。这是供给函数的一般形式。

三、供给量变动和供给变动

在实际生活中，影响供给的因素变化可能会引起供给量的变动，也可能引起供给的变动，然而，不论是供给量的变动，还是供给的变动，我们能观察到的外在表现都是销售数量的变动。比如，当苹果价格降低时，苹果的销售量增加了；或者，在苹果价格没有变化的情况下，人们听从医生的建议，决定每天坚持吃一个苹果，于是苹果的销售量也因此增加了。从表面上来看，我们看到的都是苹果销售数量的增加，但是这两种增加的原因却是不同的。

（一）供给量的变动

供给量的变动源于商品价格的变化。假设苹果的供给曲线是图 2 - 4 中的 S_0，在其他因素不变的情况下，当苹果价格下降时，苹果的供给数量会减少，供给量沿着供给曲线 S_0 向下移动，从 A 点移动到 B 点；反之，当价格上升时，对苹果的供给数量会增加，供给量沿着供给曲线 S_0 向上移动，从 A 点移动到 C 点。这种移动是由于苹果价格变化引起的，表现为在同一条供给曲线上的移动，所反映的是供给规律。

总之,供给量的变动是在其他条件不变的条件下,商品价格变化引起的供给量的变动,表现为同一条供给曲线上点的移动,反映的是供给量同商品本身价格水平之间的关系。

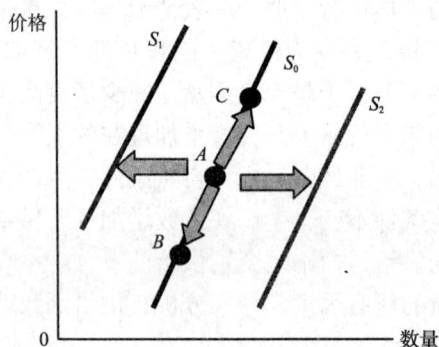

图2-4 供给的变动

(二) 供给的变动

供给的变动源于非价格因素的变化。假设苹果的供给曲线为 S_0,苹果的价格保持不变。如果种植苹果的成本上升,则苹果的供给会减少,供给曲线向左移动 S_1;或者由于政府给予果农补贴,使得果农愿意种植更多的苹果,于是苹果的供给曲线向右移动到 S_2。这种在同一价格水平下供给量的变动,表现为整条供给曲线的平移,反映的是供给量同其他因素的关系。

总之,供给的变动是在商品本身价格水平不变的条件下,其他因素变化引起供给量的变动,表现为整条供给曲线的平行移动,反映的是供给量同其他因素之间的关系。

|第|三|节|
市场的均衡

一、均衡价格的形成

现代经济学认为,商品的均衡价格是由需求和供给两种市场力量共同决定的。在坐标系中,均衡价格表现为需求曲线 D 和供给曲线 S 相交时所形成的价格，如图 2-5 中的 p_0。均衡价格既是生产者希望得到的价格，也是消费者愿意支付的价格，两者完全相等。与均衡价格相对应的数量，叫均衡数量，如图 2-5 中的 Q_0。均衡数量既是生产者的销售量，也是消费者的购买量，两者完全相等。下面，我们讨论均衡价格是如何形成的。

如果实际市场价格低于均衡价格时，在图 2-5（a）中，D 和 S 分别代表商品的需求曲线和供给曲线。假设当时市场上实际价格为 p_1，那么，消费者想买的商品量是 Q_2，而生产者想卖的商品量是 Q_1，$Q_2 > Q_1$，出现供不应求。在这种情况下，由于消费者内部的竞争，价格就会上升，并导致生产者增加供给量和消费者减少购买量，直至价格上升到 P_0，供给量和需求量相等时，价格才会稳定下来。这时的价格 P_0 就是均衡价格。即图 2-5（a）中点 E 所表示的价格。

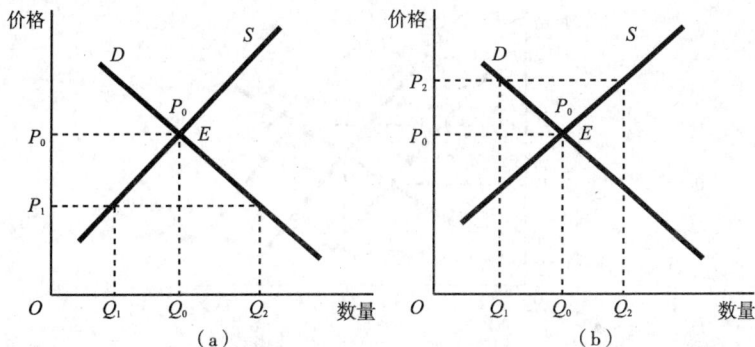

图 2-5　均衡价格的形成

如果实际市场价格高于均衡价格时，在图 2-5（b）中，D 和 S 分别代表商品的需求曲线和供给曲线。假设当时市场上实际价格为 P_2，那么，消费者想买的商品量是 Q_1，而生产者想卖的商品量是 Q_2，$Q_2 > Q_1$，出现供过于求。在这种情况下，由于生产者内部的竞争，价格就会下降，并导致生产者减少销售量和消费者增加购买量。直至价格下降到 P_0，供给量和需求量相等时，价格才会稳定下来。这时的价格 P_0 就是均衡价格。即图 2-5（b）中点 E 所表示的价格。

当实际市场价格等于均衡价格 P_0 时，供给量 = 需求量，市场达到均衡状态。如果没有外力作用，这种状态将长期保持下去。但是，在短期内，两者完全相等是偶然的，不相等是常态。所以，市场价格往往背离均衡价格。这不仅没有违反均衡价格规律，反而是价格机制发生作用的必然形式。一般情形是，如果市场价格高于均衡价格，就会引起要素流入和生产扩张；相反，如果市场价格低于均衡价格，就会引起要素流出和生产收缩。这样，价格机制就像一只看不见的手，引导着资源在部门或地区之间流动，并最终达到优化配置。

二、预测价格和数量的变动

根据均衡价格决定的理论可知，如果供给或需求发生变化，均衡价格和均衡数量就会相应地变化。

（一）需求变动

在图 2-6 中，假设初始市场处于均衡状态，由需求曲线 D_0 和供给曲线 S 的交点 E_0 所决定的均衡价格为 P_0，均衡数量为 Q_0。

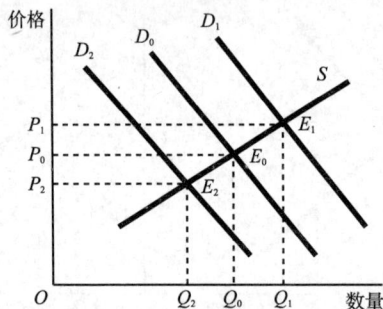

图 2-6　需求变动对均衡价格和均衡数量的影响

现在假设，政府给低收入者发放购物券，消费者的实际收入增加了，其需求就会增加。在图 2-6 中，需求增加表现为需求曲线 D_0 向右上方平移至 D_1。供给曲线不变，并与 D_1 相交于 E_1 点，形成新的均衡。这时的均衡价格和均衡数量分别为 P_1 和 Q_1，并且高于初始均衡价格 P_0 和均衡产量 Q_0。相反，若需求因为收入下降而减少，需求曲线 D_0 就会向左下方平移至 D_2，并与保持不变的供给曲线 S 相交于 E_2，形成新的均衡价格 P_2 和均衡数量 Q_2。它们分别低于初始均衡价格 P_0 和均衡数量 Q_0。

由此可以做出两个预测：

1. 在供给保持不变的情况下，当需求增加时，价格和数量都增加。
2. 在供给保持不变的情况下，当需求减少时，价格和数量都减少。

（二）供给变动

在图 2-7 中，假设初始市场处于均衡状态，由需求曲线 D 和供给曲线 S_0 的

交点 E_0 所决定的均衡价格为 P_0，均衡数量为 Q_0。

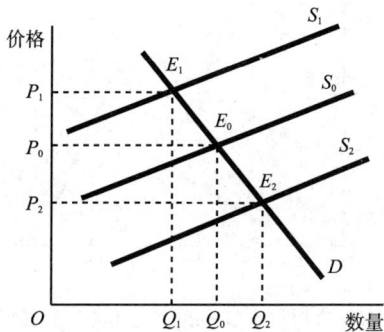

图 2-7 供给变动对均衡价格和均衡数量的影响

现在假设生产者采用了新的生产技术，供给增加了。在图 2-7 中，供给增加表现为供给曲线 S_0 向右下方平移至 S_2。需求保持不变，并与 S_2 相交于 E_2，形成新的均衡。这时的均衡价格为 P_2，均衡数量为 Q_2。显然，新的均衡价格 P_2 低于初始均衡价格 P_0，新的均衡数量 Q_2 高于初始均衡产量 Q_0。相反，如果生产某种产品的要素价格上升了，供给就会减少。在图 2-7 中，供给减少表现为供给曲线 S_0 向左上方平移至 S_1。这条新的供给曲线与原来的需求曲线相交于 E_1 点，形成新的均衡。这时的均衡价格为 P_1，均衡数量为 Q_1。显然，新均衡价格 P_1 高于初始均衡价格 P_0，新均衡产量 Q_1 低于初始均衡数量 Q_0。

由此可以做出两个预测：

1. 在需求保持不变的情况下，当供给增加时，价格降低而数量增加。
2. 在需求保持不变的情况下，当供给减少时，价格上升而数量减少。

（三）需求与供给同时变动

在需求和供给同时变动时，其方向和程度可能有所不同，因而对均衡价格和均衡数量的影响是不确定的。如图 2-8 所示，假设初始均衡时，均衡价格为 P_0，均衡数量为 Q_0。现在，假设需求增加，需求曲线 D_0 向右上方平移至 D_1；同时，供给增加，供给曲线 S_0 向右下方平移至 S_1。这时需求曲线 D_1 和供给曲线 S_1 相交于 E_1 点，形成新的均衡，产生新的均衡价格 P_1 和均衡产量 Q_1。相对于初始均衡价格 P_0 和均衡产量 Q_0，有 $P_1 < P_0$，$Q_1 > Q_0$。

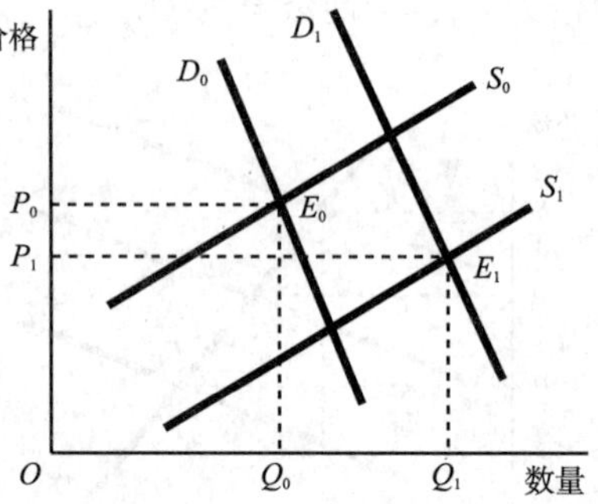

图 2-8 需求与供给同时变动对均衡价格和均衡数量的影响

|第|四|节|
弹性及其应用

一、需求的价格弹性

（一）需求价格弹性的计算

从前面的均衡价格分析中你已经看到，当供给增加时，均衡价格下降而均衡数量增加，那么价格下降和数量增加的幅度相比较，哪个更大呢？这取决于需求量对价格的敏感程度，看看下面的图 2-9，你就会有所发现。

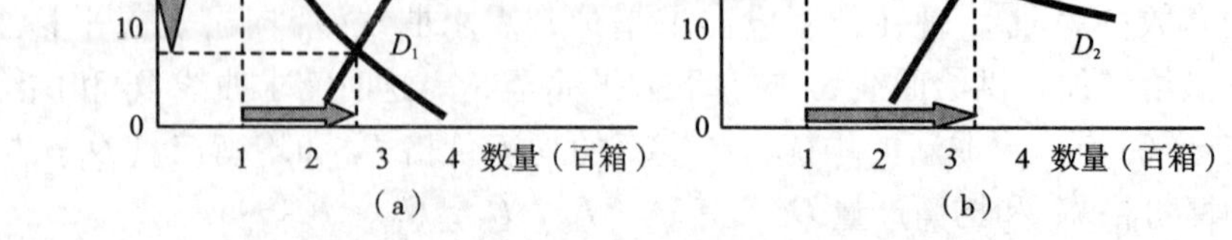

图 2-9 供给变化对均衡价格和均衡数量的影响

一家饮料超市开业了，市场上的饮料供给随之增加，供给曲线由 S_0 增加至 S_1。在图 2-9（a）中，饮料价格从 30 元下降到 10 元，下降了 20 元，均衡数量增加了 150 箱。在图 2-9（b）中，同样的供给增加，饮料价格从 30 元下降为 15 元，均衡数量增加了 250 箱。你发现了什么呢？面对同样的供给增加，在两种不同的需求下，均衡价格和均衡数量的变化幅度是不同的，或者说，需求量对价格变化的敏感程度是不同的，弹性正是衡量这种敏感程度的指标。

需求价格弹性也称为需求弹性，是指当其他因素保持不变时，某商品需求量的变动对于其价格变动的反应程度，这是一个无单位的衡量指标。可以用下面的公式计算需求的价格弹性：

$$需求的价格弹性 = -\frac{需求量变动的百分比}{价格变动的百分比}$$

其经济学意义是：商品价格变动 1% 时所引起的需求量变动的百分比。

需要说明的是，根据需求定律，商品的需求量与其价格之间一般呈反方向变动关系。据此计算出的需求弹性系数值是负值，为了便于分析，弹性系数值一般取正值。故在上述公式前加一个负号。

一般地，在需求函数 $Q = f(P)$ 中，需求弹性系数用 E_d 表示，则

$$E_d = -\frac{\dfrac{\Delta Q}{Q}}{\dfrac{\Delta P}{P}} = -\frac{\Delta Q}{\Delta P} \cdot \frac{P}{Q}$$

为了计算需求的价格弹性，我们采用平均价格和平均数量的百分比来表示价格和数量的变动。运用平均价格和平均数量时，我们计算需求曲线在原始点和新点之间中间点时的弹性。按照图 2-9（a）中数据可知，原始价格是 30 元，新价格为 10 元，则 $\Delta P = -20$ 元，$P = \dfrac{30+10}{2} = 20$（元）。原始数量是 100 箱，新数量是 250 箱，则 $\Delta Q = 150$ 箱，$Q = \dfrac{100+250}{2} = 175$（箱），那么该商品的需求价格弹性为 $E_d = -\dfrac{\dfrac{\Delta Q}{Q}}{\dfrac{\Delta P}{P}} = -\dfrac{\dfrac{150}{175}}{\dfrac{-20}{20}} = 0.86$。根据图 2-9（b）的数据，该商品的需求价格弹性为 $E_d = -\dfrac{\dfrac{\Delta Q}{Q}}{\dfrac{\Delta P}{P}} = -\dfrac{\dfrac{250}{(100+350)\ /2}}{\dfrac{-15}{(30+15)\ /2}} = 1.67$。

（二）需求价格弹性的分类

根据需求量对价格变动反应程度的不同，需求弹性可分为五种类型，如图 2－10 所示。

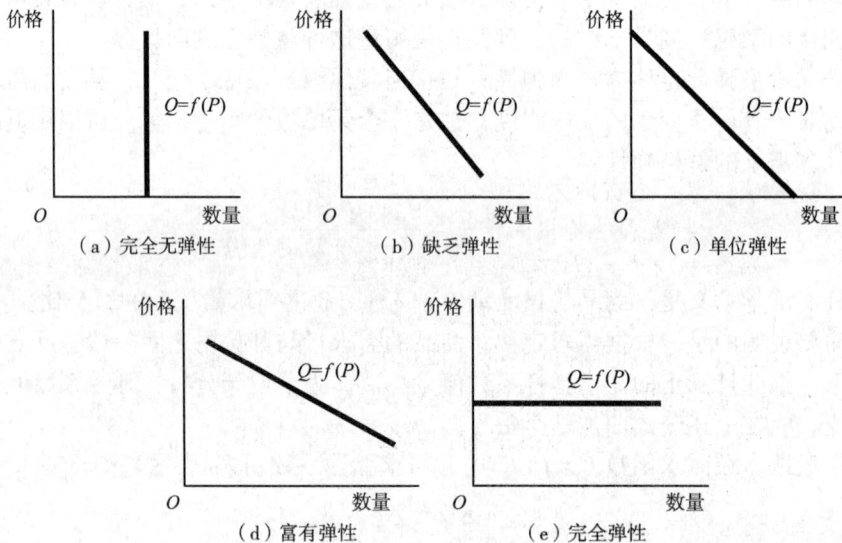

图 2－10　需求弹性的五种类型

1. 完全无弹性

需求完全无弹性，即 $E_d = 0$，需求量对价格的变动毫无反应。价格无论如何变动，该商品需求量的变动始终为零。反映在图 2－10（a）中，需求曲线与横轴垂直。一个极端的例子是胰岛素。对某些糖尿病患者来说，胰岛素是唯一的治疗药。为了治病，不管价格如何，总得购买！所以，胰岛素的弹性几乎为零。

2. 缺乏弹性

需求缺乏弹性，即 $0 < E_d < 1$，需求量对价格的变动反应不敏感，需求量变动的百分比要小于价格变动的百分比。反映在图 2－10（b）中，需求曲线比较陡峭。例如，城市居民对主要食品和蔬菜的需求弹性就较小。

3. 单位弹性

需求单位弹性，即 $E_d = 1$，需求量的变动与价格的变动相等。反映在图 2－10（c）中，需求曲线与坐标轴呈 45°夹角。

4. 富有弹性

需求富有弹性，即 $E_d > 1$，需求量对价格变动的反应比较敏感，需求量变动的百分比大于价格变化的百分比。反映在图 2－10（d）中，需求曲线比较平坦。一般地说，奢侈品比较富有弹性，比如汽车和高档家具等。

5. 完全弹性

需求完全弹性，即 $E_d \to \infty$，需求量对价格变动的反应极其敏感，微小的价格变动就带来需求量的无限变动。反映在图 2－10（e）中，需求曲线平行于横轴。这类需求一般出现在完全竞争的市场环境下，比如相邻的两家便利店同时出售某种品牌的可乐，当其中一家的可乐价格下降时，所有的人将选择在这家便利店购买可乐，另一家的没有降价的便利店的需求数量将降低为零。

（三）影响需求价格弹性的因素

商品的需求弹性受多种因素影响，其中主要的有：

1. 商品的可替代性

一般地说，替代性较大的物品，其需求弹性也较大。例如，水果的需求弹性较大。相反，替代性较小的物品，其需求弹性也较小。又如，治疗某种疾病的药品的替代品较少，因此需求弹性就较小。

2. 商品用途的广泛性

一种商品的用途越是广泛，其价格弹性就越大。例如，水的用途较多，因而其弹性较大；相反，用途较少的物品，其价格弹性也较小。又如，老百姓在日常生活中食用盐仅限于调味，所以其需求弹性较小。

3. 商品对消费者的重要程度

与消费者生活越是密切的商品，其需求弹性就越小。例如，生活必需品的需求弹性较小。与此不同，一些奢侈品的价格上涨，消费者就会减少其购买量，因而其需求弹性就较大。

4. 商品支出在消费者可支配收入中所占的比重

一般地说，消费者购买商品的支出在其可支配收入中所占比重越大，则该商品的需求弹性就越大；反之，就越小。例如，味精、盐、铅笔、肥皂等商品的需求弹性就较小。因为，消费者每月在这些商品的支出是很小的，不太在意这类商品价格的变化。

5. 价格变动之后的时间长短

一般地说，价格变动之后的时间越长，获得该商品的替代品的可能就越多，因而需求弹性就会越大。例如，20 世纪石油危机期间，主要石油进口国对石油的需求基本没有变化。但是，随着时间的推移，人们利用石油的计数效率提高了，石油的替代产品也出现了，由此导致人们对石油的需求弹性增加。

（四）需求弹性与总收益

我们中国有句话叫"谷贱伤农"，说的是在风调雨顺之年，农民谷物丰产丰收，粮食市场的谷子供给会大幅度增加，根据前面的图 2 - 9 你可以判断，谷子丰收的结果就是谷子价格的下降，农民因此而蒙受损失。可是，你也经常会看到，有些企业愿意"薄利多销"，降低价格会带来更大的收益。为什么有的生产者会因为价格下降而蒙受损失，而有的生产者却因此而获利呢？企业到底应该降低价格还是提高价格呢？这就取决于需求的价格弹性。

厂商销售产品之后获得的销售收入是厂商的总收益，它等于价格与销售量的乘积，也等于消费者购买物品时的总支付。如果我们假定厂商的商品销售量等于市场上对其商品的需求量。那么，厂商的总收益就可以表示为商品的价格乘以商品的需求量，即：

$$TR = P \cdot Q$$

其中，P 表示商品的价格，Q 表示商品的需求量。

如果需求富有弹性，如图 2 - 11 所示，那么价格下降会引起总收益增加，价格上升会引起总收益下降。在图 2 - 11 中，企业起初的销售价格为 4 元，销售数量为 15 亿公斤，对应的总收益为 $4 \times 15 = 60$（亿元）。假如企业销售价格下降，从 4 元下降为 3 元，对应的销售数量从 15 亿公斤增加为 25 亿公斤，对应的总收益则为 $3 \times 25 = 75$（亿元），比价格下降之前增加了 15 亿元。价格下降引起 $P \times Q$ 增加，原因就在于 Q 增加的比例大于价格下降的比例。反之，如果价格是从 3 元上升为 4 元的话，那么总收益就是从 75 亿元下降为 60 亿元，价格下降引起 $P \times Q$ 减少，原因同样在于 Q 减少的比例大于价格上升的比例。

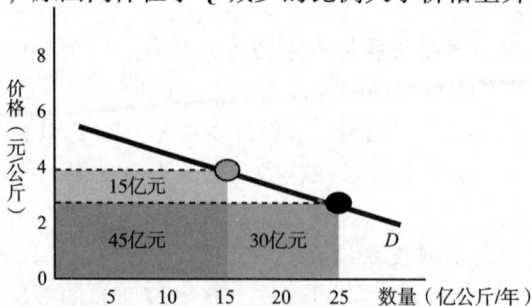

图 2 - 11　需求富有弹性时的收益

如果需求缺乏弹性，如图 2−12 所示，价格下降将引起总收益减少。在图中，企业的销售价格从 4 元下降到 2 元，销售数量从 20 亿公斤增加到 25 亿公斤，对应的销售收入则从 80 亿元减少为 50 亿元，比价格下降之前减少了 30 亿元。价格下降引起 $P \times Q$ 减少，原因就在于 Q 增加的比例小于价格下降的比例。反之，价格上升会引起 $P \times Q$ 增加，原因也是在于 Q 的增加比例小于价格下降的比例。

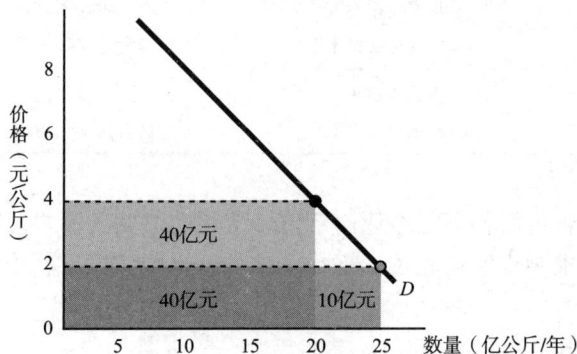

图 2−12 需求缺乏弹性时的收益

如果需求单位弹性，如图 2−13 所示，价格下降将引起总收益不变。在图中，企业的销售价格从 4 元下降到 2 元，销售数量从 15 亿公斤增加到 20 亿公斤，对应的销售收入保持 60 亿元不变。如果价格是从 2 元上升为 4 元，销售收入同样保持 60 亿元不变。价格下降或上升而 $P \times Q$ 不变，原因就在于 Q 增加的比例等于价格下降的比例。

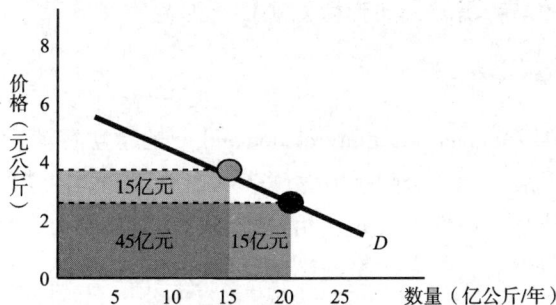

图 2−13 需求单位弹性时的收益

根据以上的讨论，我们可以得到如下的结论（见表2－3）：

表2－3 价格变化对企业总收益和消费总支付的影响

需求价格弹性	价格上升	价格下降
缺乏弹性	企业总收益增加 消费者总支付增加	企业总收益减少 消费者总支付减少
单位弹性	企业总收益不变 消费者总支付不变	企业总收益不变 消费者总支付不变
富有弹性	企业总收益减少 消费者总支付减少	企业总收益增加 消费者总支付增加

以上的分析告诉我们，当企业由于价格变化而改变其销售量时，其总收益是否增加，与其需求弹性密切相关。现在，你可以解释"谷贱伤农"的含义了吧。

二、其他弹性

商品本身价格是影响商品需求量的因素，需求的价格弹性是反映某商品需求量对于其价格变动的敏感程度。除商品价格外，收入和其他商品价格等因素变化会引起某商品需求量多大程度变动呢？商品本身价格又在多大程度上影响商品供给量呢？例如，羊肉价格上涨对牛肉的需求量有多大影响？富士康工人收入增加后对西红柿的需求量会增加还是减少，幅度如何？大蒜价格上涨后大蒜供应商会增加多少供给量呢？这就是我们下面要考察的另外三个弹性：需求收入弹性、需求交叉价格弹性（简称需求交叉弹性）和供给弹性。

（一）需求收入弹性

需求收入弹性（income elasticity of demand）是建立在消费者的收入量和商品的需求量之间关系上的一个弹性概念，表示在一定时期内消费者对某种商品的需求量的相对变动对于消费者收入量相对变动的反应程度。它是商品的需求量的变动率和消费者的收入量的变动率的比值。用公式表示为：

$$\text{需求的收入弹性}(E_m) = \frac{\text{需求量变动的百分比}}{\text{收入的变动比率}}$$

其经济学意义是：当消费者收入变动百分之一时商品需求量变动的百分比。

由商品的特性所决定，收入弹性系数可能是正值，也可能是负值。具体情形是：

$E_m < 0$，这是低档品，收入增加时，人们对该产品的需求数量会减少。例如，廉价布鞋、家庭装饰的塑料花，低收入者购买此类产品。

$E_m > 1$，正常品物品中奢侈品，富有弹性，当人们收入增加时，用于该产品的收入百分比就会增加，也就是收入增加的百分比小于对该产品需求量变化的百分比。例如，当你的收入增加5%时，你对电影的消费增加了20%，那么你对电影的收入弹性就是$\frac{20\%}{5\%} = 4$。

$0 < E_m < 1$，正常品中的必需品，需求缺乏收入弹性，当收入增加时，收入增加的百分比大于对该产品需求量增加的百分比。例如，食品，收入增加会增加购买此类产品，但增加幅度一般会小于收入增加幅度。

（二）需求交叉弹性

需求交叉弹性（cross elasticity of demand）表示在一定时期内一种商品的需求量的相对变动对于它的相关商品的价格的相对变动的反应程度。它是该商品的需求量的变动率和它的相关商品的价格的变动率的比值。

$$需求的交叉弹性 = \frac{需求量变动的百分比}{替代品或互补品价格变动的百分比}$$

需求交叉弹性系数的符号取决于所考察的两种商品的相关关系。这种相关关系可以分为两种，一种为替代关系；另一种为互补关系。如果两种商品之间可以互相代替以满足消费者的某一种欲望，则称这两种商品之间存在着替代关系，这两种商品互为替代品。如苹果和梨就互为替代品。替代品的需求交叉弹性系数为正值。如果两种商品必须同时使用才能满足消费者的某一种欲望，则称这两种商品之间存在着互补关系，这两种商品互为互补品。如计算机和计算机软件就互为互补品。互补品的需求交叉弹性系数为负值。若两种商品之间不存在相关关系，则意味着其中任何一种商品的需求量都不会对另一种商品的价格变动做出反应，相应的需求的交叉价格弹性系数为零。

比如，超市中的苹果和梨是替代品，假设苹果的价格不变，每天可以卖出90公斤。梨的价格从每公斤3元上升到每公斤5元，上涨了50%，即：

$$\frac{\Delta P}{P_{平均}} = \frac{5-3}{(5+3)/2} \times 100\% = 50\%$$

在其他影响购买的因素都不变的情况下，苹果的销售量从每天 90 公斤增加到到每天 110 公斤，增加了 30%。即：

$$\frac{\Delta Q}{Q_{平均}} = \frac{110-90}{(110+90)/2} \times 100\% = 20\%$$

因此，苹果对梨的需求交叉价格弹性为：

$$\frac{20\%}{50\%} = 0.4$$

（三）供给弹性

1. 供给弹性的计算

如同需求的价格弹性一样，当供给不变的情况下，如果需求发生改变，那么均衡价格和均衡数量也会发生改变，供给量对价格变动的百分比就是供给弹性。

从图 2－14 中你也可以发现，不同的供给对价格变化的反应敏感程度是不同的。在图 2－14（a）中，价格从 15 元上升为 25 元，而对应的均衡数量由 200 箱增加到 300 箱。在图 2－14（b）中，价格从 15 元上升到 20 元，而对应的均衡数量由 150 箱增加到 400 箱。对比（a）、（b）两图我们可以发现，图 2－14（b）中的供给对于价格的变化更加敏感。

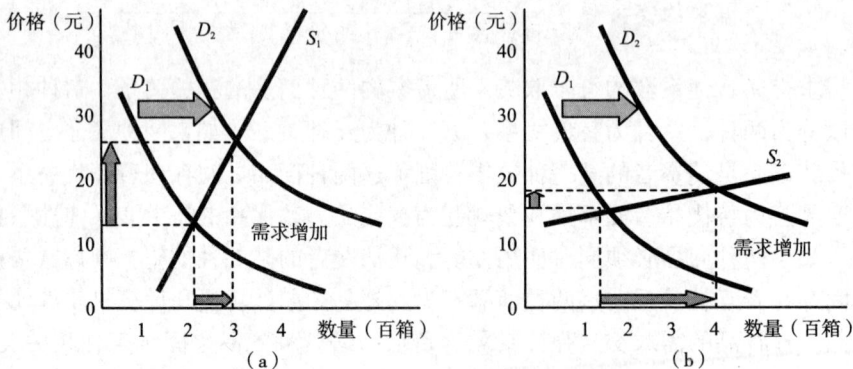

图 2－14　需求变动对均衡价格和均衡数量的影响

我们把商品需求量的变动对于其价格变动的反应敏感程度称为供给弹性。用公式表示为：

$$供给的价格弹性 = \frac{供给量变动的百分比}{价格变动的百分比}$$

其经济学意义是：商品价格变动1%时所引起的供给量变动的百分比。

一般地，在供给函数 $S = f(P)$ 中，供给弹性系数用 E_S 表示，则：

$$E_S = \frac{\frac{\Delta Q}{Q}}{\frac{\Delta P}{P}} = \frac{\Delta Q}{\Delta P} \cdot \frac{P}{Q}$$

如同需求价格弹性一样，我们也采用平均价格和平均数量来计算弹性。在图 2-14（a）中，$\Delta P = 10$ 元，$P = \frac{15 + 25}{2} = 20$ 元，$\Delta Q = 100$ 箱，$Q = \frac{150 + 400}{2} =$ 275 箱，因此，供给弹性为 $E_S = \frac{\frac{\Delta Q}{Q}}{\frac{\Delta P}{P}} = \frac{100}{10} \cdot \frac{20}{275} = 0.73$。同样的计算方法，图 2-14（b）的供给弹性为 $E_S = \frac{\frac{\Delta Q}{Q}}{\frac{\Delta P}{P}} = \frac{250}{5} \cdot \frac{(15 + 20)/2}{(150 + 400)/2} = 3.18$。

2. 供给弹性的种类

根据供给量对价格变动反应敏感程度的不同，供给弹性可分为五种类型，如图 2-15 所示。

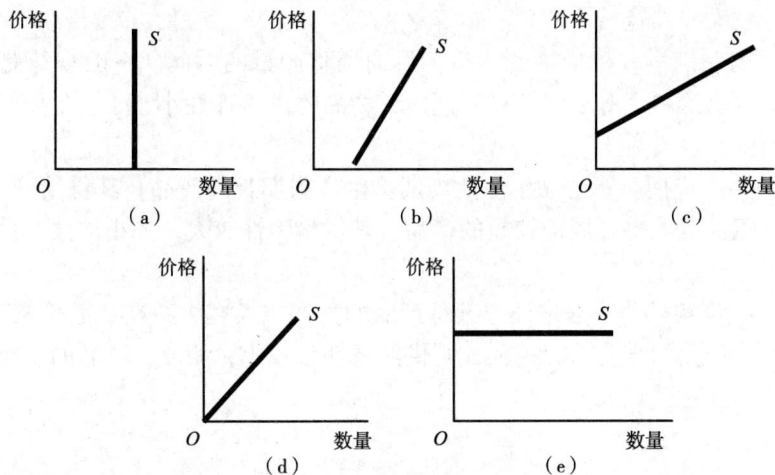

图 2-15 供给弹性的五种类型

（1）完全无弹性。即 $E_S = 0$，指价格无论如何变动，该商品供给量的变动始终为零。反映在图 2 – 15（a）中，供给曲线与横轴垂直。在短期内，厂商的供给一般是无弹性的。

（2）缺乏弹性。即 $0 < E_S < 1$，指供给量对价格的变动有反应，但不够灵敏。反映在图 2 – 15（b）中，供给曲线比较陡峭。

（3）单位弹性。即 $E_S = 1$，指供给量的变动与价格的变动相等。反映在图 2 – 15（d）中，供给曲线是一条直线，并且通过坐标原点。

（4）富有弹性。即 $E_S > 1$，指供给量对价格变动的反应比较灵敏。反映在图 2 – 15（c）中，供给曲线比较平坦。

（5）完全弹性。即 $E_S \to \infty$，指供给量对价格变动的反应极其敏感。当价格稍有变动，供给量的变动趋向无穷大。反映在图 2 – 15（e）中，供给曲线平行于横轴。

3. 影响供给弹性的因素

供给弹性受多种因素影响，其中主要的有：

（1）生产的技术状况。一般地说，劳动密集型产品的供给弹性较小，资本密集型产品的供给弹性较大。例如，范曾先生的画作手迹，弹性很小。但其印刷画作，则弹性较大。

（2）生产的成本状况。一般地说，产量变化后，其边际成本上升较大的，供给弹性较小。如石油、煤炭等。相反，产量变化后，其边际成本上升较小的，供给弹性较大。如建筑用的砂石料等。

（3）时间因素。指价格变化后，厂商调整产量的时间。一般规律是：在瞬间，物品的供给弹性等于零。在短期内，物品的供给弹性小于1。在长期内，物品的供给弹性供给大于1。

（4）生产周期。指产品生产的周期。生产周期长的产品，其供给弹性较小，如石油、钢铁等。生产周期较短的产品，其供给弹性较大，如小油菜、芹菜、水萝卜等。

（5）生产规模。一般地说，某种产品的生产规模越大，在产品价格变化后，生产者调整产品的难度就会越大，则供给弹性就较小；相反，产品的生产规模越小，则供给弹性就较大。

第五节
市场中的政府干预

一、价格限制

（一）价格上限

价格下限也称为限制价格，是政府规定的某种产品的最高价格，最高价格总是低于市场均衡价格。

图 2-16 表示政府对某种产品实行价格上限的情况。开始时，市场均衡价格为 3 元，均衡数量为 500 单位。若政府实现价格上限，规定该产品的最高价格为 2 元，由图可见，最高限价低于均衡价格，且在最高限价上，市场的需求量为 600 单位，市场的供给量为 400 单位，需求大于供给，市场上出现产品短缺的情况。

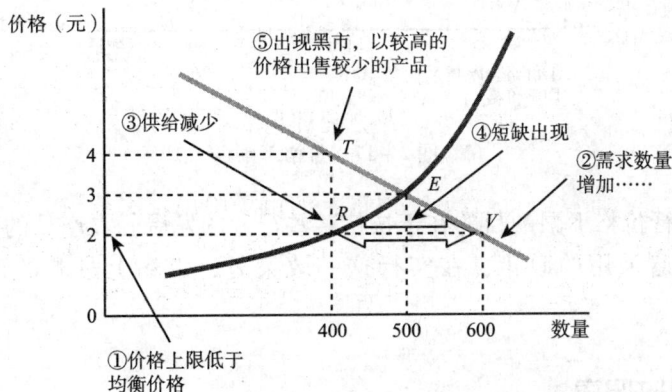

图 2-16 价格上限

政府实行价格上限的目的往往是为了限制某些产品的价格上涨。有时，为了限制某些行业，特别是限制一些垄断性很强的公用事业的价格，政府也会采取价格上限的做法。实行价格上限政策时，市场上的产品短缺会导致消费者排队抢购和黑市交易，因此，政府必须采取措施应对产品短缺，通常的做法是采取配给的方式。

（二）价格下限

价格下限也称为支持价格，是政府规定的某种产品的最低价格。价格下限总是高于均衡价格。

图 2-17 表示政府对某种产品实行价格下限的情形。开始时，市场的均衡价格为 3 元，均衡数量为 500 单位。此后，政府实行价格下限 4 元。由图可见，价格下限高于均衡价格，在价格下限上，市场供给量为 550 单位，而需求量为 400 单位，供给大于需求，市场上出现产品过剩的情况。

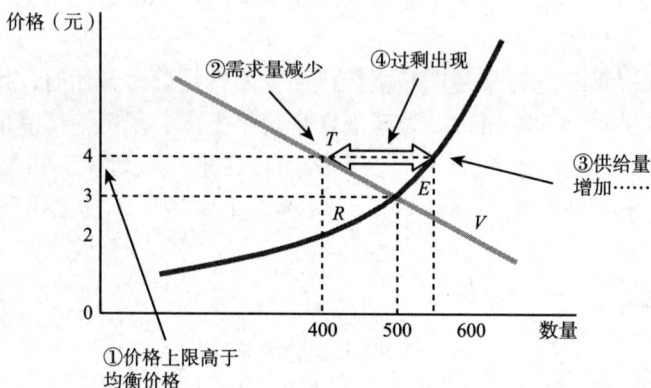

图 2-17　价格下限

政府实行价格下限的目的在于扶持某些行业的发展。农产品的支持价格是西方国家普遍采用的政策，在实行这一政策时，市场上过剩的产品由政府收购。

二、税收归宿

如果政府对我们购买的每一件商品都要征税，销售税就附加在我们为商品支付的价格中。对于同一件商品，政府可以向企业征税，也可以向消费者征税，那么税负在买者和卖者之间到底怎样分摊呢？买者和卖者到底谁分摊的更多呢？这就是税收归宿问题。

（一）谁承担税负

为此，我们先看图 2-18 中的分析。

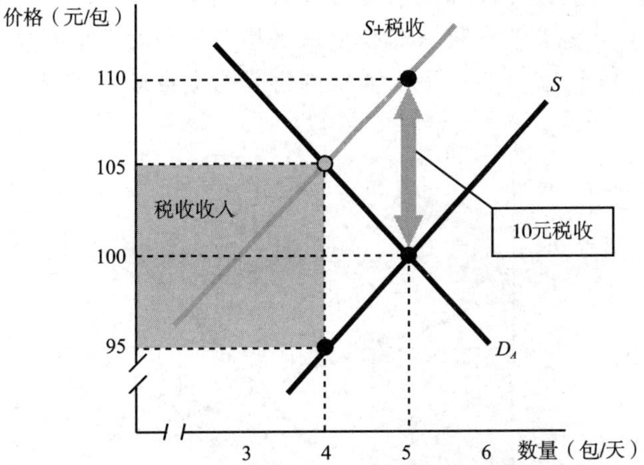

图 2 - 18 向卖者征税

图 2 - 18 是某种品牌香烟的市场供求情况，没有征销售税时，均衡价格为每包 100 元，均衡数量为每天销售 5 包。现在政府宣布向该企业征收销售税，每包的税收为 10 元。向卖者征税相当于增加了卖者的成本，这就降低了供给。为了确定新的供给曲线位置，我们把销售税加到卖者出售每包香烟愿意接受的最低价格中。由此可见，在没有征税时，卖者每天按照 100 元的价格销售 5 包香烟，在征税之后，只有假定每包价格为 110 元，卖者才愿意提供 5 包香烟。供给曲线移动到"S + 税收"的位置上。

新的均衡点出现在价格为 105 元，销售数量为 4 包的位置。买者为此支付的价格为 105 元，与征税之前比较，买者的支付由于销售税而增加了 1 元。卖者每销售一包香烟所获得的支付是 105 元，在缴纳 10 元税收之后，卖者得到的为 95 元，与征税之前比较，卖者的所得由于销售税而降低了 5 元。因此，尽管销售税向卖者征收，但是，最终的结果是卖者和买者共同分摊了销售税。

前面我们分析的是向卖者征税的情况。如果政府不向卖者征税，而是向买者征税，销售税仍然是在卖者和买者之间分摊。这种情况的分析和向卖者征税的分析完全相同，这里不再赘述，请读者自己分析。我们的结论是，不论政府向买者还是卖者征税，其结果都是税收在买者和卖者之间分摊。

（二）谁承担得更多

既然销售税在卖者和买者之间分摊，那么谁分摊的更多一些，谁分摊的更少呢？这就取决于供给弹性和需求弹性。我们再看图 2－19，在图中，卖者的供给曲线不变，但是买者的需求曲线更加平坦，也就是买者的需求价格弹性更大一些。那么，我们就分析一下，需求弹性是否会影响卖者和买者之间的税负分摊。

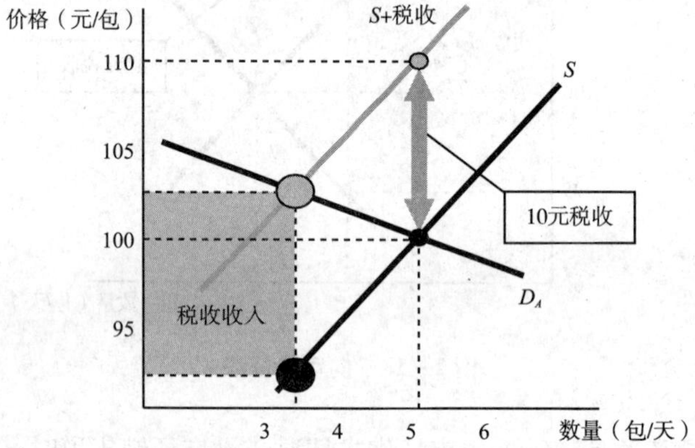

图 2－19　需求弹性与税收归宿

　　按照和前面一样的分析，买者为每包香烟支付了 102 元，卖者得到 102 元的支付之后缴纳 10 元税收，卖者得到 92 元。与征税之前比较，卖者的所得因为销售税降低了 8 元，而买者的支付也因为销售税增加了 2 元。我们将之与图 2－18 对比可以发现，此时买者分摊的税收更少，而卖者分摊的税收更多。因此，我们可以得到结论，税收在卖者和买者之间的分摊部分取决于需求弹性，需求弹性越大，买者分摊的税负越少，卖者分摊的税负越多。

　　前面我们分析的是需求弹性对税收归宿的影响。供给弹性对税收归宿也有影响，供给弹性越小，卖者分摊的税收越多，而买者分摊的税收就越少；供给弹性越大，卖者分担的税负就越少，而买者分摊的税负就越多。这种情况的分析方式与分析需求弹性对税收归宿的影响相同，请读者自己分析。

本章小结

　　1. 需求反映了一种物品的需求量与其价格之间的内在联系。根据需求规律，当一种物品的价格下降时，其需求量会增加。因此，需求曲线向右下方倾斜。

　　2. 除了商品自身的价格之外，消费者的收入水平、相关商品的价格、预期、人口以及偏好等，也对需求量有影响。如果这些因素全部或其中一种变化了，需求曲线就会移动。

3. 供给反映了一种物品的供给量与其价格之间的内在联系。根据供给规律，当一种物品的价格上升时，其供给量会增加。因此，供给曲线向右上方倾斜。

4.. 除了商品自身的价格之外，产品的生产成本、技术水平、相关商品的价格、价格预期等因素，也对供给量有影响。如果这些因素全部或其中一种变化了，供给曲线就会移动。

5. 供给曲线与需求曲线相交决定了均衡价格和均衡数量。均衡数量既是需求量，也是供给量。当需求或供给变化时，需求曲线或供给曲线就会移动，形成新的均衡价格和均衡数量。

6. 需求弹性衡量需求量对价格变动的反应程度。可以用需求变动百分比除以价格变动百分比来计算需求弹性。弹性大于1表示富有弹性；弹性小于1表示缺乏弹性；弹性等于1表示单位弹性。如果某种物品是奢侈品而不是必需品、有较多的替代品、用途广泛、在消费者消费支出中比重较小、买者有较长的时间对价格变动做出反应，那么，这种物品的需求弹性就较大。

7. 收益是指消费者对一种物品的支付，它等于生产者销售该物品时销售价格与销售量的乘积。对于缺乏弹性的需求曲线，收益随着价格的上升而增加。对于富有弹性的需求曲线，收益随着价格的上升而减少。

8. 需求的收入弹性衡量需求量对收入变动的反应程度。它定义为需求量变动百分比除以收入变动百分比。低档物品的收入弹性小于零；正常物品的收入弹性大于零。其中，必需品的收入弹性大于零小于1；奢侈品的收入弹性大于1。

9. 需求的交叉弹性是衡量商品的需求量的对于它的相关商品的价格的相对变动的反应程度。它是该商品的需求量的变动率和它的相关商品的价格的变动率的比值。替代品的需求交叉弹性系数为正值。互补品的需求交叉弹性系数为负值。若两种商品之间不存在相关关系，需求的交叉价格弹性系数为零。

10. 供给弹性衡量供给量变动对价格变动的反应程度。可以用供给变动百分比除以价格变动百分比来计算供给弹性。弹性大于1表示富有弹性；弹性小于1表示缺乏弹性；弹性等于1表示单位弹性。这种弹性取决于生产的技术状况、生产成本、生产周期、时间因素等。在大多数市场上，供给在长期中比在短期中更富有弹性。

11. 需求、供给与政府政策。政府对市场的干预通过价格限制和税收实现。

思考题

1. 说明决定需求的主要因素。

2. 说明决定供给的主要因素。

3. 说明需求量变动与需求变动的区别，供给量变动与供给变动的区别。

4. 说明均衡价格的是如何决定与变动的。

5. 有人主张对原油征收附加税，他们认为，原油价格上升不会引起汽油价格上升。他们的推理是：起初汽油价格会上升，但价格上升引起汽油的需求减少，这就会使汽油价格下降到原来的水平。这种推理是否正确，请说明理由。

📚 专栏

世界石油价格波动

石油是国民经济的"血液"。石油价格的波动牵动着世界经济的神经。20世纪70~90年代，国际上发生了三次石油危机，对世界经济产生了重大影响。例如，在1973~1974年的第一次石油危机中，日本、美国和欧洲的国内生产总值分别下降了7%、4.7%和2.5%。

国际石油价格虽然有涨有落，但总体上呈上升趋势。特别是进入21世纪后，石油价格一路飙升，从2002年的每桶20多美元上涨至2008年上半年的140美元左右。6年间，国际油价上涨了6倍多。但富有戏剧性的是，2008年国际石油价格犹如"过山车"般大起大落。7月份国际油价达到创纪录的147美元/每桶，到12月份则跌破了40美元/每桶，随后低位徘徊并小幅攀升。截止到2009年5月份，国际油价接近60美元/桶，但随着世界经济的复苏，油价又开始上扬。

国际油价走势让世人琢磨不定，对其波动的原因更是众说纷纭，莫衷一是。但石油的供给和需求肯定是影响石油价格的重要因素：

首先，从世界石油供给方面看，作为不可再生资源，石油的储量是有限的。这会大大限制其供给。世界石油的产地和供给相对集中，因而具有高度的垄断性。这会在不同程度上影响世界石油的供给。石油是一种重要的战略资源，在国际政治舞台上举足轻重，具有浓厚的政治色彩。动荡的中东局势，复杂的地缘政治，交织的大国利益，错综的国际关系等，都会影响国际石油供给。此外，石油生产成本持续上升，也会影响世界石油的供给。

其次，从国际石油需求方面看，作为经济血液的石油对世界经济发展的重要性不言而喻，特别是一些新兴经济体的快速发展，扩大了对石油的需求。但是，替代能源的发展和节能技术的应用，又在一定程度上缓解了对石油的需求。此外，就短期而言，突发的重大政治事件、石油库存变化、国际资本市场资金的短期流向、汇率变动等等，对世界石油的需求也会产生一定的影响。

在长期内，世界石油供给相对萎缩，而需求又持续增长，必然导致油价呈上升态势。但是，在短期内，往往会出现一些偶然因素，这又有可能引起油价波动。例如，2008 年的油价波动就特别引人瞩目：一方面，这是对美国经济波动的反映。布雷顿森林体系解体后，美元在世界上确立了自己的霸主地位。近年来，随着美国经济不景气，美元不断贬值，以美元标价的原油价格必然上扬。另一方面，美国发生了次贷危机。这场危机，不仅重创了美国经济，也殃及世界经济。随着危机深化，开始由虚拟经济蔓延到实体经济，由发达国家波及到发展中国家，导致整个世界经济陷于衰退。2008 年"过山车"式的国际油价波动，就是对这场危机的反应。

改革开放以来，我国经济持续快速发展，并不断融入世界经济，国际油价波动对我国的影响也开始显现。尤其是近几年，从宏观层面的出口到国家的经济安全，再到微观层面的居民生活，都明显地感觉到国际油价波动的深刻影响。例如，较高的油价抑制了居民对汽车消费的需求；油价上涨还推动了产品成本上升，压缩了盈利空间，进而抑制了企业投资；油价上涨也增加了出口产品成本，引致出口需求减少。所有这些，都会抑制我国的总需求，进而拖累经济增长。同时，油价上涨还会带动国内商品价格上涨，通货膨胀压力增大。这对稳定国内经济也是不利的。所以，我们必须高度重视国际油价波动，并采取相应的对策。

第三章 消费者行为理论

什么是不辨是非的人？就是那种知道一切事物的价格，但却不理解其价值的人。

——奥斯卡·王尔德

本章内容提要：

- 消费者的预算约束
- 基数效用理论和边际效用分析方法，并用以解释消费者的选择行为
- 序数效用理论和替代分析方法，并用以解释消费者的选择行为
- 消费者剩余

我国目前大约有 3.74 亿个家庭，这些家庭每天都要为如何花费自己的收入做出无数个选择。他们要根据自己的收入和商品的价格决定购买什么，购买多少，以便让自己感觉最为满足，而他们的决策就构成了市场需求。本章你可以看到，单个消费者和家庭如何花费他们收入的决策过程以及这些行为背后的基本机理。

|第|一|节|
预算约束

在导言中，我们曾经说过，人们的欲望或需要是无限的，但满足欲望或需要的资源是有限的。对消费者来说，满足其欲望所需要的资源，就是家庭收入。在一般情况下，家庭收入是既定的，由此构成了消费者选择的第一个限制。另外，消费者计划购买的物品或劳务的价格，则构成了消费者选择的第二个限制。

一、预算线

预算线，也叫预算约束线，是指在家庭收入和物品价格既定时，消费者的收入所能购买到的两种物品不同数量组合的点的轨迹。或者，消费者能够实现的消费和不能够实现的消费的分界线。

以消费者张三为例，假定其收入为30元，他只消费冰淇淋和电影两种物品，如果电影的价格为6元，冰淇淋的价格为3元，那么，当张三把他的所有收入全部花完时，他可以购买的产品组合如表3－1所示。A组合表示，当张三把30元全部花完时，能买10个冰淇淋而不能看电影。E组合说明，张三把30元全部花完时，可以消费4场电影，并买2个冰淇淋。表中的每个消费组合都花完张三的全部收入，每一个组合决定了张三的消费可能性。

表3－1 预算线

消费可能性	电影（场/月）	冰淇淋（个/月）
A	0	10
B	1	8
C	2	6
D	3	4
E	4	2
F	5	0

张三的预算线如图3－1所示。预算线限制着张三的选择，它是买得起和买不起之间的分界线。张三可以买得起预算线上以及预算线以内的点所对应的消费组合，而买不起预算线外的任何一点。对他消费的限制取决于商品的价格和他的收入。

我们还可以用预算方程来表示预算线，预算方程基于以下事实：

$$支出 = 收入$$

支出等于每种物品的价格乘以都买数量之积。对于张三来说就是：

$$支出 = （冰淇淋的价格 \times 冰淇淋的数量） + （电影的价格 \times 电影的数量）$$

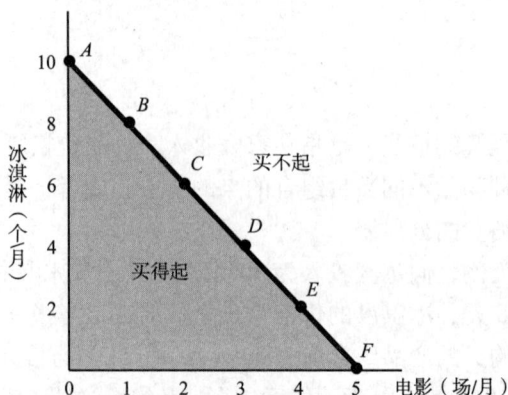

图 3-1 预算线

如果用 M 代表收入，以 Q_x 代表电影的数量，以 Q_y 代表冰淇淋的数量，以 P_x 代表电影的价格，以 P_y 代表冰淇淋的价格。那么，预算方程就可以写为：

$$P_x \cdot Q_x + P_y \cdot Q_y = M$$

或者

$$Q_x = \frac{M}{P_x} - \frac{P_x}{P_y} Q_y$$

其经济学意义是：电影的消费量取决于冰淇淋的消费量。$\frac{M}{P_x}$ 为冰淇淋的消费数量等于零时，电影的消费量，或横轴上的截距。$-\frac{P_x}{P_y}$ 为预算线的斜率，其绝对值是两种物品的相对价格。

对于张三消费电影和冰淇淋来说，其预算方程可以写为：

$$6Q_x + 3Q_y = 30 \quad 或 \quad Q_y = 10 - 2Q_x$$

他所消费的电影的相对价格 $\frac{P_x}{P_y} = 2$，即每场电影两个冰淇淋，也就是说，为了多看一场电影，张三必须放弃两个冰淇淋。

二、预算线的变化

预算线的位置和斜率取决于消费者的收入和物品价格。如果收入或物品价格发生变化，预算线的位置和斜率也会发生变化（见图 3-2～图 3-4）。

图 3-2 收入变化

1.预算线平行移动

如果物品的价格不变，消费者的收入增加，预算线向右移动，如果消费者收入减少，预算线就向左移动。预算线的斜率不变。

例如，如果张三的收入从30元增加到36元，在电影和冰淇淋价格不变的情况下，他可以消费更多的电影和冰淇淋。如果收入降低为24元，他可以消费的两种商品的数量将减少。

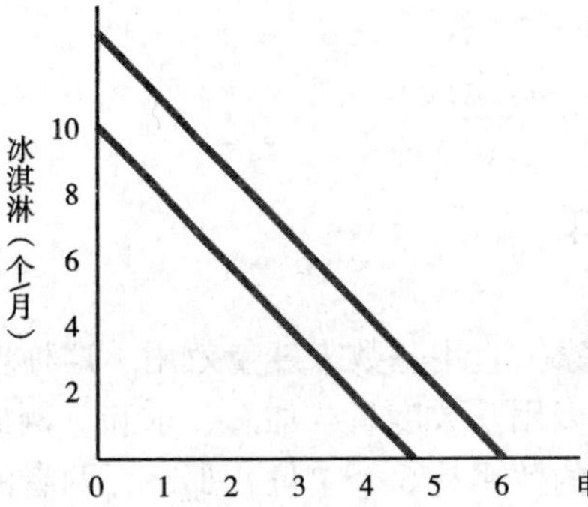

图3-3 价格变化

2.预算线旋转

如果消费者的收入不变，物品价格变化，预算线会以A（或B）为原点，向上或向下旋转，斜率随之而变化。

例如，若电影价格上升，预算线将以A为原点沿着横轴向左旋转；若冰淇淋价格下降预算线将以B为原点，沿着纵轴向上旋转。

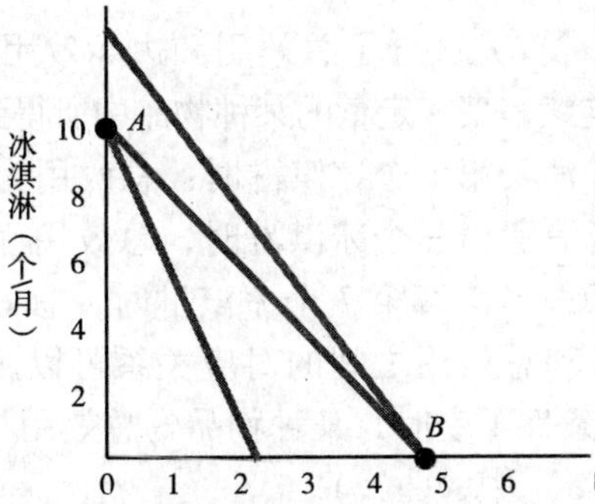

图3-4 价格不变

3.预算线不变

如果消费者的收入和两种物品的价格发生同比例同方向的变化，预算线位置不变。

例如，如果张三的收入从30元增加到60元，电影的价格从6元增加为12元，冰淇淋价格从3元增加为6元，其预算线位置不变。

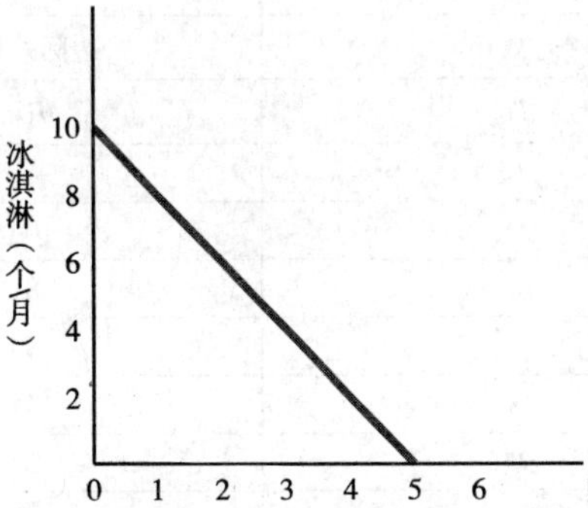

|第|二|节|
基数效用论

一、效用、总效用和边际效用

在 20 世纪 30 年代以前，经济学家一直用基数来度量效用。这种理论被称为基数效用理论。该理论认为，效用可以用基数度量、加总、求和。例如，假设一场电影的效用是 8 个单位，一杯牛奶的效用是 6 个单位，那么，两者的总效用就是 14 个单位。消费者在购买物品或劳务时的支付意愿，就是由它们的（边际）效用决定的。效用大的物品，消费者愿意多付钱；效用少的物品，消费者愿意支付的钱就少。

基数效用论者在使用效用范畴时，首先区分了总效用和边际效用两个概念。总效用是指在一定时期内，消费者从连续消费一定量的某种物品中所得到的效用总和，一般用 TU 表示。设想消费者张三消费第 1 个冰淇淋时，总效用为 10；当消费第 2 个冰淇淋时，总效用为 18；当消费第三个冰淇淋时，总效用为 24；……当消费第 6 个冰淇淋时，总效用为 30；当消费第 7 个冰淇淋时，总效用开始减少，变为 28（见表 3 - 2）。消费数量和总效用之间的对应关系可以用总效用曲线来表示。总效用曲线是表示在其他条件不变时，某种物品的总效用与消费的物品数量之间关系的曲线（见图 3 - 5（a）中的曲线）。

表 3 - 2　　　　　　　　张三消费冰淇淋的总效用和边际效用

(1)	(2)	(3)
	总效用	边际效用
消费数量	TU	MU
0	0	—
1	10	10
2	18	8
3	24	6
4	28	4
5	30	2
6	30	0
7	28	-2

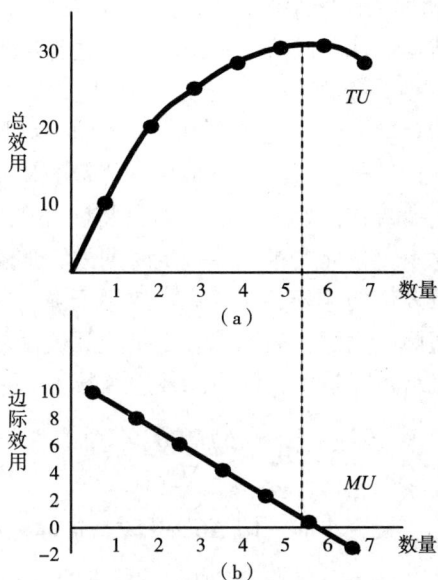

图 3 - 5　总效用曲线和边际效用曲线

在图 3 - 5（a）中，横轴表示物品（在这里是冰淇淋）的消费量，纵轴表示消费该物品得到的总效用。总效用曲线上的点代表冰淇淋的消费量和总效用。一般情况下，如果其他条件不变，随着某种物品消费量的增加，总效用也会增加，但总效用的增量是递减的。消费达到一定数量（这里是 7 个冰淇淋）后，再增加消费，总效用就会下降。

边际效用就是在一定时期内，消费者从连续增加的某一物品的消费中所得到的总效用增量，或者说，消费的最后一单位物品所带来的总效用增量。当张三消费的冰淇淋数量由 2 个增加到 3 个时，张三从冰淇淋中获得的总效用从 18 单位增加到 24 单位。对于张三来说，第 3 个冰淇淋为他带来了总收益增量为 6 单位，因此，他在消费第 3 个冰淇淋时的边际效用就是 6 单位［边际效用曲线见图 3 - 5（b）］。

二、边际效用递减规律

根据图 3 - 5（b）可知，张三消费第 1 个冰淇淋时，边际效用为 10；消费第 2 个冰淇淋时，边际效用为 8；消费第 3 个冰淇淋时，边际效用为 6；……消费第 6 个冰淇淋时，边际效用为 0；消费第 7 个冰淇淋时，边际效用为 - 2。在其他条件不变时，随着冰淇淋消费量的增加，张三从连续增加的冰淇淋的消费中所得到的边际效用是递减的。这种趋势，经济学家称之为边际效用递减规律。

边际效用递减是一种普遍现象。关于这一规律成立的原因，主要有两种解释：一是从消费者心理角度看，一定时期内，随着同一物品消费量的增加，神经元对等量外界刺激的条件反射会递减。二是从所消费的物品本身来看，一种物品往往具有多种用途，消费者在消费物品时，总是将物品先用在最重要的用途上，然后再用在次要的用途上，依此类推。在一定时期内，随着物品消费量的连续增加，由于物品用途的重要性的下降，导致边际效用下降。

边际效用可以用边际效用函数表示。它是指边际效用与消费量之间关系的代数形式。如果用 MU 表示边际效用，则边际效用函数为：

$$MU = \frac{\Delta TU(Q)}{\Delta Q}$$

当物品的增加量趋于无穷小时，即 $\Delta Q \rightarrow 0$ 时，边际效用函数为：

$$MU = \lim_{\Delta Q \rightarrow 0} \frac{\Delta TU(Q)}{\Delta Q} = \frac{dTU(Q)}{dQ}$$

三、效用最大化的选择

消费者如何在收入、价格、偏好等条件不变的情况下，使得自己买到的物品组合，能实现其效用最大化呢？基数效用理论在分析消费者均衡时，首先作了如下三项基本假定：一是消费者的货币收入固定。二是各种物品的市场价格不变。三是单位货币的边际效用不变。前两项假设，实际上是消费者选择的约束条件。在此条件下，消费者所能做的是，购买什么物品，各购买多少。

基数效用论者认为，一定时期内，消费者实现其效用最大化的条件是：消费者用单位货币所购买的各种物品的边际效用都相等，或者说，消费者用所有收入所购买的各种物品的边际效用与其价格之比都相等。用公式表示为：

$$P_x Q_x + P_y Q_y + \cdots + P_n Q_n = M \qquad (3-1)$$

$$\frac{MU_x}{P_x} = \frac{MU_y}{P_y} = \cdots = \frac{MU_n}{P_n} = \lambda \qquad (3-2)$$

在公式（3-1）、（3-2）中，P 表示所消费的各种物品的价格，Q_x、Q_y 等表示消费的各种物品数量，M 表示消费者的货币收入；MU 表示所购买的各种物品的边际效用，λ 表示单位货币的边际效用。通常（3-1）式称为消费者的预算约束；（3－2）式称为消费者效用最大化的条件。

我们仍旧看看张三的消费（见表3－3）。假设张三消费两种商品，一种是冰淇淋（以 y 表示），一种是电影（以 x 表示），冰淇淋的价格是每个3元，电影的价格为每场6元，而张三的收入是30元，张三的预算约束为：

$$6Q_x + 3Q_y = 30（元）$$

表3－3　　　　　　　　　　基数效用论的消费者决策

电影数量	电影边际效用	每元的边际效用	冰淇淋数量	冰淇淋边际效用	每元的边际效用
5	25	4.17	0	0	—
4	29	4.83	2	42	14.00
3	33	5.50	4	28	9.33
2	38	6.33	6	19	6.33
1	50	8.33	8	17	5.67
0	0	—	10	15	5.00

如果张三每月看1场电影的边际效用为50单位，电影的价格为每场6元，那么张三看1场电影时每元的边际效用为 $\frac{MU_x}{P_x} = \frac{50}{6} = 8.33$ 单位。而当张三选择1场电影时，他消费的冰淇淋数量为8个，边际效用为17单位，那么他此时花费在冰淇淋上的1元所带来的边际效用为 $\frac{MU_y}{P_y} = \frac{17}{3} = 5.67$。

从以上的计算可以看到，此消费数量组合满足预算约束，但是不满足效用最大化的条件，因为，张三花费在电影上的每元钱所带来的边际效用大于花费在冰淇淋上的每元钱所带来的边际效用，即 $\frac{MU_x}{P_x} > \frac{MU_y}{P_y}$。只要他将花费在冰淇淋上的1元钱转而花费在电影上，那么这1元钱将使得张三的总效用增加。张三不断增加电影的数量，同时减少冰淇淋的数量，直到二者每元钱带来的边际效用相等为止，即 $\frac{MU_x}{P_x} = \frac{MU_y}{P_y}$，对应的电影数量为2场，冰淇淋数量为6个。

反之，如果张三消费在4场电影和2个冰淇淋时，1元钱带来的电影的边际效用是4.83，1元钱花费在冰淇淋上的边际效用是14，即 $\frac{MU_x}{P_x} < \frac{MU_y}{P_y}$，这就意味着张三用1元钱购买的冰淇淋所带来的边际效用大于购买电影的边际效用。这种

情况下，张三必然会增加冰淇淋的购买量，减少电影的消费，以增加总效用。在调整过程中，随着电影消费数量的减少，电影的边际效用增加。另外，随着冰淇淋消费数量的增加，冰淇淋的边际效用减少。当花费在冰淇淋上的1元钱的边际效用与花费在电影上的1元钱的边际效用相等时，消费者的消费调整停止，达到消费者均衡。即 $\dfrac{MU_x}{P_x} = \dfrac{MU_y}{P_y}$，对应的电影数量为2场，冰淇淋数量为6个。

四、推导需求函数

在边际效用递减和消费者均衡的基础上，可以推导出个人的消费需求曲线，并解释需求曲线向右下方倾斜的内在逻辑。

基数效用论者认为，消费者用货币购买物品，实际上是用货币的边际效用去交换物品的边际效用。我们已经假定货币的边际效用不变，那么，消费者愿意支付的货币，就取决于物品的边际效用：物品的边际效用大，消费者愿意支付的货币就多，物品的价格就高；相反，物品的边际效用小，消费者愿意支付的货币就少，物品的价格就低。我们又知道，物品的边际效用同购买的物品数量有关：购买的物品量少，其边际效用就高；购买的物品数量多，其边际效用就低，两者按相反的方向变化。由此决定，消费者愿意支付的价格，也取决于物品的购买量，两者也按相反的方向变化。这正是需求曲线的基本特征。

另外，从消费者均衡条件来看，消费者购买的任一物品的边际效用与其价格之比，应等于货币的边际效用，即 $\dfrac{MU}{P} = \lambda$。在货币边际效用不变的前提下，物品的价格必然与其边际效用按相同的方向变化，与其数量按相反的方向变化。

我们以一个例子加以说明。设货币的边际效用 $\lambda = 4$，总效用 $TU(Q) = -Q^2 + 20Q$，边际效用为 $MU(Q) = \dfrac{dTU(Q)}{dQ} = -2Q + 20$。由 $MU(Q) = \lambda$ 推出，即 $Q = -2P + 10$。这就是该消费者对这种产品的需求函数。这样，利用基数效用论就导出了一般物品的需求曲线。其斜率为负的根本原因在于边际效用递减。需求曲线是满足消费者均衡条件的点的轨迹。

五、消费者剩余

在微观经济理论中，人们对物品效用的评价又被叫做价值（value）。对同一种物品的价值，不同的人有不同的看法。但是，物品的市场价格是由千百万消费者和生产者共同决定的。个别消费者是价格的接受者，他必须按市场价格支付。这样，对特定的消费者来说，某物品的价值与其市场价格就不一定相等。价值高于价格的部分，就是经济学上所说的消费者剩余。或者说，消费者剩余是消费者根据自己对物品效用的评价所愿意支付的价格与实际支付的价格的差额。在物品价格既定的情况下，对物品效用评价高的消费者，得到的消费者剩余多。

基数效用论者还认为，物品的价值是由边际效用决定的，而边际效用是递减的。对消费者而言，后面每一单位物品的边际效用总是低于前面的，因而按后面的边际效用支付时，前面的物品都有"剩余"。

在几何图形上，消费者剩余表现为需求曲线以下、价格线以上的部分，见图3-6中的阴影部分。如果物品的价格下降，消费者剩余会增加。

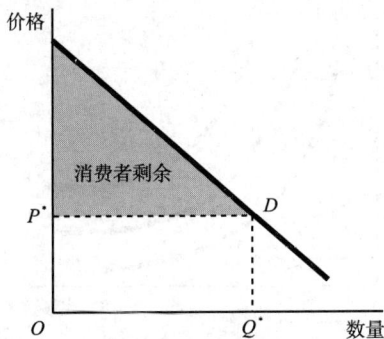

图3-6 消费者剩余

需要强调的是，物品的价值是消费者的主观评价，因人而异。所以，同一种物品有没有消费者剩余，有多少消费者剩余，不同的消费者之间不能进行比较。

|第|三|节|
序数效用论

一、偏好和无差异曲线

序数效用论者在分析消费者均衡时，发明了两个工具：一个是无差异曲线；另一个是预算线。前者说明消费者的偏好，后者说明消费者的约束。

（一）偏好

偏好是指消费者对某种物品喜爱还是不喜爱的程度。经济学家对偏好有三个假设：一是完备性，指消费者能够依据其偏好对不同的物品组合进行效用多少的排序。二是可传递性，指消费者的偏好符合递推形式逻辑。如消费者认为 A 比 B 好，B 又比 C 好，则肯定 A 比 C 好。三是非饱和性，即对数量较多的一组物品的偏好大于数量较少的一组物品。

（二）无差异曲线

根据消费者的偏好，可以绘制出无差异曲线。无差异曲线是指能给消费者带来同等效用水平的两种物品的不同数量组合的点的轨迹。如图 3－7 所示。

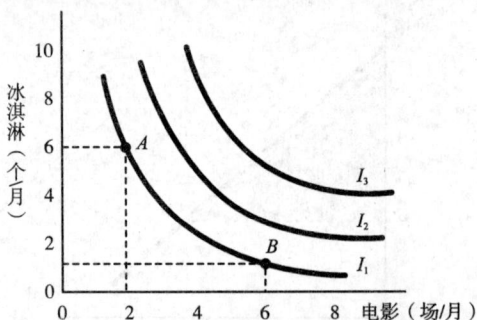

图 3－7　无差异曲线

在图 3－7 中，横轴代表电影的数量，纵轴代表冰淇淋的数量，曲线上的点代表两种物品组合的效用水平。例如，A 点代表 6 个冰淇淋和 2 场电影的效用，B 点代表 1 个冰淇淋和 6 场电影的效用，这两种组合对于张三来说效用水平是相同的。所以，无差异曲线也叫等效用曲线。

无差异曲线有四个特征：一是无差异曲线向右下方倾斜，斜率为负，表明增加一种物品的消费，必须减少另一种物品，两者按相反的方向变化。二是在同一坐标平面中，有无数条无差异曲线。其中离原点近的代表较低的效用水平；离原点远的代表较高的效用水平。三是任意两条无差异曲线不会相交。四是无差异曲线凸向原点，表明物品的边际替代率递减。

（三）边际替代率

边际替代率是指在保持效用水平不变的条件下（保持在同一条无差异曲线

上），消费者为了额外获得 1 单位的某种物品与所放弃的另一种物品的数量。边际替代率就是无差异曲线上点的斜率的绝对值，用 MRS_{XY} 表示。用公式表示就是：

$$MRS_{XY} = -\frac{\Delta Q_y}{\Delta Q_x}$$

当物品数量的变化趋于无穷小时，物品的边际替代率公式为：

$$MRS_{XY} = \lim_{\Delta X \to 0} -\frac{\Delta Q_y}{\Delta Q_x} = -\frac{dQ_y}{dQ_x}$$

例如，当张三消费 6 个冰淇淋和 2 场电影时，为了求出他的边际替代率，可以画一条与无差异曲线在 A 点相切的直线，该直线的斜率为 $\frac{10}{5} = 2$，即张三在 A 点的边际替代率是 2，换句话说就是，当张三消费 A 点时，他愿意为多消费 1 场电影而放弃 2 个冰淇淋。同样方式可以得到，B 点的边际替代率为 $\frac{4.5}{9} = \frac{1}{2}$，即张三多消费 1 场电影而愿意放弃 $\frac{1}{2}$ 个冰淇淋。从 A 和 B 两点的对比可见，边际替代率是递减的，即在维持效用水平不变的条件下，消费者为了增加一单位某种物品的消费，所愿意放弃的另外一种物品的数量是递减的。在此规律的作用下，无差异曲线必然凸向原点（见图 3 - 8）。

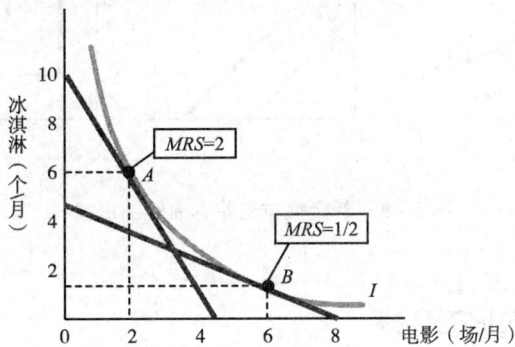

图 3 - 8　边际替代率

（四）替代程度

在保持效用不变的前提下，多数物品有一定的替代性，但是又不能完全替代。例如馒头和服装，在保持效用不变的情况下，人们可以少买些馒头，多买些服装，但不能只买馒头，不买服装。我们在前面分析的无差异曲线，指的就是这一类物品，其无差异曲线向右下方倾斜，如图3－9（a）所示。但对于具有替代或互补关系两种物品来说，其替代程度的特殊性，使其无差异曲线出现不同形状。

1. 完全替代品

两种物品可以完全替代。对消费者而言，有些物品的效用完全相同，因而可以完全替代。如花卷和馒头，人们可以只购买花卷，也可以只购买馒头。如果假设一单位馒头和一单位花卷的效用完全相同，那么，为了获得同样的总效用，多消费一单位花卷，就要放弃一单位馒头。因此，其无差异曲线是一条直线，边际替代率固定不变，如图3－9（b）所示。

2. 完全互补品

两种物品是互补品，完全不能替代，而且必须同时消费。例如，眼镜片和镜架，必须同时购买才能满足消费需要。当消费一个眼镜架时，消费者只需要一副眼镜片就可以获得一副眼镜的效用，如果他同时拥有两个眼镜架和一副眼镜片，那么他所获得的效用仍然是一副眼镜所带来的效用，其总效用并没有改变。根据这样的估计，其无差异曲线是一条折形线，如图3－9（c）所示。

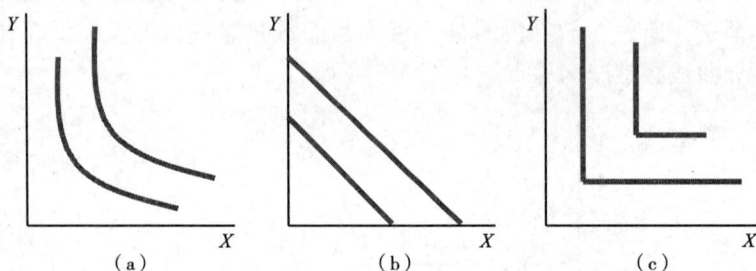

图3－9　替代性与无差异曲线的形状

二、效用最大化的选择

把预算线和无差异曲线放到一个坐标图上，就可以分析消费者效用最大化地选择了。下面结合图3－10说明。

根据前面的分析，消费者选择时要遵循两个原则：一是在预算线上选择；二是在效用水平高的无差异曲线上选择。最终结果是选择了图3－10中 E 点所代表

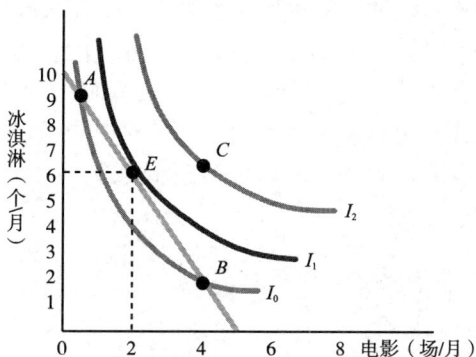

图 3 - 10 消费者效用最大化

的物品组合：6 个冰淇淋和 2 场电影的。从图形上看，E 点符合上述两个原则：首先，它在预算线上，表示现有的收入可以买得起 6 个冰淇淋和 2 场电影。其次，它又在效用水平最高的无差异曲线上。其他的组合都不符合这些原则。例如，A 点和 B 点虽然也在预算线上，但效用水平都比 E 点低。再如，C 点的效用水平虽然比 E 点高，但未在预算线上。因此，张三的消费者均衡点是 E 点。在这一点上有

$$MRS_{XY} = \frac{P_X}{P_Y}$$

由上面分析可知，在几何意义上，MRS_{XY} 表示无差异曲线上的点的斜率的绝对值，$\frac{P_X}{P_Y}$ 表示预算线斜率的绝对值。上述均衡条件的经济学含义是：能够给消费者带来最大效用的物品组合必然位于无差异曲线与预算线的切点处。

因此，张三获得均衡时，他的消费组合为：

- 在其预算线上。
- 在其最高可能实现的无差异曲线上。
- 电影和冰淇淋的边际替代率等于两者的价格之比。

三、推导需求曲线

运用前面分析的均衡条件，我们可以推导出张三对冰淇淋或电影的需求曲线。在张三的收入、偏好以及其他物品价格保持不变的情况下，由于电影价格的

改变，张三的均衡点发生改变，当价格为 6 元时，张三消费电影的数量是 2 场。而当电影价格降低为 3 元时，张三对电影的消费数量增加为 5 场，于是，我们得到需求曲线上的两个点 M 和 N。以同样的方式，我们可以得到无数个价格和数量的组合，将这些组合连接起来，就得到了张三对电影的需求曲线，如图 3 – 11 所示，其需求曲线向右下方倾斜。电影价格越低，他每月消费的电影数量越多，这就是需求定律。

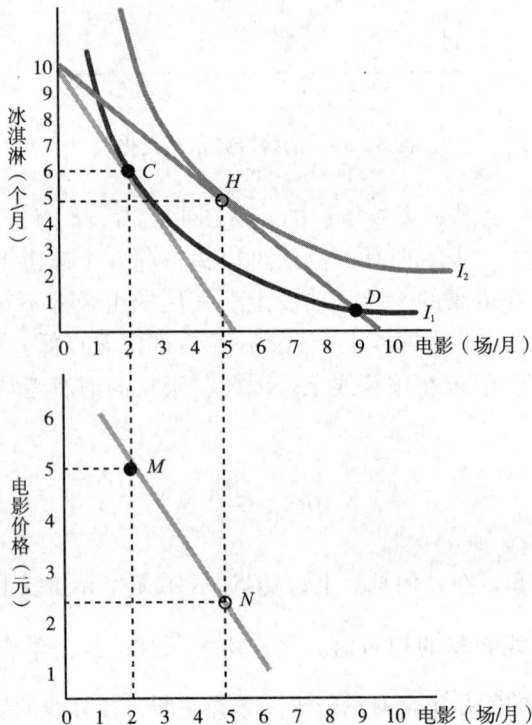

图 3 – 11 价格效应与需求曲线

四、替代效应和收入效应

从推导得到的需求曲线（图 3 – 11）可以看出，物品的价格下降总会引起该物品的需求量增加。在电影价格改变之前，张三消费 6 个冰淇淋和 2 场电影。当冰淇淋的价格不变，而电影的价格下降为 3 元时，新的预算线向右旋转，并与更高的无差异曲线 I_2 相切于 H 点，在这点，张三消费 2 个冰淇淋和 5 场电影。由此可以看到，由于电影价格的下降，张三消费的电影数量由原来的2场增加到现在的5场。这样，价格变动对物品消费数量的影响称为价格效应，价格效应可分解为替代效应和收入效应两部分。

（一）替代效应

替代效应是指消费者的效用水平在初始状态和新状态之间无差异的情况下，价格变化对购买量的影响。对于张三来说，当电影价格下降时，电影和冰淇淋之间的相对价格改变，冰淇淋的价格虽然没有变化，但是相对于下降之后的电影价格来说，冰淇淋比原来贵了。于是，张三用价格相对变得便宜的电影，替代价格相对变得贵的冰淇淋，以便获得不变的总效用。这就是价格变化引起的替代效应。

（二）收入效应

收入效应是指当某种物品的价格改变时，消费者的购买能力随之发生改变，造成该物品需求量和效用水平的变化。例如，当电影价格下降时，张三的预算线向右旋转，对比价格没有改变之前的预算线，张三现在可以选择更多的电影和更多的冰淇淋。价格下降使得张三对所有物品的购买力都增加了，这就像是人们收入的增加。事实也是如此，在价格改变之前，张三消费在 A 点，他的花费是30元钱，而价格改变之后，如果张三仍然消费 A 点的话，他需要支付的货币数量为 $3 \times 6 + 3 \times 2 = 24$ （元），他还剩余6元可用于购买电影或者冰淇淋。

本章小结

1. 家庭消费选择的目标是效用最大化。经济学家用基数效用理论和序数效用理论解释家庭的消费选择行为。两种理论使用的概念和分析方法不同，但得到的结论却完全一致。

2. 基数效用理论用总效用概念和边际效用递减规律解释消费者的需求。效用表示消费者从消费某种物品中得到的满足程度或有用性。从增加的一单位物品消费中得到的效用增量，叫边际效用。边际效用有递减的趋势，叫边际效用递减规律。在消费者收入既定时，消费者用单位货币所购买的各种物品的边际效用都相等，或者，消费者用所有收入所购买的各种物品的边际效用与其价格之比都相等，消费者的选择就达到均衡状态。根据消费者均衡条件，可以推导出向右下方倾斜的需求曲线。边际效用递减是这一理论的基础。

3. 序数效用理论用无差异曲线和预算线解释消费者的需求。无差异曲线是指能给消费者带来同等效用水平的两种物品的不同数量组合的点的轨迹。预算线是指在家庭收入和物品价格既定时，消费者的收入所能购买到的两种物品不同数量组合的点的轨迹。无差异曲线和预算线相切时的物品组合，可以实现效用最大化。所以，消费者均衡的条件是，两种物品的边际替代率等于其价格之比。根据消费者均衡条件可以推导出向右下方倾斜的需求曲线。

思考题
1. 何为效用？总效用与边际效用的关系是怎样的？
2. 基数效用论和序数效用论关于消费者均衡的条件各是什么？
3. 什么叫无差异曲线？其特征和种类有哪些？
4. 基数效用理论和序数效用理论分别是如何推导需求曲线的？
5. 试比较基数效用理论和序数效用理论的异同。

专栏

价值悖论

1776 年，亚当·斯密在《国民财富的性质和原因的研究》中曾经提到："具有最大的使用价值的东西常常很少有或根本没有交换价值；反之，具有最大的交换价值的东西常常很少或根本没有使用价值。没有什么东西比水更有用，但不能用它购买任何东西，也不会拿任何东西去和它交换；反之，钻石没有什么用途，但常常能用它买到大量的其他物品。"这就是经济学上著名的"价值悖论"，又称"价值之谜"。斯密和许多古典经济学家都曾试图加以解释，但都没有给出令人满意的解答。直到边际效用理论出现后，价值悖论的谜底才被真正揭开。

解释这一问题的关键在于区分总效用和边际效用。对人类来说，水有多种用途。既可以饮用，也可以洗涤，还可以灌溉。其使用价值可谓巨大，因而其总效用也很大。但是，水资源数量很大，人们用的水也很多。由此决定，水的边际效用很小。价值是人们对边际效用的评价。既然水的边际效用很小，其价值也必然很低。相反，相对于水而言，钻石的用途虽然较小，总效用也不大，但人们购买的钻石也很少，因而其边际效用却很大，由此决定其价值也较高。另外，消费者的支付意愿是由物品的边际效用决定的。水的边际效用低，人们愿意支付的价格当然也低。钻石的边际效用高，人们愿意支付的价格当然也高。可见，人们愿意为钻石支付高价，为水支付低价，是一种理性行为。边际效用规律也可以解释"物以稀为贵"。稀有的物品之所以贵，是因为其边际效用大。对于人力资本来说也是这样。你要想提升"身价"，就必须设法使自己变成"稀有资源"，从而提高自身的边际效用。

第四章　生产者行为理论

美国的事业是企业。

——卡尔文·柯立芝

本章内容提要：
- 企业与企业家、组织形式和目标
- 短期生产函数，边际报酬递减规律
- 短期中的产量和成本，边际成本递增规律
- 长期总成本和长期平均成本
- 长期平均成本与规模收益的关系
- 长期中产量与规模报酬的关系

　　每天清晨喝牛奶时，你可能想到了蒙牛或伊利，你也想到了管理它们的企业家，你甚至可能想到了三聚氰胺，进而又想到最近高钙牛奶的供应发生了变化，你接着开始疑惑企业家们为什么决定生产高钙牛奶、生产的数量是如何决定的。这些问题都涉及生产决策。我们把这些生产牛奶的组织称为企业或厂商。本章将讨论他们如何进行生产决策和成本分析。这是小到夫妻店、大到飞机制造商都面临的问题。

第一节
企业及其经济问题

一、企业与企业家

　　在经济分析中，生产者、企业、厂商都是同义语，是经济学家对以利润最大化为目标从事盈利性业务的一类经济组织的泛称。例如，汽车制造商、电信运营

商、连锁超市、房屋开发商、航空公司，乃至农业生产者都是厂商。

企业的组织者和管理者为企业家。在市场经济的早期阶段，企业的组织和管理职能由企业所有者承担，因此企业的所有者同时也是企业家。随着市场经济的发展，企业的组织形式和治理结构逐渐发生变化，企业的组织和管理职能也逐渐分离出来，形成了专门从事经营管理活动的职业经理人阶层。企业的所有者并不一定从事经营活动，企业的家族制特征也逐渐淡化。到今天，许多以家族姓氏或创业者的姓名命名的著名公司，如杜邦、波音、西门子等公司，均变成了所谓的公众公司，即所有权通过发行股票的方式被大量投资人分散持有，由常设的所有者代表机构——公司董事会——来聘任职业经理人行使独立的管理和组织职能就成为必需。在这一过程中，有限责任制的出现和股票市场的发展起到了关键作用。

企业进行生产要有土地、资本、劳动和企业家才能四类生产要素。企业家才能是和劳动相区分的不同的生产要素，经济学家之所以把企业家看作是一种独立于劳动（普通工人）的生产要素，主要是因为在企业的生产活动中，他们的劳动与普通工人的劳动有着根本的不同，企业的各种生产要素需要在他们的组织下才能生产出产品和服务。他们的组织、协调和监督甚至还有承担风险的活动与工人的劳动活动具有完全不同的意义，这两种活动之间几乎不能相互替代。在企业做出的各种决策中，企业家将决定生产什么，如何生产，以及生产多少。

二、企业组织形式

在现代市场经济中，企业有个人业主制、合伙制和公司制等三种法定组织形式。

（一）个人业主制

个人业主制是指企业业主是单一所有者并承担无限责任的企业。它是最早产生也最简单的企业组织形式，企业业主获得全部利润也承担无限责任。承担无限责任是指企业所有者以其全部财产对企业债务承担责任的一种法律上的义务。如果个人独资企业不能偿付其债务，企业的债权人对所有者的个人财产具有追索权。我们经常说的个体户、夫妻店一般都是个人业主制企业。

个人业主制企业的优点是，企业主可以按照自己的意志经营，并独自获得全部经营收益。这种企业形式一般规模小，经营灵活。但业主制企业也有缺陷，如资本规模有限，技术装备水平较低；企业主承担无限责任，经营风险大；企业的存在与解散完全取决于企业主，企业存续期限较短等。因此，业主制企业难以适应社会化商品经济发展和企业规模不断扩大的要求。

（二）合伙制

合伙制是由两个或两个以上承担无限责任的所有者共同出资兴办和管理的企业。合伙人必须对企业的管理结构和利润分配问题达成一致，合伙人的利润也和所有者的个人收入一样纳税。同时，每个合伙人在法律上都要为合伙企业的全部债务负责（以每个合伙人的财产为限），合伙企业对于其全部债务所承担的责任称为无限连带责任。大多数律师事务所、会计师事务所等都是合伙企业。

合伙企业的优点是，合伙人共同筹集，扩大了资金来源；合伙人共同承担责任，可以分散投资风险；合伙人共同管理企业，有助于提高决策能力。但是合伙人在经营决策上也容易产生意见分歧，合伙人之间可能出现偷懒的道德风险。所以，合伙制企业的合伙人较少，以小规模企业居多。

（三）公司制

公司制是由一个或者一个以上承担有限责任的股东所组成的企业。公司制企业的主要形式是有限责任公司和股份有限公司，其所有者只对其初始投资承担责任。这种责任上的限制意味着如果公司破产了，其所有者不需要用自己的个人财产偿付公司的债务。公司利润所缴纳的税金与股东的收入无关。现在的多数企业都是公司。

公司的特点是公司的资本规模大，使大规模生产成为可能；出资人对公司只承担有限责任，投资风险相对较低；公司拥有独立的法人财产权，保证了企业决策的独立性、连续性和完整性；所有权与经营权相分离，职业经理人管理不受所有者能力的限制，为科学管理奠定了基础。公司的缺点在于复杂的管理结构会使决策过程缓慢而昂贵，未分配利润作为公司的利润和作为股东的资本利得双重收税。

三、企业的目标

企业的选择行为取决于其经营目标。在现实生活中，企业可能有多重目标，但经济分析中一般假设企业从事生产经营的唯一目标是利润最大化。这里所说的利润，指的是经济利润，即企业的收益扣除全部成本之后的余额。

（一）成本

对厂商来说，成本的意义是不言而喻的。然而，厂商账簿中记录的成本与经济分析中的成本并不是一回事。在企业管理中，会计人员核算的成本，是指厂商购买各种要素实际支出的货币，是过去已经发生的，是历史记录。会计师关注历史，重视过去已经发生的成本及其补偿。所以，由会计师核算的成本叫会计成本或历史成本。

与上述会计成本不同，经济学家着眼于未来，关注企业经营将要发生的成本，重视资源的使用效率和厂商的选择。因此，经济分析中所说的成本，是一种经济成本或机会成本。它特指某种资源用于特定用途后，所放弃的该资源在其他用途上的最高收入。例如，一块农地，可能有三种用途和收入：种玉米，收入100元；种蔬菜，收入200元；挖塘养鱼，收入300元。如果这位农民最终选择了种植玉米，其成本即机会成本就是放弃的其他用途中的最高代价挖塘养鱼的300元。

机会成本是生产者理性选择的依据。在上例中，农民虽然有三种选择，但最终会理性选择养鱼。因为其他两种选择的成本（300元）均大于其收益（分别为100元和200元），只有养鱼的收益（300元）大于其成本（200元）。

一种资源有没有机会成本，取决于两个因素。一是资源是稀缺的；二是资源有多种用途。资源是稀缺的，决定了人们必须进行选择。资源有多种用途，决定了人们可以进行选择。只要有选择，就有放弃，就有机会成本。

（二）利润

一般地说，利润是收益减去成本后的余额。不管是会计师还是经济学家，他们核算的收益都是相同的，即销售量乘以价格。但两者核算的成本有所不同，因而各自核算出的利润也有差别。从机会成本的角度看，成本包括显性成本和隐含成本两部分。显性成本是指厂商付给外部要素所有者的成本，包括工资、材料费和资产租金等。这些成本能反映到会计账簿上，所以叫显性成本，也就是会计成本或历史成本。隐含成本是指厂商使用自有要素应当支付的成本，包括自有劳动的工资、自有房屋的租金、自有资本的利息以及正常利润。这里所说的正常利润，是指厂商对自己提供的企业家才能（经营管理服务）应当支付的费用。会计师核算的利润是总收益与显性成本之间的差额。经济学家核算的利润是总收益和总成本之间的差额，实际上是超额利润。经济学家核算的成本中包括正常利润。所以，即使厂商的经济利润为零，仍然有可能得到正常利润。另外，会计师没有把隐性成本计入总成本，所以会计利润要大于经济利润。利润最大化，是指经济利润最大化，或超额利润最大化。

上述关系可以用图 4-1 表示。

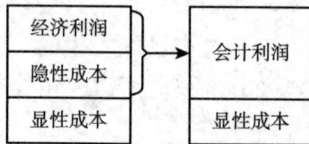

图 4-1 经济利润与会计利润

|第|二|节|
企业的生产决策

一、生产的相关概念

(一) 生产函数

从物质技术角度看，生产首先表现为投入—产出过程，即投入一定数量的要素，生产出一定数量的产品或劳务。换言之，生产是把投入变为产出的过程。

生产过程中的投入，被称为生产要素，也叫资源。具体有四类：劳动、资本、土地和企业家才能。劳动是指劳动力在生产过程中所提供的服务，包括脑力劳动和体力劳动。资本是指厂房、机器、设备、燃料、材料和原料等。土地是指自然界中原来就有的资源，如土地（狭义）、水、矿藏、原始森林等。企业家才能是指企业家提供的组织管理服务。在上述要素中，经济学家特别推崇企业家才能，认为只有通过企业家的努力，才能最大限度地提高要素利用效率。生产过程实际上是这四种生产要素结合的过程，而产品则是这四种生产要素共同作用的结果。

在一定的技术条件下，投入一定数量的生产要素，就会有一个最大的产出。两者之间存在着一个内在的数量关系。这种数量关系被称为生产函数。生产函数是由生产的技术条件决定的。随着生产技术条件的变化，生产函数也会相应地变化。

如果用 Q 表示产出，用 L 表示劳动、K 表示资本、N 表示土地、E 表示企业家才能，那么，生产函数的形式就是：

$$Q = f(L, K, N, E)$$

如果我们只关注其中的劳动和资本，而将其他生产要素抽象掉，那么，生产函数可以简化为：

$$Q = f(L, K)$$

（二）决策的时间框架

企业的经营者要做出很多决策，所有的决策都是为了实现利润最大化的目的。为此，企业需要改变产量和成本之间关系，对于不同的企业来说，这种改变所需的时间也不相同。考虑到时间在生产和成本中的重要影响，经济分析中一般区分短期和长期。

短期是指在所有投入要素中，至少有一种要素的数量固定的时间框架。对于大多数企业来说，资本、土地和企业家才能都是固定的生产要素，而劳动是可变的生产要素。在短期中，企业为了增加产量，它只能通过增加可变生产要素的投入来实现，也就是通过增加和减少雇佣劳动数量来实现。也正因为如此，短期决策很容易改变。

长期是指所有的投入要素都可以改变的时期，包括劳动、资本、土地和企业家才能在内的所有生产要素的数量都可以调整。在长期中，企业为了增加产量，企业不仅可以选择是否增加其雇佣劳动的数量，而且也可以选择是否改变其设备规模。因此，长期决策很难改变，一旦做出改变设备规模的决策，企业就必须维持该规模一段时间。

需要强调的是，划分时期的依据是有没有要素可以改变，而不是生产物品的具体时间。对不同的生产者而言，时期长短差别很大。例如，菜农在数月内就可以改变种植计划，而大型水电厂从设计、建造、验收到投产，可能需要数年或十几年。

依据考察时期的长短，可以把生产理论区分为短期生产理论和长期生产理论。前者讨论一种可变投入的生产函数；后者讨论各种要素都可以改变的生产函数。

二、短期中的产量

假定资本投入量不变，劳动投入量可以变化，那么，短期生产函数的具体形式就是：

$$Q = f(L, \bar{K})$$

其中，$\bar{K}$ 代表固定不变的资本投入，产出随着劳动投入量的变化而变化。

（一）总产量、平均产量和边际产量

从上述生产函数出发，我们可以得到三个重要的产量概念：总产量、平均产量和边际产量。表4-1给出了某厂商在设备数量保持不变的情况下，通过改变雇佣工人数量生产冰淇淋时的产量数据。

表4-1　　　　　　　　　　总产量、边际产量和平均产量

劳动量 L	劳动总产量 TP_L	劳动平均产量 AP_L	劳动的边际产量 MP_L
0	0	0	
1	8	8	8
2	20	10	12
3	36	12	16
4	48	12	12
5	55	11	7
6	60	10	5
7	60	8.6	0
8	56	7	-4

表4-1中的第二列为总产量 TP_L，是既定投入组合所能生产出来的最大产量。根据表中数据，在图4-1中画出该厂商的总成本曲线。横轴代表劳动数量，纵轴代表产量。你可以看到，在设备数量不变的情况下，随着劳动投入的增加，总产量也增加，但总产量的增量是递减的。劳动投入达到一定数量（这里是6单位）后，再增加投入，总产量就会下降。

表中第三列是平均产量 AP_L，是平均每单位劳动得到的产量，等于总产量除以雇佣工人的数量，其对应曲线如图4-1所示。你可以看到，平均产量随着劳动投入的增加，开始时是增加的。到达最高点后，再增加劳动投入，平均产量反而减少。其曲线呈倒 U 形。函数形式为：

$$AP_L = \frac{TP_L}{L}$$

表中第四列是边际产量 MP_L，是当所有其他投入保持不变的情况下，由增加1单位劳动所带来的总产量的增加量。观察其数据你会发现，随着劳动投入的增

加，边际产量也是先上升后下降。其曲线也呈倒 U 形。函数形式为：

$$MP_L = \frac{\Delta TP_L}{\Delta L}$$

或

$$MP_L = \lim_{\Delta L = 0} \frac{\Delta TP_L}{\Delta L} = \frac{\mathrm{d}TP_L}{\mathrm{d}L}$$

特别要注意的是，平均产量曲线和边际产量曲线相交在平均产量的最高点。根据表 4 −1 可以绘制出图 4 −2。

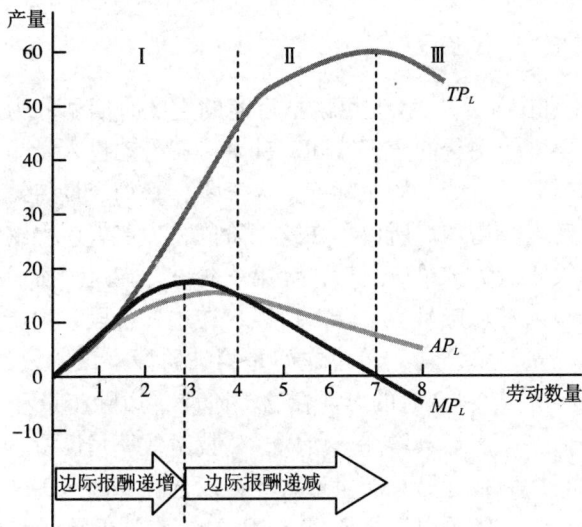

图 4 −2 总产量、平均产量和边际产量

（二）边际报酬递减规律

从表 4 −1 和图 4 −2 中看出，在资本投入量不变的条件下，随着劳动投入的增加，劳动的边际产量开始时是增加的，由 8 增加到 16；当达到某一产量（这里是 16）后，就出现递减。这种趋势被称为要素边际报酬递减规律，或边际产量递减规律、边际收益递减规律等。

边际报酬递减的原因是，对于任何一种产品的短期生产来说，可变要素与固定要素之间都有一个最佳的组合比例。当一种要素固定不变，可变要素投入逐渐增加时，会逐向这个最佳比例靠拢，直至最后达到这样一个比例；一旦越过这一点后，再增加可变要素投入，要素组合比例就开始背离最佳比例，产出增量就出现递减了。

在理解边际报酬递减规律时需要注意：一是该规律假定一种要素不变，另一种要素可变，是一种投入要素比例可变的生产函数。我们前面讨论的是资本既定、劳动可变的情况，如果是劳动既定，资本可变的话，随着资本量的增加，边际报酬也是递减的。二是该规律成立的前提是技术不变。如果技术变化了，该规律不一定成立。三是该规律假定，连续追加的投入是同质的，即追加要素的生产力相同。四是严格来说，边际报酬递减规律不是一条经济规律，而是一条应用更为广泛的自然规律。例如，学习投入的边际收益也是递减的。

（三）生产的三个阶段

根据表 4-1 和图 4-2，我们可以把厂商的生产时期划分为三个阶段，并进而分析可变投入要素使用量的合理区间。其中，在劳动投入量为 4 单位之前，为第一阶段。在这个阶段，劳动的边际产量大于零，平均产量持续上升，随着劳动投入的增加，总产量会增加。所以，在这一阶段，生产者应当继续投入，以提高总产量。在劳动投入量为 7 单位之后，为第三阶段。在这一阶段，边际产量小于零，再增加劳动投入，总产量会下降。所以，在这一阶段，生产者应当停止劳动投入。在劳动投入量 4 单位和 7 单位之间是第二阶段。该阶段的起点是 MP_L 与 AP_L 的交点，终点是 $MP_L=0$ 时的点。在这一阶段，边际产量和平均产量都大于零，增加劳动投入，总产量会增加。所以，从技术效率角度看，生产者应当在这个阶段经营。如果厂商目标是总产量最大，可以选择 $MP_L=0$ 这一点；如果厂商目标是平均产量最大，则可以选择 $MP_L=AP_L$ 这一点。但从经济效率角度看，还应当考虑成本和收益的比较。下面我们就对短期成本展开分析。

三、规模报酬

短期内，如果一家汽车生产商想增加产量，只能增加劳动的使用量，最终会受到边际报酬递减规律的限制，当边际报酬等于 0 时，汽车总产量达到最大，无法再增加。但从长期看，厂商并不受此限制，它可以通过既增加生产线又增加工人的方法扩大产量。我们将这种情况视为企业的规模变化。从生产函数的表达式看，只要所有投入都增加了，企业的规模就扩大了。现实中，汽车厂的生产线（即资本）的增加，就意味着生产能力的扩大，这要求增加劳动和原料等的投入，因此可视为规模的变化。

为了分析问题的方便，我们以所有要素以相同的比例变化来定义企业的规模变化。当汽车厂的规模扩大时，产量（即报酬）如何变化。这就是规模报酬问题。企业的规模报酬会出现三种情况：规模报酬不变、规模报酬递增和规模报酬递减。

1. 规模报酬不变（Constant scale of return）

企业的规模扩大 1 倍（要素投入增加 1 倍），产量也扩大 1 倍，这种情况称之为规模报酬不变。例如，如果一家企业投入的资本为 1 000 万元，劳动为 500 万元，对应的产量为 10 000 台。当其投入增加 1 倍时，即资本增加为 2 000 万元，劳动增加为 1 000 万元，那么，该企业对应的产量也将增加 1 倍，成为 20 000 台。

2. 规模报酬递增（Increasing scale of return）

企业的要素投入增加 1 倍时，产量增加的倍数超过 1 倍，则存在规模报酬递增。例如，上例中企业的总产量超过 20 000 台。规模报酬递增的原因可能是，某些产业规模越大，劳动的分工能更为专业化，也就能更加充分利用厂房、设备和管理人员，充分提高生产效率。汽车制造、飞机制造和电力供应等行业在从小规模向大规模扩张的过程中，在一定的范围内，存在典型的规模报酬递增现象。

3. 规模报酬递减（Decreasing scale of return）

与规模报酬递增正好相反的情况我们称之为规模报酬递减。例如，上例中企业的总产量少于 20 000 台。出现规模报酬递减的原因可能是，当企业的规模过大时，管理的有效性就很难保证。管理机构庞杂，层次过多，生产部门分散，会使经理与工人的沟通变得困难起来。生产的各部门协调不灵，信息不畅。这些都有可能导致生产效率的下降。

一般地说，在长期生产中，随着企业规模逐步扩大，开始时会出现规模报酬递增现象。接着，在一个比较长的时期内，规模报酬基本不变。但是，如果继续扩大规模，就有可能出现规模报酬递减现象。

第三节
企业的成本分析

一、短期成本

（一）总成本：固定成本和可变成本

我们以赵六生产冰淇淋的情况来讨论成本问题，假设赵六短期内设备数量为

1 台，其成本为每天 75 元。赵六雇佣劳动的成本为每天 60 元，那么，当赵六的产量变化时，其成本怎么变化呢？我们来看表 4-2。

表 4-2　　　　　　　　　赵六生产冰淇淋的短期成本

产量	资本	劳动	TFC	TVC	TC	MC	AFC	AVC	ATC
(1)	(2)	(3)	(4)	(5)	(6)	(7)	(8)	(9)	(10)
0	1	0	75	0	75	—	—	—	—
30	1	1	75	60	135	2.00	2.50	2.00	4.50
90	1	2	75	120	195	1.00	0.83	1.33	2.17
130	1	3	75	180	255	1.50	0.58	1.38	1.96
161	1	4	75	240	315	1.94	0.48	1.49	1.96
184	1	5	75	300	375	2.61	0.44	1.63	2.04
196	1	6	75	360	435	5.00	0.41	1.84	2.22

表中（4）、（5）、（6）列为三种不同的总成本。第（4）列为总固定成本（TFC），是在短期内所有固定投入的成本，它包括：契约规定的建筑物和设备的租金、债务利息、高层管理人员的薪金、自有资金的收入等。即使厂商的产量为零，它也必须支付这些开支。而且，如果产量发生了变化，这些开支也不会改变。赵六的固定成本为 75 元，顺着第（4）列往下看，你可以看到，赵六的固定成本是不变的。

第（5）列为总可变成本（TVC）是指那些随着产量变化而变化的成本。它包括：原材料购买费、劳动力的工资、电力消耗等。当产量为零时，厂商的可变成本也为零。当厂商开始生产时，随着产量增加，可变成本也不断增加。

第（6）列是总成本（TC）是指厂商为了生产某一产量的产品所支付的总不变成本和总可变成本之和，即对全部生产要素的总支付：

$$TC = TFC + TVC$$

总成本、固定成本和可变成本同产量之间的关系，可以用图 4-3 表示。

（二）边际成本

第（7）列为边际成本，是指厂商增加 1 单位产品时，总成本的增加额。如果用 MC 代表边际成本，其定义式是：

$$MC(Q) = \frac{\Delta TC(Q)}{\Delta Q}$$

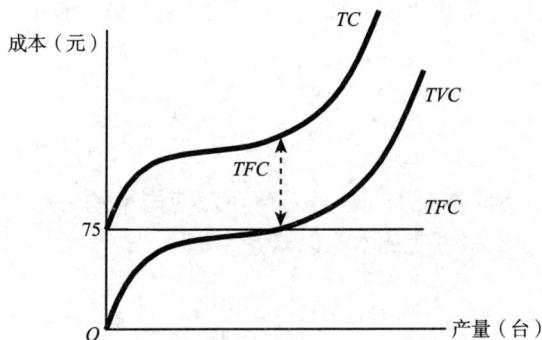

图 4 – 3　总成本、固定成本和可变成本变动规律

或者

$$MC(Q) = \lim_{\Delta Q \to 0} \frac{\Delta TC(Q)}{\Delta Q} = \frac{\mathrm{d}TC}{\mathrm{d}Q}$$

例如，当产量从 0 单位增加到 30 单位时，对应的总成本从 75 元增加到 135元，总成本增量为 $\Delta TC = 135 - 75 = 60$（元），$\Delta Q = 30$ 元，边际成本则为：

$$MC(Q) = \frac{\Delta TC(Q)}{\Delta Q} = \frac{60}{30} = 2$$

仔细观察边际产量的数据，你会发现，随着产量增加，边际成本开始时下降；当到达最小值时，随着产量增加，它又开始上升。其曲线呈 U 形（如图 4 – 4 中 MC 曲线所示）。

边际成本之所以先下降后上升，是由要素的边际报酬递减规律决定的。在短期内，资本是不变的。随着劳动投入量增加，劳动的边际产量先上升，然后下降。当劳动的边际产量上升时，产品增量中的工资成本下降，因而边际成本下降。当边际产量最大时，产品增量中的工资成本最小。当边际产量下降时，产品增量中的工资成本上升，因而边际成本上升。

（三）平均成本：平均固定成本和平均可变成本

平均成本也是经济分析中最重要的概念之一。当把平均成本与价格或平均收益进行比较时，厂商可以判断经营是否获得了利润。表 4 – 2 中（8）、（9）、（10）列为三种平均成本。

第（8）列是平均固定成本（AFC），是厂商在短期内平均每生产一单位产品对不变要素的支付。随着产量增加，平均固定成本呈不断下降的趋势，但不会下降到零。其定义式是：

$$AFC(Q) = \frac{TFC(Q)}{Q}$$

第（9）列是平均成本（AVC）是厂商在短期内平均每生产一单位产品对可变要素的支付。它等于总可变成本除以产量，即：

$$AVC(Q) = \frac{TVC(Q)}{Q}$$

平均可变成本随着产量的增加先下降，后上升，其曲线也呈 U 形（如图 4-4 中的 AVC 曲线所示）。这是由平均产量变化规律决定的。在短期内，随着劳动投入量增加，劳动的平均产量先上升，然后下降。当劳动的平均产量上升时，产品中的工资成本下降，因而平均成本下降。当平均产量最大时，产品中的工资成本最小。当平均产量下降时，产品中的工资成本上升，因而平均成本上升。

第（10）列为平均总成本（ATC），是厂商在短期内生产一单位产品所对应的成本，等于总成本除以产量，即：

$$ATC = \frac{TC}{Q}$$

平均总成本曲线也是 U 形的，原因是平均总成本等于平均可变成本加上平均固定成本，且平均固定成本一直下降。所以，当平均固定成本和平均可变成本都下降时，平均总成本下降；当平均固定成本下降的量等于平均可变成本上升的量时，平均总成本最小；当平均固定成本下降的量小于平均可变成本上升的量时，平均总成本上升。因为平均总成本是在平均可变成本上加上平均固定成本，所以，平均总成本曲线一定在平均可变成本曲线之上。

在图 4-4 中，上升的边际成本曲线总是通过平均成本曲线的最低点。这意味着，如果边际成本小于平均成本，那么，平均成本必然下降。因为，当边际成本小于平均成本时，生产的最后一单位的成本必然小于全部单位的平均成本。这样，新的平均成本必然小于原来的平均成本，呈下降趋势。用经济学的术语来说，就是边际成本曲线位于平均成本曲线下方时，平均成本曲线必然下降。同理，当边际成本大于平均成本时，生产的最后一单位的成本必然大于全部单位的平均成本。这样，新的平均成本必然大于原来的平均成本，呈上升趋势。当边际成本正好等于平均成本时，新的平均成本和原来的平均成本相同，平均成本曲线既不上升，也不下降。因此，在 U 形平均成本曲线的最低点，有边际成本等于平均成本。这是一个重要的经济关系。

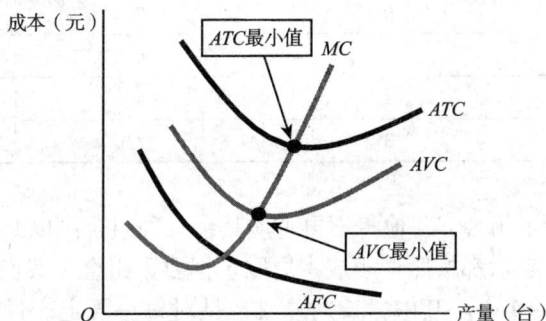

图 4 - 4　短期成本曲线

二、长期成本

（一）长期总成本和长期平均成本

任何企业都有长期生产的愿景，在长期里，由于企业所有投入要素的数量都是可调整的，因此，在长期里，不存在固定的投入或固定成本，所有的投入要素都是可变的，所有的成本都是可变成本。为了生产出期望的产量，企业必须决定其投入要素的组合。如果把所有的投入要素抽象为 K 和 L 两种长期生产函数就是：

$$Q = f(L, K)$$

为了实现利润最大化的目标，企业必须采取最小成本规则：为了获得任何既定的产量，企业将选择具有最低成本的投入组合。我们就依据最小成本原则，看看赵六是如何选择的。假设赵六雇用工人使用设备生产冰淇淋，每台设备的成本是 75 元，每单位劳动的成本是 60 元。再假设生产 196 个冰淇淋的投入组合有 A、B、C、D 四种，根据投入要素的价格，很容易就计算出每种投入组合下的总成本，见表 4 - 3。假设赵六现在有 1 台设备，在短期内，赵六无法调整其设备数量，因此他只能按照生产组合 B 进行生产，此时的成本是 435 元。在长期内，赵六可以调整其资本的数量，按照最小成本原则，他将设备数量调整为 2 台，劳动数量调整为 4 个，这样，他生产 196 个冰淇淋的成本就降低为 390 元。

表4-3　　　　　　　　　　　　　赵六的生产函数

投入组合	资本	劳动	成本
A	0	9	540 元
B	1	6	435 元
C	2	4	390 元
D	3	3	405 元

一旦赵六选择了组合 C，他将不再考虑其余三种组合。以此类推，对于每个不同的既定产量，赵六都按照最小成本原则选择要素组合，我们把这些产量所对应的成本列在表4-4中。其中，长期总成本是对每一既定产量都选择最低成本的投入组合进行生产时的成本。当产量为 0 时，长期总成本为 0。这和短期存在区别，在短期内，即使产量为 0，仍然存在固定成本 75 元。表4-4 中的第三列是长期平均成本（LATC），是当所有要素均可变化时的 1 单位产量对应的成本。

表4-4　　　　　　　　赵六生产冰淇淋的长期生产成本

产量	长期总成本	长期平均成本
0	0 元	—
30	100 元	3.33 元
90	195 元	2.17 元
130	255 元	1.96 元
161	315 元	1.96 元
184	360 元	1.96 元
196	390 元	1.99 元
250	650 元	2.60 元
300	1 200 元	4.00 元

（二）长期平均成本和短期平均成本的关系

在长期内，厂商可以调整所有的投入要素，使既定产量下的平均成本最小。还以赵六的冰淇淋厂为例，在短期中，赵六是在既定规模下生产，其平均成本取决于其规模，但是在长期中，赵六要根据其计划产量选择规模，因此，其长期平均成本与规模大小有关。

为了说明原因，假设赵六计划每天生产 90 个冰淇淋，对应于这个产量，赵

六有 4 个生产规模可以选择。当采用 1 台设备的规模时，平均总成本曲线是
ATC_1，对应于 90 个冰淇淋的平均总成本是 2.17 元。采用 2 台设备的规模时，
平均总成本曲线是 ATC_2，对应于 90 个冰淇淋的平均总成本是 3.56 元。采用 3 台
设备的规模时，平均总成本曲线是 ATC_3，对应于 90 个冰淇淋的平均总成本是
6.23 元。采用 4 台设备的规模时，平均总成本曲线是 ATC_4，对应于 90 个冰淇淋
的平均总成本是 11.41 元（见图 4-5）。

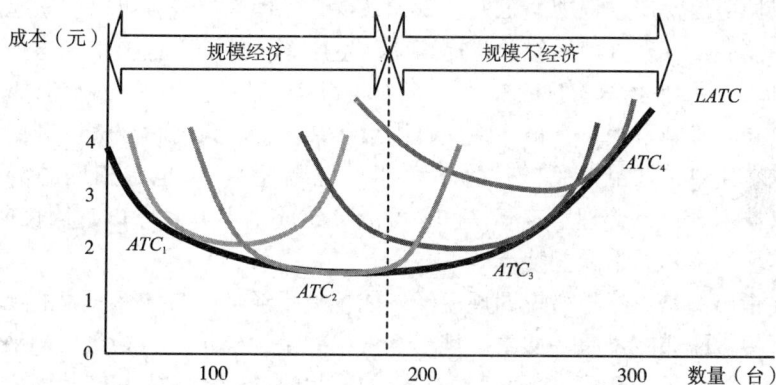

图 4-5 长期平均成本曲线

从以上 4 个规模的成本对比可以看出，对应于 90 个冰淇淋的产量，最经济
的生产规模是 1 台设备的规模。由此可知，对应于不同的计划产量，企业将选择
不同的生产规模，以便使得其平均总成本最低。对于赵六来说，如果产量为 90
个冰淇淋，那么 1 台设备的规模成本最低。如果生产 196 个冰淇淋，则 2 台设备
的规模成本最低。如果生产 250 个冰淇淋，则 3 台设备的规模成本最低，如果生
产 300 个冰淇淋，则 4 台设备的规模成本最低。

这样，在每个产量下，厂商都选择最低成本的生产规模，随着厂商生产规模
的调整，我们就可以得到长期平均成本曲线。它由所有短期平均成本曲线中平均
成本最低的那几段共同组成，或者说，长期平均成本曲线是短期平均成本曲线的
包络线。其形状也是先下降，后上升，呈 U 形。即在一定的产量之前，随着产
量的增加，平均成本下降，达到一定产量之后，再增加产量，平均成本就会
上升。

（三）规模经济

长期平均成本的变化规律，是由长期生产中的规模经济和规模不经济决定

的。规模经济是指厂商因扩大生产规模而引起的成本下降，如图4-5所示，在产量达到184个冰淇淋以前，赵六经历着规模经济；规模不经济是指厂商因扩大生产规模而引起的成本上升，如图4-5所示，在产量超过184个冰淇淋之后，赵六经历着规模不经济。

在企业内部，厂商扩大规模后有多种因素可以促使平均成本下降。例如，通过劳动分工和专业化、技术进步以及管理改善等，就有可能降低产品平均成本。再如，在长期的生产过程中，工人、技术人员、管理人员等，可以积累起产品生产、产品设计及管理方面的经验，提高劳动生产率，从而降低成本。这种情况叫"学习效应"。另外，随着规模扩大，企业可以生产一些关联产品。例如，报业集团可以同时印制早报、日报、晚报、周报、杂志等，设备得以充分利用，促使关联品成本比单一产品时低。这种情况叫"范围经济"。也有相反的情形。例如，如果技术老化、管理不善等，也有可能导致成本上升。所以，从长期来看，平均成本呈先下降后上升的特点。

需要指出的是，这里所说的规模经济或规模不经济，与前面所说的规模报酬递增或规模报酬递减不是一回事。规模经济指的是规模扩大，导致长期平均成本下降，讨论的是投入和成本之间的关系；规模报酬指的是资本和劳动同比例增加后，产量上升的比例更大，讨论的是投入与产出之间的关系。规模报酬递增是规模经济的原因之一。

本章小结

1. 企业是最基本的经济单位。其主要职能是生产物品或劳务。企业家管理企业的生产运营。在现代市场经济中，企业有个人独资企业、合伙企业和公司等三种法定组织形式。其目标是利润最大化。

2. 总产量是指生产出来的、用实物单位衡量的产出总量。平均产量是指平均每单位要素投入（例如劳动）得到的产量。边际产量是指其他投入保持不变的情况下，由增加一单位要素（例如劳动）所带来的总产量的增加量。

在其他投入量不变的条件下，随着某种投入的增加，其边际产量开始时是增加的；当达到某一产量后，就出现递减。这种趋势被称为要素边际报酬递减规律，或边际产量递减规律、边际收益递减规律等。

3. 总成本（TC）是固定成本（FC）和可变成本（VC）之和。固定成本不受任何产量的影响，而发生在诸如劳动、原材料等项目上的可变成本则随着产量水平的上升而增加。

4. 边际成本（MC）是增加一单位产量而导致的总成本的增加量。平均成本（AC）是平均固定成本（AFC）和平均可变成本（AVC）之和。短期平均成本通常用 U 形曲线来表示，该曲线在其最低点与不断上升的 MC 成本曲线相交。

5. 长期总成本是对每一既定产量都选择最低成本的投入组合进行生产时的成本。长期平均成本是当所有要素均可变化时的 1 单位产量对应的成本。

6. 长期平均成本是长期里所有要素投入都可变化时的单位产出的成本，长期平均成本曲线是短期平均成本曲线的包络线。其形状也是先下降，后上升。

7. 长期平均成本的变化规律，是由长期生产中的规模经济和规模不经济决定的。规模经济是指厂商因扩大生产规模而引起的成本下降；规模不经济是指厂商因扩大生产规模而引起的成本上升。

8. 规模报酬是指在其他条件不变的前提下，企业内部各种生产要素按相同比例变化时带来的产量变化，规模报酬有三种情形：规模报酬递增、规模报酬不变和规模报酬递减。

思考题

1. 如何认识边际报酬递减规律？

2. 短期边际成本与边际产量曲线之间是什么关系？短期可变成本与平均产量曲线之间是什么关系？

3. 平均总成本、平均可变成本和边际成本之间是什么关系？

4. 短期平均成本曲线和长期平均成本曲线均呈"U"形，两者形成原因一样吗？

5. 长期总成本与短期总成本是什么关系？长期平均成本与短期平均成本是什么关系？

专栏

格兰仕的虚拟扩张

规模和效益有时候并不同步，尤其是随着规模扩张而不得不进行的固定资产投资，往往成为很多企业难以摆脱的达摩克利斯之剑。一旦生产经营出现了问题，这柄利剑就毫不迟疑地向企业砍去。广东格兰仕公司运用虚拟扩张方式，有效地规避了达摩克利斯之剑，并成功地创造出了微波炉和光波炉产量世界第一的奇迹。

格兰仕是一家小家电民营企业。它的老总是梁庆德。梁总的经营目标是创出一个闪耀全球的品牌。1993 年，格兰仕第一批 1 万台微波炉正式下线时，他确定的产量目标是年产 100 万台。1996 年，格兰仕微波炉产量增加到 60 万台后，公司开始实施降价策略，当年降价 40%。结果，公司的产量陡增至近 200 万台，市场占有率达到 47.1%。此后，格兰仕又连续 9 次降价。每次降幅都在 30% ~ 40% 之间，最小的也达到 25%，被业界誉为"价格杀手"。

规模扩大的第一个效应是成本和价格下降，而降价又扩大了市场份额，加快了资金回流，并进一步扩张规模，降低成本，由此进入良性循环。如今，格兰仕的微波炉年产销售量已达到 1 500 万台，国内市场占有率 70%，国际市场占有率 35%，成了一家名副其实的大公司。

格兰仕在"价格战"中胜出的基础是规模效益。但是，规模扩张需要大量的固定资产投资。闹不好，会背上巨额债务负担，并加大固定成本。格兰仕通过固定资产的虚拟式扩张，有效地规避了这种陷阱。

例如，格兰仕初创时没有微波炉变压器生产线，所用的变压器都是从国外进口的。其中，从日本的进口价为 23 美元，从欧洲的进口价为 30 美元。为了降低成本，梁庆德琢磨着"虚拟"变压器生产线。他对欧洲的企业说，"你把生产线搬过来吧，我们帮你干，然后 8 美元给你供货。"同时又对日本的企业说，"你把生产线搬过来吧，我们帮你干，干完后 5 美元给你供货。"谈判成功，一条条先进的变压器生产线果然在中国落户了，格兰仕用的变压器成本一下子下降到 4 美元。

同时，公司还实行"歇人不歇马"战略，让生产线 24 小时运转，产能提高到欧美企业的 6 ~ 7 倍。总平均固定成本很快下来了。再加上低廉的人工成本、土地成本、水电成本等，格兰仕创造了其他企业难以企及的总成本优势。

目前，格兰仕同 200 多家跨国公司建立了合作关系，从元配件到整机，直接为跨国公司做 OEM。许多跨国公司也将微波炉等产业转移到格兰仕。通过优势互补，格兰仕的生产能力和效益稳步提升。

格兰仕这种虚拟扩张的要诀在于其特殊的资源嫁接方式。一方面，公司充分利用了中国的劳动力优势和庞大的国内市场。另一方面，又借助于"虚拟"的国外生产线，获得了国外现成的市场。这就为开辟国际市场创造了条件。现在，格兰仕的生产车间里堆满了花花绿绿的微波炉包装盒子，上面贴着 GE、晶石、翡利（英文名称 Fillony）、哈利士（英文名称 Harvard）等各色标识。中国制造的微波炉从这里源源运往世界各地。

这种通过合理整合全球家电产品生产力的方式，不仅大大降低了成本，而且成功地甩掉了市场风险、固定资产投资风险等"三大风险"，实现了资本和市场的同步扩张，从而使自己能够在一轮又一轮的价格战中始终立于不败之地。

第五章　市场理论

> 垄断者，通过经常保持市场存货不足……以远远高于正常的价格出售他们的商品，从而在工资或利润方面提高他们的报酬。
>
> ——亚当·斯密：《国民财富的性质和原因的研究》

本章内容提要：
- 在完全竞争市场上，需求曲线和收益曲线的特点，厂商的产量选择，以及生产者剩余
- 在垄断市场上，需求曲线和收益曲线的特点，厂商的产量和价格选择，以及价格歧视
- 在垄断竞争市场上，需求曲线的特点，厂商的产量选择，以及非价格竞争
- 寡头垄断市场的特点和"囚徒困境"

为什么你可以和服装商讨价还价，却不能和移动通信商讨价还价？为什么有的电器商在大浪淘沙中销声匿迹，而有的电器商却在激烈竞争中得以生存？为什么有的企业选择亏损中的挣扎，而另一些却关门更张？为什么商人之间达成的维持高价的协议总是以失败告终？学习完本章内容，你将了解处于不同的市场环境中的厂商到底是如何决定是否生产、生产多少以及如何决定其价格的过程，并能够解释以上任何一个问题。

|第|一|节|
市 场 与 市 场 结 构

一、市场

在现代经济生活中，到处都可看到买卖物品的市场（或商场）。在市场上，交易的物品，小到针头线脑，大到地产房舍，也包括一些无形的东西，如产权。我们不论生活在哪里，无论从事什么工作，都离不开市场。例如，我们

要消费，就需要找消费品市场；要就业，就需要找劳动力市场；要投资，就需要找证券市场；要买房置业，就需要找房地产市场，等等。那么，到底什么是市场呢？

从现象上看，市场是商品交换的场所，是一个地域概念。市场的出现同商品生产密切相关。在商品生产中，个别生产者生产的产品种类是有限的，而他们生产和生活的需要则是多种多样的，这就需要彼此交换产品，于是有了商品交换。随着商品生产和商品交换的发展，商品交换的时间、地点和规则逐渐固定下来，就出现了本来意义上的市场。商品生产越发达，商品交换的范围越大，交换的数量越多，市场就越发展。我们所看到的农村集市、城市商店以及电子购物商城等，都是这样的市场。

现代市场一般由四个要素构成：一是市场主体，包括商品的卖者或生产者和商品的买者或消费者，也包括媒介供求双方的商人。二是市场交易对象，包括消费品或服务、生产要素及其他物品，如股票、产权等。三是交易媒介，主要是货币。四是市场规则，如产权制度、度量衡制度、竞争规则、进出规则等。

市场交换表面上是当事人彼此交换自己的产品，其实质则是交换各自的权利，因而体现着当事人之间的经济利益关系，反映着一定的社会关系。所以，市场本质上是物品买卖双方相互作用，并得以决定其交易价格和交易数量的一种组织形式或制度安排。[①]

现代市场是一个完整的体系。根据研究的需要，可以对市场进行分类。例如，按产品的自然属性划分，可分为商品市场和要素市场，后者又可以分为资本市场、劳动市场、土地市场、技术市场、信息市场等；按市场的范围和地理环境划分，可分为国际市场、国内市场、城市市场、农村市场等；按市场竞争程度划分，可分为完全竞争市场、垄断竞争市场、寡头市场和垄断市场等。

二、市场结构

我们可将市场划分为完全竞争市场、垄断竞争市场、寡头市场和垄断市场四种基本类型。划分的依据主要有以下四个方面：

第一，市场上买者与卖者的数目。在同一市场上，如果买者与卖者的数目越多，买者与买者之者、卖者与卖者之间的竞争程度就会越激烈，市场就越接近于完全竞争市场。

---

① 高鸿业：《西方经济学》（微观部分）（第三版），中国人民大学出版社 2004 年版，183 页。

第二，不同厂商所提供交易产品的差异程度。产品的差异程度迎合不同买者的消费偏好，在同一市场上，如果各厂商所提供产品的差异化程度较小，那么厂商之间争夺同一偏好消费者的竞争就越激烈。

第三，单个厂商对市场价格的控制能力。厂商对市场价格的控制能力是指单个厂商通过对自身产品销售数量等的调控，从而影响市场价格的能力。如果市场上存在某个或某些厂商对产品市场价格具有较强的控制能力，那么该行业的竞争性则越弱。

第四，厂商能否以及在多大程度上可以自由进入或退出一个行业。如果原属于其他行业的厂商可以改行很方便地进入某一行业从事生产经营，并且分割原有的市场份额，那么这意味着该行业的不存在进入壁垒，行业的竞争性较强。

根据上述条件，各类厂商的产量价格决策，及其在短期和长期中的利润各有不同，我们可以将四种市场类型的主要特点归结如表5-1所示，详细内容将在以下四节中介绍。

表5-1　　　　　　　　　　四种市场结构的对比

项　目	完全竞争	垄断竞争	寡　头	垄　断
企业的数量	非常多	较多	很少	一个
不同企业的产品	相同	不同	相同或不同	—
关于价格	价格接受者	价格制定者	价格制定者	价格制定者
进入退出障碍	无	无	有	有
产量价格决策	$MC=MR$	$MC=MR$	通过战略互动	$MC=MR$
短期利润	正、负、零	正、负、零	正、负、零	正、负、零
长期利润	零	零	正、零	正、零

第二节
完全竞争市场

一、完全竞争市场的特征

完全竞争市场，简称竞争市场，是指有许多交易相同产品的买者和卖者，以至于每一个买者和卖者都是价格接受者的市场。完全竞争市场形成的条件是：

第一，市场上有许多厂商，它们生产的产品或劳务完全相同，没有任何差别，可以相互替代。

第二，市场上有许多买者。

第三，厂商能够自由地进入和退出某个行业。即经济中消除了地区封锁和行业垄断，生产要素可以自由地流动，厂商可以在任何时候自由地进入或退出某一行业。

第四，厂商和买者对某一行业每一厂商的产品价格拥有完全信息。

以上条件决定，在完全竞争市场上，没有任何一个厂商可以单独地决定市场价格。它们只能被动地接受市场价格，因而被称为价格接受者。

在实际经济生活中，完全竞争市场非常罕见。人们能观察到的只是一些比较接近完全竞争的市场，如大米市场、小麦市场等。我们在这里讨论完全竞争市场，主要目的是解释市场机制及资源配置方面的基本原理，并为分析和评价市场效率提供参照系。

二、完全竞争厂商的需求曲线和收益曲线

（一）需求曲线

完全竞争厂商的需求曲线是一条由既定市场价格出发的水平线。这是因为，在完全竞争市场上，每一个厂商的产量在市场总供给量中所占的比例非常小，单个厂商没有能力影响产品的市场价格。如图 5 - 1 （a）所示，市场需求曲线 D 与供给曲线 S 相交于 E 点，决定了市场均衡价格为 P^*。相应地，在图 5 - 1 （b）中，从给定的价格 P^* 出发的水平曲线，即 d 曲线，就是单个厂商的需求曲线。其经济学含义是：厂商必须接受这个价格水平；他们没有必要，也不可能改变这一价格水平。

（二）收益曲线

我们以赵六冰淇淋公司为例来说明完全竞争厂商的收益。假设赵六冰淇淋公司处于完全竞争的冰淇淋市场中，市场供求决定了每个冰淇淋的价格为 2 元，赵六冰淇淋公司是价格接受者，以价格 2 元出售其每一个冰淇淋。表 5 - 2 中（3）、（4）、（5）三列为厂商的收益，分别为总收益、边际收益和平均收益。

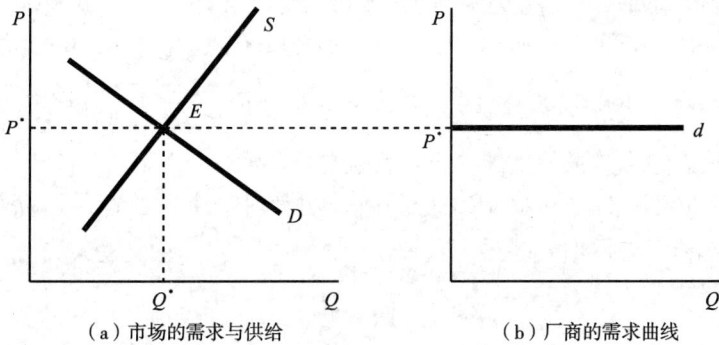

（a）市场的需求与供给　　　　　　　（b）厂商的需求曲线

图 5 - 1　完全竞争厂商的需求曲线

表 5 - 2　　　　　　　　　　　赵六冰淇淋公司的收益表

（1） 价格 P（元/个）	（2） 销售量 Q（个/天）	（3） 总收益 TR（元）	（4） 边际收益 MR（元）	（5） 平均收益 AR（元）
2	200	400	2	2
2	400	800	2	2
2	600	1 200	2	2
2	800	1 600	2	2
2	1 000	2 000	2	2

第（3）列是总收益 TR，是厂商按一定价格水平销售产品所获得的全部收入。如果用 P 代表价格，Q 代表销售数量，总收益的定义式就是：

$$TR(Q) = P \cdot Q$$

当冰淇淋的价格为 2 元，销售数量为 200 个时，总收益为 $2 \times 200 = 400$（元）。

第（4）列是边际收益 MR，是厂商增加一单位产品的销售所获得的总收益的增量。其定义式是：

$$MR = \frac{\Delta TR}{\Delta Q}$$

当销售量的变化趋于无穷小时，边际收益就等于总收益关于销售量的导数，即：

$$MR = \lim_{\Delta Q \to 0} \frac{\Delta TR(Q)}{\Delta Q} = \frac{\mathrm{d}TR(Q)}{\mathrm{d}Q}$$

该式表明，每一销售量水平上的边际收益就是相应的总收益曲线的斜率。例如，当销售量从 200 个增加到 400 个时，$\Delta Q = 200$，总收益从 400 元增加到 800 元，$\Delta TR = 800 - 400 = 400$（元），则边际收益 $MR = \dfrac{\Delta TR}{\Delta Q} = \dfrac{400}{200} = 2$（元）。你可以发现，随着销售数量的增加，边际收益总是 2 元。

第（5）列是平均收益 AR，是厂商平均销售一个单位产品所获得的收入，等于总收入除以销售量。其定义式是：

$$AR = \frac{TR}{Q}$$

例如，当销售量为 1 200 个时，总收益 $TR = P \times Q = 2 \times 1\,200 = 2\,400$（元），平均收益 $AR = \dfrac{TR}{Q} = \dfrac{2\,400}{1\,200} = 2$（元）。从表中数据可见，任何销售量下的平均收益都是 2 元。

经过这样的计算之后，我们可以发现，赵六冰淇淋公司的边际收益、平均收益和价格保持相等，与销售数量没有关系，即 $P = MR = AR$。如果你想更加严谨地验证一下的话，我们再做一个数学的推导：

$$\text{由 } TR = P \times Q \Rightarrow AR = \frac{TR}{Q} = P$$

$$MR = \frac{\mathrm{d}TR}{\mathrm{d}Q} = P$$

由此，我们可以绘制赵六的边际收益和平均收益曲线如图 5 - 2 所示。

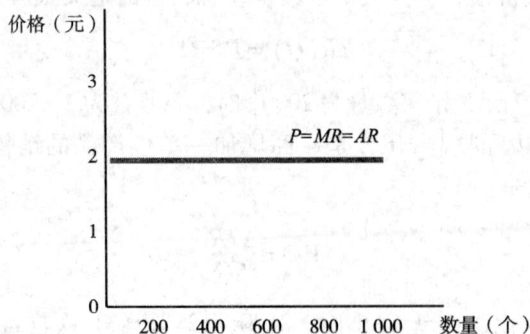

图 5 - 2   边际收益和平均收益曲线

根据表 5 - 2，我们可以绘制出冰淇淋公司的收益曲线，如图 5 - 3 所示。从赵六的总收益曲线出发，我们可以得到这样的结论：总收益曲线是一条由原点出发，斜率保持不变，并向右上方倾斜的直线。其原因是，完全竞争厂商在既定的价格水平下，随着销售量的增加，收益随之等比例地增加，即 $TR(Q) = P \cdot Q$。或者，也可以通过边际收益 MR 是 TR 曲线的斜率来加以解释，用公式表示即为 $MR = \dfrac{\mathrm{d}TR}{\mathrm{d}Q} = \dfrac{\mathrm{d}(P \cdot Q)}{\mathrm{d}Q} = P$。在完全竞争市场上，商品的市场价格 P 是固定不变的，因此，总收益曲线的斜率也保持不变。

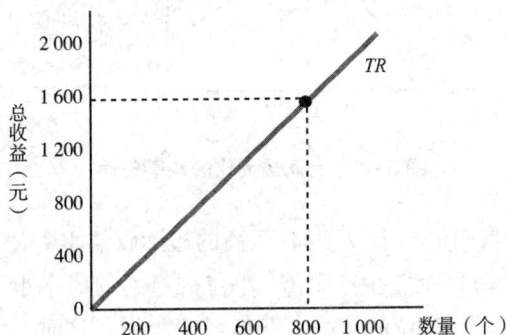

图 5-3　总收益曲线

三、完全竞争厂商的决策

完全竞争企业的目标是在既定的约束下实现利润最大化，为了实现这个目标，企业必须做出四个重要的决策：两个短期决策和两个长期决策。在短期中，企业的资本量无法调整，因此，面对既定的市场价格，厂商需要做出两个决策：生产还是停业；如果生产，生产多少。在长期中，企业不仅可以调整其规模，而且还可以决定是否进入或退出某个行业，因此，厂商需要做出两个决策：扩大还是缩小生产规模；留在行业中还是退出行业。

我们的分析将从短期开始，然后转向长期。

（一）利润最大化的条件

在完全竞争市场上，厂商实现其最大化利润的条件是：

$$MR = MC$$

下面，我们结合图 5-4 略作说明。在图 5-4 中，MR 曲线是厂商的边际收益曲线，*MC* 曲线是厂商的短期边际成本曲线。*E* 点是完全竞争厂商的均衡点，Q^* 是厂商选择的利润最大化产量。

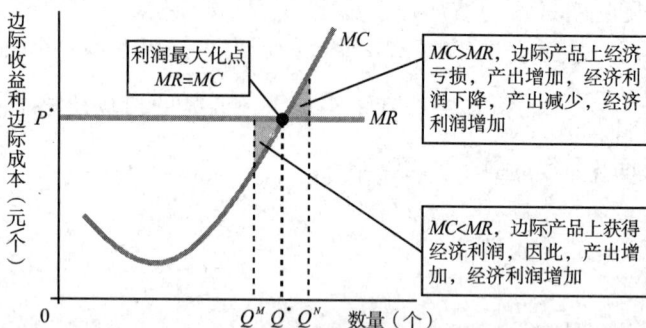

图 5-4 表明，当产量小于 Q^* 时，厂商的边际收益 *MR* 大于其边际成本 *MC*。例如，当产量为 Q^M 时，企业生产第 Q^M 单位的产品的成本小于销售这一单位产品的收益，企业在第 Q^M 单位的产品上获得经济利润。这时，增加一单位产量所带来的总收益的增量大于其总成本的增量，增加产量是有利的。所以，厂商的选择是增加产量，即其产量向 Q^* 靠近。

当产量大于 Q^* 时，厂商的边际收益 *MR* 小于其边际成本 *MC*。例如，当产量为 Q^N 时，企业生产第 Q^N 单位的产品的成本高于销售这一单位产品的收益，企业蒙受经济亏损。这时，每增加一单位产量所带来的总收益的增量小于其总成本的增量，减少产量是有利的。所以，厂商的选择是降低产量，即其产量向 Q^* 靠近。

当产量增加或降低到 Q^* 时，边际收益等于短期边际成本 *MC*，利润达到最大。Q^* 就是利润最大化时的产量。

由此可见，在完全竞争市场上，处于生产中的厂商必须选择产量。选择的原则是：*MR* = *MC*。这也是所有市场类型中厂商实现利润最大化的条件。

（二）短期的利润与亏损

当厂商经过调整，使产量达到了 *MR* = *MC* 时，是否必定能获得利润呢？回答是不一定。因为，*MR* = *MC* 仅仅说明，在这个产量水平上，如果厂商有利润，一定是最大的利润；相反，如果厂商有亏损，一定是最小的亏损。要说明厂商是否有利润，还必须比较总收益和总成本，或者比较平均成本和平均收益（价格）。

下面，我们结合图 5-5 分析短期中的三种可能性。

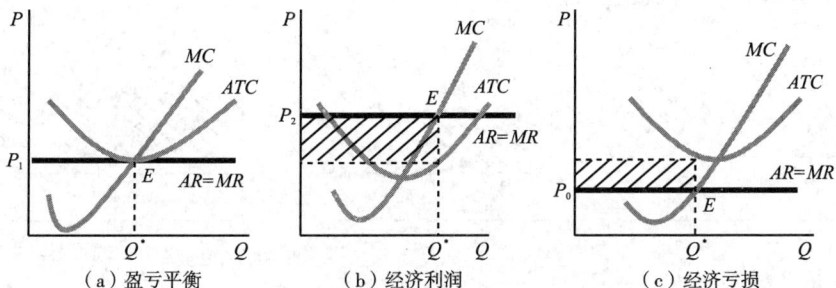

图 5 - 5 短期中三种可能的利润结果

在图 5 - 5 中，横轴代表产量，纵轴代表价格。MC 为边际成本曲线，ATC 代表平均成本曲线，$AR = MR$ 为平均收益和边际收益曲线。在图 5 - 5（a）中，在给定价格 P_1 下，厂商按照 $MR = MC$ 的利润最大化原则，选择最优的均衡产量 Q^*，如 E 点所示。在 Q^* 的产量上，平均收益 AR 等于平均成本 ATC，厂商的收支相抵，既无利润，也无亏损。因此，E 点为盈亏平衡点。

在图 5 - 5（b）中，在给定市场价格 P_2 下，利润最大化的均衡点为边际收益 MR 曲线与边际成本 MC 曲线的交点 E。此时厂商的均衡产量为 Q^*。在 Q^* 的产量上，平均收益 AR 大于平均成本 ATC，厂商获得经济利润。经济利润相当于图 5 - 5（b）中的阴影面积。

在图 5 - 5（c）中，在给定的市场价格 P_0 下，根据均衡点 E 和均衡产量 Q^* 可知，厂商的平均收益 AR 小于平均成本 ATC，厂商出现亏损。亏损部分相当于图 5 - 5（c）的阴影面积。

现在的问题是，当生产出现亏损时，完全竞争厂商会不会立即停止生产呢？这要视具体情况而定。一般有以下三种情形，如图 5 - 6 所示。一是在图 5 - 6（a）中，厂商出现亏损，但一般情况下厂商会继续生产。这是因为，在均衡产量 Q^* 下，厂商的平均收益 AR 大于平均可变成本 AVC，厂商的总收益除了弥补全部可变成本 TVC 以外，还可以弥补一部分固定成本 TFC。二是在图 5 - 6（b）中，厂商可以继续生产，也可以停产。这是因为，在均衡产量 Q^* 下，厂商的平均收益 AR 等于平均可变成本 AVC，厂商的总收益只能补偿全部可变成本，无论生产与否，都会损失全部不变成本。其中的均衡点 E 被称为停止营业点。三是在图 5 - 6（c）中，厂商必须停产。这是因为，在均衡产量 Q^* 下，厂商的平均收益 AR 小于平均可变成本 AVC。厂商若继续生产，不仅损失固定成本，还会损失可变成本。显然，此时不生产比生产要好。

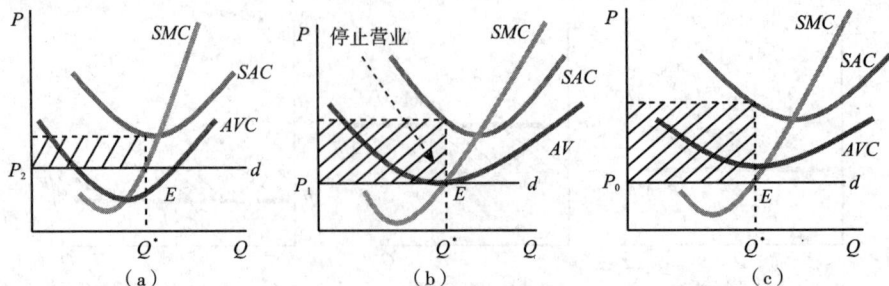

图 5-6　经济亏损的三种情况

综上所述，完全竞争厂商实现利润最大化的条件是：

$$MR = MC$$

式中，$MR = AR = P$。实现短期中的利润最大化时，企业可能盈亏平衡（零经济利润）、获得经济利润或发生经济亏损。

（三）供给曲线和生产者剩余

完全竞争厂商的短期供给曲线表示，在短期内，每一个价格水平下，厂商愿意并且能够提供的产品数量。上面的分析表明，根据 $MR = MC = P$，给定一个 P 水平，厂商就可以选择一个实现利润最大化的 Q。很明显，短期边际成本曲线 MC 反映了价格水平和最优产量之间的关系。同时，我们还应该注意到，当平均收益 AR 小于平均可变成本 AVC 时，厂商会停止生产，即不再供给商品。因此，完全竞争厂商的短期供给曲线可以用 MC 曲线上大于和等于 AVC 的部分表示。在图 5-7 中，短期边际成本曲线 MC 的实线部分，即 E 点以上的部分就是厂商的短期供给曲线 S。

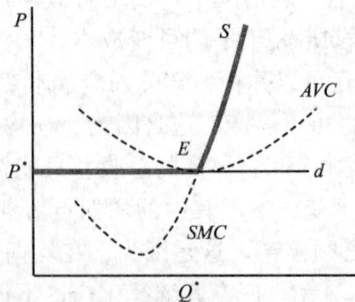

图 5-7　完全竞争厂商的短期供给曲线

　　根据厂商的短期供给曲线，我们还可以引申出"生产者剩余"的概念。生产者剩余是指厂商出售一定量某种产品得到的收入（实际所得的收入）和成本（愿意接受的最小收入）之间的差额。在完全竞争市场上，价格是既定的，因而成本低的厂商，获得的生产者剩余多。例如，如果 *IBM* 电脑的成本是 7 800 元，联想电脑的成本是 7 500 元，清华同方电脑的成本是 7 000 元，而市场销售价格都是 8 000 元，那么，三家厂商出售 1 台电脑将分别获得 200 元、500 元和 1 000 元的生产者剩余。

　　图 5 - 8 中的阴影部分，即厂商的供给曲线 *S*（*MC* 曲线的相应部分）以上，厂商的需求曲线 *d*（市场价格线）以下的部分，就是生产者剩余。

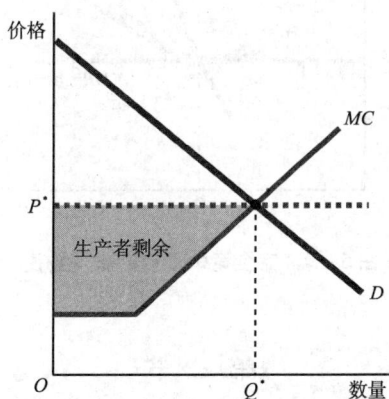

图 5 - 8　生产者剩余

（四）长期经济利润为零

　　在短期内，完全竞争厂商的生产规模是既定的，他们只能通过调整产量，来谋求最大化均衡，因而在短期均衡时厂商有可能亏损，如图 5 - 5 所分析的那样。但是，在长期内，投入要素是可变的，即不仅在位厂商可以调整生产规模，而且也有新厂商的进入或在位厂商的退出。厂商规模和行业规模的同时调整，最终会使超额利润消失，并达到长期均衡。

　　如果行业的供给小于需求，市场价格水平较高，存在着超额利润，在位厂商就会扩大生产规模，同时有新厂商进入，从而使整个行业供给增加，市场价格下降，单个厂商的需求曲线下移，超额利润减少，直到完全消失为止。相反，如果行业的供给大于需求，市场价格水平较低，存在着亏损，在位厂商就会缩小生产规模，乃至退出，从而使整个行业供给减少，市场价格上升，单个厂商的需求曲线上移，直至亏损完全消失为止。

在长期内，由于厂商可以自由地进入或退出某一行业，并且可以调整自身的生产规模，因而供给小于需求或供给大于需求的非均衡状况都会自动消失，最终使 P 达到长期平均成本 LAC 曲线的最低点水平上。在这一价格水平上，行业内的各个厂商既无利润又无亏损，但都实现了正常利润。于是，不再有厂商进入或退出，行业内的各个厂商都实现了长期均衡。如图 5-9 所示，企业在达到长期均衡时，其产量为 Q^*，且 $MR = MC = LAC = ATC = P^*$。

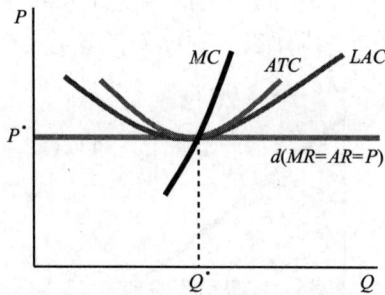

图 5-9　完全竞争厂商的长期均衡

|第|三|节|

垄断市场

一、为何存在垄断

在完全垄断市场上，只有一家厂商向市场提供产品，而且没有接近的替代品产品。该厂商可以单独地决定产品价格。因此，这个唯一的厂商就构成了一个行业。我们把这种行业中只有一家厂商提供产品的市场称为完全垄断市场，简称垄断市场。例如，在一个小市镇上，只有一家自来水公司，这就是局限于该镇的垄断。

垄断市场形成的根本原因在于，某些因素阻碍了厂商自由进入，换言之，存在着进入障碍。具体地说，这类进入障碍主要有以下三类：

第一，垄断资源。例如，在一个偏僻的小镇上，居住着几十户居民，依靠地下水生活。如果每户居民都拥有水井，水的价格就等于其边际成本。相反，如果镇上只有一口水井，并且从其他地方不可能得到水。那么，井的所有者就垄断了水的供给。尽管水的边际成本很低，垄断者也有可能把价格定得很高。

在实际生活中，这种类型的垄断很少。因为，现实经济非常巨大，某种资源往往被许多人同时拥有。而且，许多资源可以在国际范围内交易，由某个厂商独家垄断就更加困难。所以，一家厂商独自控制重要投资资源的情形很少。

第二，政府创造的垄断。在许多情况下，政府给予一个人或一家厂商排他性地出售某种物品或服务的权利，就会出现垄断。具体有两种情形：一是政府授予某家厂商生产某种产品的专利权。例如，当某制药公司发明了一种新药时，它就可以向政府申请专利。如果政府认定这种药品真正是原创的，就会批准其专利。在专利保护期间，其他厂商没有取得授权不得生产该种产品，该公司就成了唯一的生产者。二是政府给某家厂商颁发生产经营许可证，准许该厂商垄断性地生产或经营某种产品或服务。厂商一旦得到政府授予的特许经营权，就会形成市场垄断。相应地，为了换得此项排他性权力，该厂商必须同意政府对其经营行为施加某些管制。在我国，许多产品或服务都是由政府特别许可的，因而这种垄断很常见。

第三，自然垄断。自然垄断是指这样一种状态：一个厂商能以低于两个或者更多的厂商的成本为整个市场供给一种物品或者服务；或者说，由一家厂商提供产品会比多家厂商提供更具有成本优势。自然垄断的一个例子是城市供水。为了向城市居民供水，自来水公司必须铺设遍及全市的水管网。如果两家或更多的厂商同时提供这种服务，他们就必须各自支付水管网的固定成本。因此，由一家厂商为全市居民提供供水服务，平均成本就是最低的了。从节约资源的角度来看，政府有必要限制其他厂商进入，以避免由此造成的资源浪费和"无序竞争"。

具体地说，自然垄断的形成有两种情形。一种情形是，行业内某个厂商凭借自己的优势最先进入该行业，逐渐形成巨额沉没成本，达到了能向整个市场提供所需产品的规模，其他厂商因为进入门槛太高，很难进入，从而捷足先登的厂商垄断了整个行业。从这个角度看，自然垄断厂商不太在意潜在竞争者的进入。因为，潜在进入者知道，自己进入后，每个厂商拥有的市场份额都减少了，不可能再享有在位厂商那样的低成本。或者说，自然垄断的市场对竞争者没有太多的吸引力。

另一种情形是，为了避免不必要的资源浪费，政府通过发放许可证来限制其他厂商进入，获得许可证的厂商就获得了排他性生产的地位。后一种情形的直接原因是上面提到的许可证限制，间接原因是经济上的自然垄断特征。如城市自来水行业、煤气行业等。在这些行业中，既有自然垄断的原因，也是政府通过发放许可证或行政审批手续限制其他厂商进入的结果。

二、单一价格垄断的产量和价格决策

所有垄断者都面临价格和产量的权衡。单一价格垄断是指垄断者以同样的价格销售所有商品，这时的消费者是以同样价格获得同样商品。

（一）需求曲线

在垄断市场上，市场需求曲线就是垄断厂商的需求曲线。它是一条向右下方倾斜的曲线。该曲线表明：垄断厂商可以用减少销售量的方法来提高市场价格，也可以用增加销售量的方法来压低市场价格。换言之，垄断厂商可以通过改变销售量来控制市场价格，而且，垄断厂商的销售量与市场价格按相反的方向变动。

（二）收益曲线

设想某一垄断厂商的例子。表5-3表示垄断者的收益如何取决于产品的生产量。

表5-3　　　　　　　　　　某垄断厂商的需求和收益表　　　　　　　　单位：元

数量	价格	总收益	边际收益	平均收益
0	—	0	—	—
1	80	80	80	80
2	70	140	60	70
3	60	180	40	60
4	50	200	20	50
5	40	200	0	40
6	30	180	-20	30
7	20	140	-40	20

表5-3的前两栏表示垄断者的需求表。如果垄断者生产1单位某产品，它可以把该产品卖80元。如果生产2单位，为了把这些产品卖出去，它必须把价

格降为 70 元。如果生产 3 单位，它就必须把价格再降为 60 元，等等。如果把表中的数字做成图，就是一条典型的向右下方倾斜的需求曲线。

表 5 – 3 的第 3 栏表示垄断者的总收益。它等于销售量（根据第一栏）乘以价格（根据第二栏）。第 4 栏表示厂商的平均收益，即厂商每销售一单位产品得到的收益量。它等于第 3 栏中的总收益除以第 1 栏中的产量，表中数据显示，平均收益等于价格。最后一栏表示垄断者的边际收益，即厂商增加一单位产品销售所得到的收益量。表中数据显示，在任何产出水平上，厂商的边际收益都是递减的，边际收益总是小于平均收益，即边际收益总是低于价格。这一点和完全竞争厂商不同。

根据表 5 – 3 中的数据绘制出该垄断厂商的需求曲线和边际收益曲线，如图 5 – 10 所示。

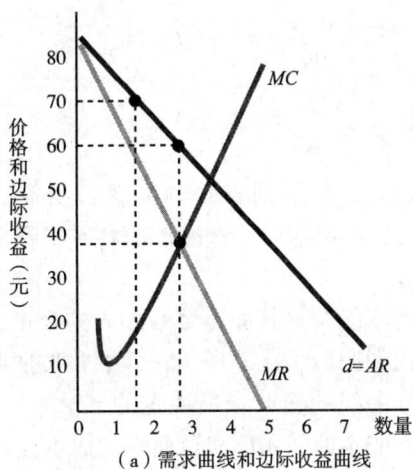

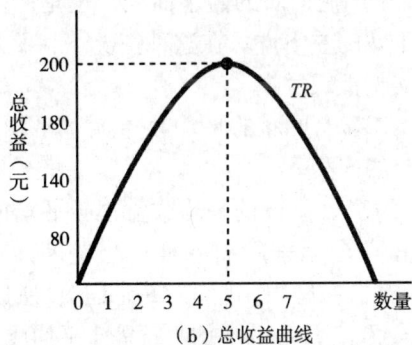

（a）需求曲线和边际收益曲线

（b）总收益曲线

图 5 – 10　需求曲线、边际收益曲线和总收益曲线

据此，我们可以揭示垄断厂商的边际收益曲线、平均收益曲线和总收益曲线的一般特征：

（1）平均收益 AR 曲线与垄断厂商的需求曲线 d 重合。

（2）垄断厂商的边际收益 MR 曲线向右下方倾斜，并且位于 AR 曲线的左下方。垄断厂商的边际收益 MR 总是小于平均收益 AR。

（3）在每一销售量上，边际收益 MR 的值都是相应的总收益 TR 曲线的斜率。

（4）当垄断厂商的需求曲线为直线时，d 需求曲线和 MR 曲线的纵截距相等，MR 曲线的横截距是 d 曲线横截距的一半，其斜率为需求曲线的 2 倍。我们可以假设垄断厂商具有线性需求曲线 $P = a - bQ$ 来证明这一点：

由
$$TR = P \cdot Q = (a - bQ) \cdot Q = aQ - bQ^2$$
$$\Rightarrow MR = \frac{\mathrm{d}TR}{\mathrm{d}Q} = a - 2bQ$$

（三）产量和价格决策

垄断厂商也按照利润最大化原则 $MR = MC$ 进行决策，在图 5 - 10 中，我们可以看到当其 MC 曲线如图所示时，垄断厂商将其产量确定为 3 单位，在此产量下的价格确定为 60 元。

在短期内，垄断厂商不能调整其固定要素投入的数量，只能在既定规模下调整其产量或价格，以实现利润最大化。所以，厂商将按照利润最大化原则，选择边际收益曲线和边际成本曲线的交点 E 所决定的产量 Q^*。如图 5 - 11 所示，厂商的短期生产规模由短期成本曲线 MC 和短期平均成本曲线 ATC 来代表。向右下方倾斜的需求曲线 d，既是厂商面对的需求曲线，也是厂商的平均收益曲线 AR。厂商的边际收益曲线位于 d 的左下方。在这种情况下，垄断厂商有可能获得正的经济利润，也有可能收支相抵或亏损。

在图 5 - 11 中，$AR > ATC$，厂商的平均收益大于平均成本，获得超额利润，超额利润总额为阴影部分的面积。

在图 5 - 12 中，$AR < ATC$，厂商的平均收益小于平均成本，厂商亏损，总亏损额为阴影部分面积。和完全竞争厂商一样，当垄断厂商亏损时，如果 $AR > AVC$，垄断厂商将继续生产。在图中，由于 $AR > AVC$，所以厂商将继续生产。

在图 5 - 13 中，$AR = ATC$，厂商的平均收益等于平均成本，垄断厂商的经济利润为 0，即垄断厂商既无利润，也不亏损。即该均衡点为垄断厂商的盈亏平衡点。

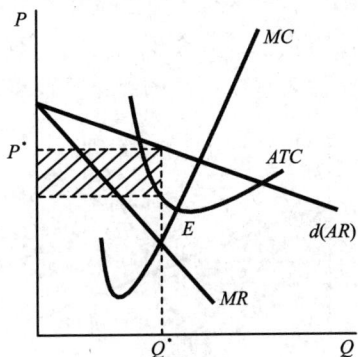

图 5 - 11 获得经济利润

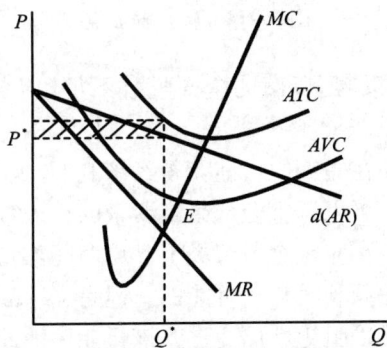

图 5 - 12 经济亏损

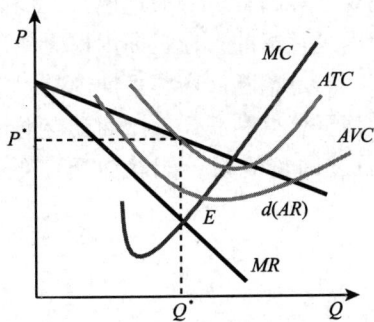

图 5 - 13 经济利润为零

在图 5 - 14 中，$AR = AVC$，厂商的平均收益等于平均可变成本，垄断厂商损失全部的固定成本，总亏损为阴影部分面积。此时，对于垄断厂商来说，生产和不生产是一样的，此均衡点称为垄断厂商的停止营业点或关闭点。

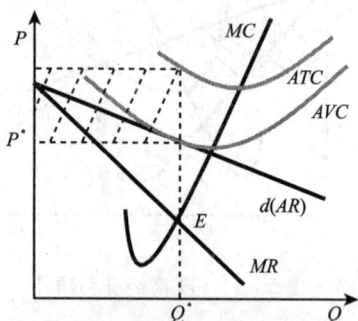

图 5 - 14 停止营业点

此外，如果 $AR < AVC$，则厂商的全部收益不足以弥补其可变成本。这时垄断厂商将选择停产。

综上所述，垄断厂商在短期内可能获得经济利润、盈亏平衡和经济亏损。

在长期内，垄断厂商可以调整全部生产要素的投入数量，即通过调整其生产规模以实现利润最大化。在完全竞争市场上，厂商能够自由地进出该行业，一个厂商要想在长期里保持超额利润是不可能的。但是，垄断厂商通过持有专利或政府发放的许可证等手段可以阻止新厂商进入该行业，因此，垄断厂商总能获得经济利润，如图 5 - 11 所示。

垄断厂商能否盈利以及盈利情况如何，不仅取决于厂商的垄断地位，也取决于其生产经营状况和市场规模等因素。一般地说，长期内垄断厂商会面临三种情况：一是垄断厂商在短期内是亏损的，在长期内也无法通过调整生产规模摆脱亏损，该厂商就会退出生产。二是垄断厂商在短期内是亏损的，在长期内可以通过调整生产规模摆脱亏损，甚至获得利润，该厂商就会继续生产。三是垄断厂商在短期内有利润，长期内通过调整规模，能获得更多的利润，该厂商也会继续生产。

三、价格歧视

到目前为止，我们讨论的都是单一价格垄断的情形，也就是假设所有的消费者为同种物品支付同样的价格。然而事实上，厂商有可能对不同的消费者收取不同的价格。例如，很多电影城都规定，中小学生可以凭学生证购买半价电影票。再如，有些通信公司规定，10 元套餐可享受 1.5MB 的流量；当上网流量超过 1.5MB 时，收费标准改为 0.01 元/KB；对于未购买套餐的消费者，手机上网的标准资费则是 0.02 元/KB。厂商就相同的产品对不同的消费者收取不同的价格，被称为价格歧视。

价格歧视一般有三种类型：一级价格歧视、二级价格歧视和三级价格歧视。

（一）一级价格歧视

一级价格歧视的特点是，厂商对每一单位商品都按消费者愿意支付的最高价格销售，即根据不同消费者的支付意愿对每一单位商品制定不同的价格。同时，当某个消费者的购买数量超过一单位时，厂商对销售给该消费者的每一购买单位收取不同的价格。所以，这种价格歧视也称为完全价格歧视。

下面，我们结合图 5-15 加以说明。在图 5-15（b）中，厂商没有实行价格歧视，其最优产量和价格分别为 Q_m 和 P_m，总收益为 OP_mBQ_m。在图 5-15（a）中，厂商实行价格歧视，即按照不同消费者的支付意愿，分别制定有差别的价格 P_1，P_2，…，P_m。其销售总收益相当于图 5-15（a）中的阴影面积 $OABQ_m$。很明显，实行一级价格歧视时的收益 $OABQ_m$，大于不实行价格歧视的总收益 OP_mBQ_m。原因是歧视价格将消费者剩余全部地转化为了厂商收益。

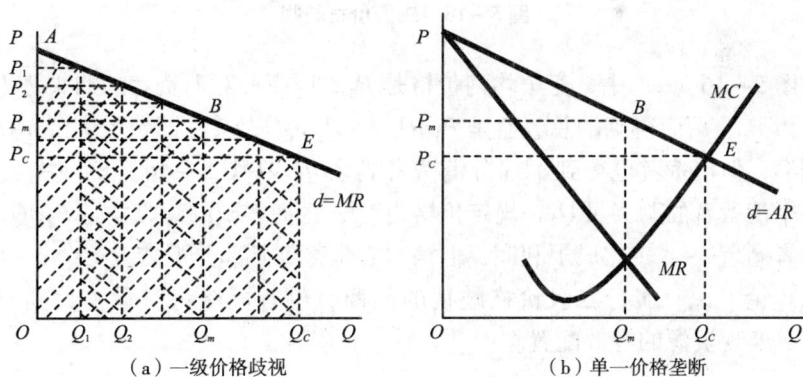

（a）一级价格歧视　　　　（b）单一价格垄断

图 5-15　一级价格歧视

（二）二级价格歧视

二级价格歧视是指垄断厂商对不同的购买量规定不同的价格。例如，电信公司对于使用量小的客户，收取较高的价格；对于使用量大的客户，收取较低的价格。

我们在讨论一级价格歧视时，曾经假定厂商知道每个消费者的需求曲线，能将所有的消费者区分开。事实上，厂商对消费者的信息是不完全的，基本上不能实行一级价格歧视。比较可行的办法是实行二级价格歧视，即向市场提供不同的价格－数量组合，每一种价格－数量组合针对着某一特定消费量的消费者。下面，我们结合图 5 – 16 加以说明。

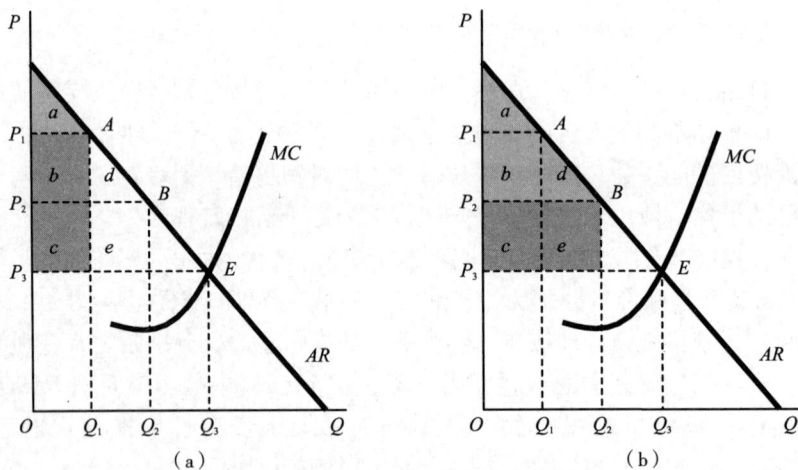

图 5 – 16　二级价格歧视

在图 5 – 16（a）中，竞争均衡价格是 P_3。厂商针对消费者的购买量 Q_1，规定价格为 P_1，厂商得到的总收益是 P_1AQ_1O，P_1AQO，其中消费者剩余 $b+c$ 转化成了利润，但消费者也得到了部分消费者剩余 a。在图 5 – 16（b）中，厂商针对另一个消费者的购买量 Q_2，规定价格为 P_2，厂商得到的总收益是 P_2BQ_2O，其中消费者剩余 $c+e$ 转化成了利润，但消费者也得到了部分消费者剩余 $a+b+d$。

从理论上说，实行二级价格歧视的厂商，也有可能将产量扩大到 Q_c，使 $P=MC$，实现资源的有效配置。

（三）三级价格歧视

三级价格歧视是最普遍的价格歧视形式，是指垄断厂商将其顾客划分为两种或两种以上的类别，对同一种商品的不同买者（不同的市场）索取不同的价格。例如，同一种医疗服务，公费和自费的价格不同。那么，在三级价格歧视下，垄断者如何定价实现利润最大化呢？

假定，垄断厂商将其同种产品的消费者群体分为两个类别 A 和 B，MR_A 和 MR_B 分别表示厂商在 A 市场和 B 市场上的边际收益，MC 是厂商的边际成本。厂商会根据 $MR_A = MR_B = MC$ 的原则来确定产量和价格。

假定需求函数为：

$$P = P(Q)$$

则有：

$$TR(Q) = P(Q) \cdot Q$$

$$MR(Q) = \frac{\mathrm{d}TR(Q)}{\mathrm{d}Q} = P + Q\frac{\mathrm{d}P}{\mathrm{d}Q} = P\left(1 + \frac{\mathrm{d}P}{\mathrm{d}Q} \cdot \frac{Q}{P}\right) = P\left(1 - \frac{1}{E_d}\right)$$

其中，E_d 是需求的价格弹性

$$E_d = -\frac{\mathrm{d}Q}{\mathrm{d}P} \cdot \frac{P}{Q}$$

在 A 消费群（市场）有：

$$MR_A = P_A\left(1 - \frac{1}{E_{dA}}\right)$$

在 B 消费群（市场）有：

$$MR_B = P_B\left(1 - \frac{1}{E_{dB}}\right)$$

根据 $MR_A = MR_B$，可得

$$P_A\left(1 - \frac{1}{E_{dA}}\right) = P_B\left(1 - \frac{1}{E_{dB}}\right)$$

整理得

$$\frac{P_A}{P_B} = \frac{1 - \dfrac{1}{E_{dB}}}{1 - \dfrac{1}{E_{dA}}}$$

由上式可见，垄断厂商的定价原则是，在需求价格弹性小的市场上制定较高的产品价格，而在需求价格弹性较大的市场上制定较低的价格。也就是说，对价格变化反应不敏感的消费者制定较高的价格，对价格变化反应敏感的消费者制定较低的价格。这样，垄断厂商就可以获得更多的利润。

|第|四|节|

垄断竞争市场

我们在前两节中讨论的完全竞争市场和完全垄断市场，是两种极端的市场结构。在实际生活中极为少见。常见的市场一般处于两者之间，既有竞争因素，又有垄断因素。其中，竞争因素多些的，属于垄断竞争市场；垄断因素多些的，属于寡头垄断市场。本节讨论垄断竞争市场，下一节讨论寡头垄断市场。

一、垄断竞争市场的特征

垄断竞争市场是一种既有竞争，又有垄断的市场。同完全竞争市场和完全垄断市场相比，它有以下特点：

第一，行业中存在着大量的厂商。每个厂商的规模都很小，其产量在行业总产量中只占很小的份额。因此，每个厂商的行为，一般不会引起其他厂商的注意。同时，每个厂商也可以忽略其竞争对手的反应。

第二，厂商生产有差别的同种产品。这些产品都是非常接近的替代品。但是，它们之间又有差别。这些差别，不仅包括质量、构造、外观和销售服务等方面的不同，还包括产品在商标、广告等方面的差别，以及以消费者的想象为基础的任何虚构的差别。产品差别决定着每个厂商对价格都有一定的控制力。

第三，不存在进入障碍，厂商可以比较容易地进入和退出某行业或生产集团。

可以看到，具备上述特性的市场，普遍存在于现实生活中。与我们日常生活密切相关的零售业和服务业中，多数产品的市场都可以说是垄断竞争市场的典型例子。例如，餐馆、食品、牙膏、服装、理发、书籍等。

二、垄断竞争的价格和产量

垄断竞争厂商生产有差别的同种产品，能够通过改变销售量来影响价格。所以，如同垄断厂商一样，垄断竞争厂商面临的需求曲线也是向右下方倾斜的。但是，在垄断竞争市场上，产品是相同的，厂商之间存在着竞争，这又决定了垄断竞争厂商的需求曲线比较平坦。

在短期内，垄断竞争厂商的生产规模不变，厂商只能通过调整产量或价格，

以实现 $MR = MC$ 的均衡，因而厂商可能获得利润，也可能亏损，或收支相抵。但是，在长期内，厂商可以调整生产规模，也有新厂商进入和在位厂商退出，因而长期均衡时利润为零。

图 5-17（a）说明垄断竞争厂商的短期均衡。厂商根据 $MR = MC$ 的利润最大化原则，选择产量 Q^*，相应的均衡价格为 P^*。因为 P^* 大于平均成本 AC，所以厂商可以获得经济利润，相当于图中的阴影面积。当然，在短期内，垄断竞争厂商也有可能亏损或收支相抵。这取决于均衡价格与 SAC 的比较。当企业亏损时，只要均衡价格大于平均可变成本 AVC，企业在短期内将继续生产；如果均衡价格小于 AVC，企业在短期内就会停止生产。

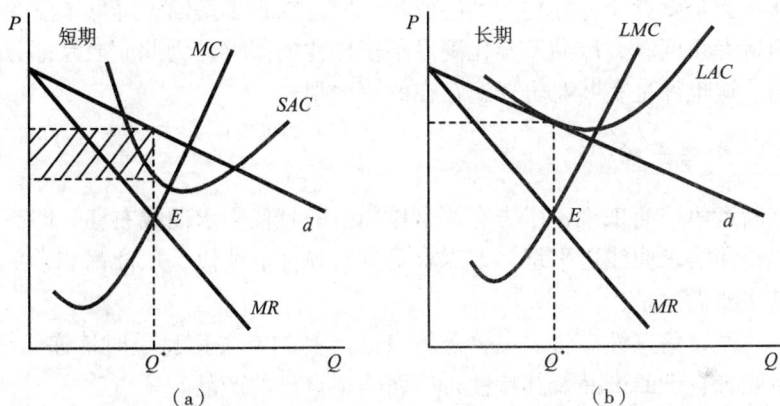

图 5-17　垄断竞争厂商的短期和长期均衡

图 5-17（b）说明垄断竞争厂商的长期均衡。由于企业可以无障碍地进出该市场，所以，如果单个厂商能获得经济利润，就会吸引新厂商进入该行业。这样，在位厂商的销售量便会减少，导致垄断竞争厂商的需求曲线向下移动，直到长期需求曲线与厂商的平均成本曲线相切为止，即该行业每个垄断竞争厂商的利润为零。此时厂商长期均衡价格为 P^*，均衡产量为 Q^*。从图中也可以看出，企业在平均总成本曲线向下方倾斜的部分运行，其价格高于边际成本。

三、非价格竞争手段

垄断竞争厂商在竞争中，除了运用价格手段竞争以外，也运用非价格手段。其中主要的有：

（一）保持和创造"产品差别"

垄断竞争厂商的市场势力源于产品差别。为了保持垄断地位，厂商首先需要保持产品差别，同时还要创造产品差别。垄断竞争市场没有进入障碍，一个厂商的优势产品很容易被模仿，消极地保持产品差别难度很大。所以积极的做法是通过设计或引进，进行技术创新，开发新产品，形成新的差异化产品。也就是斯隆所说的"与众不同"。

从厂商角度看，开发与创新产品，扩大产品的差异化，需要增加投入或成本。通过成本收益分析，使产品开发的 $MR = MC$，厂商可以实现利润最大化的均衡。但从社会角度看，差异化产品的成功开发，加强了垄断，降低了资源配置效率。从消费者角度看，产品差异化满足了多样化的需求，为此而放弃部分效率又是值得的。这也许是垄断竞争普遍存在的原因吧。

（二）广告策略

对垄断竞争厂商来说，广告有两个作用：一是使需求曲线右移，即扩大市场需求；二是使需求曲线更平坦，即需求更富有弹性。所以，厂商都非常重视广告策略。其主要做法是：

第一，发布信息性广告。主要是将自己产品的有关信息及时传递给消费者，使消费者知悉自己的产品及其特性，进而购买自己的产品。

第二，宣传并强化消费者的产品差别感。主要是通过广告与品牌包装等营销策略，使消费者产生差别感，从而树立自己产品的良好形象，以扩大对自身产品的需求。

第三，树立或者打破某种无形的进入壁垒。主要是通过比其他厂商以更有力的方式来传播产品信息，获得消费者更多的关注，从而形成一种无形的进入壁垒。这样，就会增加其他厂商获得消费者关注的难度，保持自己产品的某种垄断地位。例如，尽管肯德基和麦当劳早已家喻户晓，但是它们仍然铺天盖地地做广告。其动机就是在快餐业中制造无形的进入壁垒，巩固自己的垄断地位。但是，这也会促使其他厂商采取反制措施，打破这种无形壁垒。

从厂商角度看，实施广告策略，促进产品销售，需要支付巨大的广告成本。通过广告的成本收益分析，使其 $MR = MC$，厂商可以实现利润最大化的均衡。但从消费者角度看，广告在向消费者提供了产品差别的准确性信息的范围内，广告是有利于消费者的，有助于消费者理性选择。但是，广告费用也增加了交易成本，提高了产品销售价格，增加了消费者负担。如果广告的好处不能补偿费用的增加，这种广告是不值得的。如果广告误导消费者，就更适得其反了。实证地看，许多广告的代价很大，给消费者带来的好处并没有广告的代价那么大，是很不划算的。这也许是人们普遍厌烦广告的原因之一。

|第|五|节|
寡 头 市 场

一、寡头市场的特征

寡头市场又称寡头垄断市场，是指少数几家厂商控制整个市场的产品生产和销售的市场组织。寡头产生的主要原因是规模经济。在某些行业，只有产量达到相当大的水平时，才能使平均成本达到最低，实现规模经济。为此，就需要巨大的投资。同时，由于每家厂商产量都非常大，只要有几家这样的企业，就可以满足全部市场的需求。这样，就形成了寡头垄断。这种市场结构更接近于垄断的市场结构，在现代经济中比较常见。

寡头市场有如下特点：一是少数几家大厂商（寡头）提供大部或全部供给，相互影响很大，决策有不确定性。二是产品可能有差别，也可能没有差别。其产品没有差别的，叫纯粹寡头；其产品有差别的，叫差别寡头。三是厂商对价格有相当大的控制力。四是进入困难。这种困难主要是初始投资很大，进入门槛较高，而不是因为自然的或法律的限制。

寡头市场价格与产量决定的特点：一是很难对价格和产量决定给出确切而肯定的回答。因为，各个厂商在决策时，都要考虑竞争对手的反应，而竞争对手的反应又是多种多样的，很难准确预测。二是价格和产量一旦确定后就相对稳定。这是因为，任何一家厂商都很难摸清竞争对手的行为。所以，一般不会轻易改变已经存在的产量和价格均衡。三是寡头之间更容易形成某种形式的勾结。当然，这种勾结不会取代竞争，而只是一种暂时的妥协。

寡头市场的典型例子如各国的汽车业（比如通用、福特、大众、丰田、现代、标志、日产、本田、宝马、菲亚特等），国际大飞机市场（主要只有法国的空中客车公司和美国的波音公司），计算机芯片市场（由 Intel 和 AMD 占有了绝大部分的市场份额），再比如中国的电讯市场（基本上由中国电信、中国移动和中国联通控制）、中国的石油市场（主要由中石油、中石化和中海油三家控制）。

二、寡头博弈

寡头垄断厂商在做决策时，都要考虑竞争对手对自己决策的反应。这就像下棋一样，任何一方出棋时，都要考虑对方会做出什么样的反应。对弈的思想启发经济学家们发展出了一种博弈理论。博弈论是研究一个人或一个企业的选择受到其他人、其他企业选择的影响，而且反过来又影响到其他人、其他企业的选择时的决策问题和均衡问题。博弈论不仅适用于经济学分析，也可以运用于政治学、军事、外交、国际关系、公共选择等学科领域。在犯罪学中，也运用了博弈论。

（一）博弈论的基本要素

任何一个博弈，都有三个基本的要素：参与者、策略和支付。下面，通过著名的"囚徒困境"模型，简单说明这些要素。

甲和乙入室偷盗时，被警方抓获。通过与其交谈，警方怀疑他们还合谋参与了一起抢劫案。目前证据尚不充分，警方需要他们交代案情，以确定如何量刑。

参与者：甲和乙。甲和乙分别被关进不同的房子里，而且两人无法联系。警方告诉他们中的每一个人：如果他们俩都坦白合谋参与了抢劫，则每个人将被判刑 3 年；如果一个人坦白而同伙不坦白，坦白者将被判刑 1 年，同伙将被判刑 10 年；如果两人都不坦白，则警方由于证据不足，只能按偷盗行为对甲乙两人各判刑 2 年。

策略：策略是指每个参与者可能选择的决策或可能采取的行为。甲和乙每个人都有两种可能的策略：坦白、否认。

支付：支付是指每个参与者在博弈结局中得到的报酬。支付可能是正的，也可能是负的。作为博弈的结局，每个参与者最终都会得到支付。这是所有参与者各自选择策略共同作用的结果。在本案例中，由于只有甲乙两个博弈者，每个人有两种可供选择的策略，因此有四种可能的结果：甲乙都坦白；甲乙都否认；甲坦白而乙否认；乙坦白而甲否认。甲乙两人都知道这四种情况会给自己带来什么样的支付（结局）。

下面，我们用博弈论中的支付矩阵来说明每一个嫌疑犯的四种可能结局。图 5－18 表示甲和乙的支付矩阵。图中每个方格中的数字是甲乙两个人所选择策略对应的支付，其中每个方格左侧的数字是甲的支付，右侧的数字是乙的支付。例如，图中左下角的方格表示，当甲采取否认策略，乙采取坦白策略时，甲的支付

是 -10，乙的支付是 -1。

		乙的策略	
		坦白	否认
甲的策略	坦白	-3　-3	-1　-10
	否认	-10　-1	-2　-2

图 5-18　囚徒困境

（二）博弈均衡

博弈均衡是指博弈中的所有参与者都不想改变自己的策略的相对静止状态。在图 5-18 中，（坦白 坦白）就是这种博弈均衡。解释如下：

从甲的角度考虑，如果乙坦白，甲的最优策略是坦白。因为他坦白会被判 3 年，否认会被判 10 年，-3 > -10。如果乙否认，甲的最优策略还是坦白。因为他坦白会被判 1 年，否认会被判 2 年，-1 > -2。因此，无论乙如何选择，甲肯定选择坦白策略。另外，从乙的角度考虑，如果甲坦白，乙的最优策略是坦白。因为他坦白会被判 3 年，否认会被判 10 年，-3 > -10。如果甲否认，乙的最优策略还是坦白。因为他坦白会被判 1 年，否认会被判 2 年，-1 > -2。因此，无论甲如何选择，乙肯定选择坦白策略。因此，坦白策略是甲和乙的占优策略。占优策略指的是无论其他参与者采用什么策略，某参与者唯一的最优策略。（坦白 坦白）就是该博弈的均衡状态。此时，任何一方都不想偏离各自的坦白策略。由于在均衡时甲乙双方均采用的是各自的占优策略，所以，该博弈均衡被称为占优策略均衡。一般来说，由博弈中的所有参与者的占优策略所构成的均衡就是占优策略均衡。所以，（坦白 坦白）就是这个博弈的占优策略均衡。

上述博弈均衡也说明，（坦白 坦白）只是甲乙两人从个人理性角度考虑的最优均衡。如果他俩可以串谋，甲乙两人都选择否认策略，即（否认 否认）对他们更有利，每个人被判处的刑罚时间最短。然而，进一步思考我们会发现，当其中一方根据串谋采取否认策略，而另一方偷偷采取坦白策略时，采取坦白策略的一方判刑时间更短。因此，任何一方都存在坦白的利己动机，导致（否认 否认）策略组合不可能实现。这就是著名的"囚徒困境"。

囚徒困境模型可以应用到寡头厂商博弈的均衡中。如果将甲乙两人设想为两个寡头，我们就很容易发现，寡头之间如果彼此串谋，就价格和产量等达成某种合作协议，就可以实现集体的利益最大化，从而使得个体得到好处，就如同坚决不坦白的囚徒一样。但是，寡头之间的合作通常是不稳定的。因为，任何一方都有强烈的动机暗中违背合作协议。在对方守约的情况下，违背协议的一方必然获得更大的收益。这就会激励各个厂商都选择违背协议，最终使合作成为不可能。这就是个人理性和集体理性的矛盾。

本章小结

1. 在完全竞争市场上，竞争厂商是价格接受者，因而它的收益与产量是同比例的。物品的价格等于厂商的平均收益和边际收益。

为了实现利润最大化，厂商选择边际收益等于边际成本的产量。由于竞争厂商的边际收益等于价格，所以，厂商选择使价格等于边际成本的产量。因此，厂商的边际成本曲线是它的供给曲线。

在短期内，当物品价格小于平均可变成本，厂商不能收回固定成本时，厂商将选择停止营业。在长期中，当物品价格小于平均可变成本，厂商不能收回固定成本和可变成本时，厂商将选择退出。

在有自由进入与退出的市场上，长期利润为零。在长期均衡时，所有的厂商都在有效规模上生产，价格等于最低平均总成本，而且，厂商数量的调整能满足在这种价格时的需求量。

2. 当市场上只有一个卖者的时候，垄断就产生了。其形成条件是：一个厂商拥有一种关键资源，一个厂商获得排他性地生产一种物品的权力，一个企业可以比许多企业以较少的成本供给整个市场。

垄断厂商面临着向右下方倾斜的需求曲线，因而其边际收益总是小于其物品的价格。

同竞争厂商一样，垄断厂商也通过选择边际收益等于边际成本的产量来实现利润最大化。这时，垄断厂商根据需求量来选择价格。与竞争厂商不同，垄断厂商的价格高于其边际收益，因此它的价格也高于边际成本。

垄断厂商通常可以通过价格歧视增加利润。与单一价格相比，价格歧视减少了消费者剩余。

3. 垄断竞争市场有三个特点：许多企业，有差别的产品，以及进入自由。

垄断竞争厂商收取的价格高于边际成本。

垄断竞争市场中固有的产品差别激励广泛使用广告和品牌策略。广告和品牌一方面向消费者提供了信息，并使价格和产品质量竞争更加激烈，另一方面也强化了产品差别，维护了厂商的垄断地位。

4. 当几家大厂商能够控制整个市场的产品生产和销售时，寡头就产生了。寡头产生的主要原因是规模经济。

寡头市场的特征决定了很难把它们放在一个统一的分析框架中讨论。经济学家的一般做法是，根据自己对寡头间的互动所做的假定，提出特殊的分析模型，用以解释寡头市场上的某些现象。现在人们一般用博弈论来解释寡头的行为特征。

"囚徒困境"表明，利己使人们即使在合作符合他们共同利益时，也无法维持合作。囚徒困境的逻辑适合于许多情况，包括军备竞赛、做广告、共有资源问题和寡头。

思考题

1. 借助图示，分析完全竞争厂商的如何在短期内实现利润最大化。

2. 举例说明什么是价格歧视，并分析不同价格歧视的条件和特点。

3. 完全垄断厂商的需求曲线为什么向右下方倾斜？怎样理解完全垄断厂商的总收益曲线 TR、平均收益曲线 AR 和边际收益曲线 MR 之间的关系？

专栏

娱乐江湖起纷争

已经连续几年在省级卫视中稳坐收视率第一的湖南卫视，恐怕怎么也不会想到，其他卫视一档开播不到三个月的节目竟然连续两周收视率超过其经营多年的品牌栏目《快乐大本营》，其另一王牌综艺节目《天天向上》也一度经历收视落败。

2010 年，内地卫视的竞争进入白热化阶段。湖南卫视多年来一枝独大的局面受到了严重挑战。

首先向湖南卫视发起这一轮冲击的是江苏卫视。2010 年 1 月，江苏卫视高调宣布了全新改版计划，大手笔砸进了 6 亿元人民币，品牌定位由"情感"升级为"幸福"，并加大了综艺节目的播出量。其中，以婚变交友类节目《非诚勿扰》最为火暴，《幸福晚点名》和《时刻准备着》等娱乐节目也表现不俗。江苏卫视首战告捷。

其实，这轮最新的卫视改版风暴早在 2009 年就初露端倪。卫视收视率排名第三的浙江卫视，凭借着《我爱记歌词》、《我是大评委》、《爱唱才会赢》等一系列"平民 K 歌"节目迅速蹿红；备受观众追捧的东方卫视，也在改版中学习了周一到周日连续播出的概念，形成了《舞林大会》、《笑林大会》、《民歌大会》、《明星学会》、《全家都来赛》、《闪电星感动》综艺群；辽宁卫视则着力于挖掘体现幽默喜剧的"黑土文化"，与湖南卫视主要针对青少年的娱乐节目定位不同，其定位特别符合北方成熟观众的需求……

在这轮改版竞争中，重庆卫视另辟蹊径，在一年内三次改版，砍掉了许多选秀节目，从"红色经典，英雄记忆"的"英雄"定位开始，最终在 2009 年年末以"中国红"一锤定音。不过从市场反应来看，其选择并不乐观。据说，其收视率从 2008 年的全国第 4 位，下降到 2009 年的第 10 位，目前是第 20 位左右。

综观这次卫视改版，不难发现，暂时获得成功的无一不是选择了娱乐化路径。这正应了电视圈中的一句名言："得综艺者得天下。"

除了综艺节目外，电视剧的竞争也日趋激烈。长期以来，新闻、电视剧和综艺是中国电视的"三驾马车"。2009 年，电视剧《我的团长我的团》曾经引发一场首播大战。众多电视台为独播权、首播权争得不可开交。"鹬蚌相争，渔人得利。"电视台兄弟相争的结果是把电视剧成本抬上去了。许多电视台不得不加强自主版运营，逐步从电视剧产业链下游的播出端，进入到上游的生产环节，大力发展自制剧。

最先尝到甜头的是湖南卫视，其自制剧赢得了观众的"雷声阵阵"。安徽卫视、东方卫视等不甘落后，也相继加入自制剧大军。现在，江苏卫视和浙江卫视也坐不住了。江苏卫视一口气重拍了 3 部"海岩剧"——《玉观音》、《拿什么拯救你，我的爱人》和《永不瞑目》。浙江卫视也计划投资 8000 万元，自拍 4 部电视剧。

业内专家指出，在新闻资源日益紧张且突破希望不大和电视剧竞争成本不断增长的情况下，娱乐性综艺节目无疑会成为各家卫视竞争的焦点，娱乐化将是大势所趋。但是，对一些实力雄厚的电视台来说，下一个竞争重点也许是自拍电视剧了。

资料来源：据《凤凰周刊》2010 年第 13 期《内地省级卫视改版困局》改写。

第六章　要素价格与收入分配

你知道，欧内斯特，富人和我们不一样。

——F. 斯考特·菲茨拉杰

是的，我知道，他们的钱比我们的多。

——欧内斯特·海明威

本章内容提要：
- 劳动市场的均衡和工资率的决定
- 资本市场的均衡和利息率的决定
- 土地市场的均衡和地租的决定
- 收入分配中的不均等问题

2009 年，北京金融业的年平均工资收入为 17 万元，而农业的年平均工资收入仅为 2.1 万元。不同行业、不同工种的工资为什么高低不同？许多阿拉伯国家仅仅凭借石油就成为世界上最富有的国家，到底是什么决定了他们的富有？我们应该怎样评价看起来越来越严重的贫富两极分化呢？这些问题涉及到要素价格的决定以及收入分配，在经济学中一般被称为分配理论，回答"为谁生产的问题。"

|第|一|节|
生产要素市场均衡

生产中有三种主要要素：劳动、资本和土地。相应地有三种收入：工资、利息和地租。这些要素的收入是由其价格和数量决定的，而要素价格和数量又是由要素市场决定的。所以，讨论收入分配问题，实际上是讨论要素市场均衡问题。

前面各章关于产品市场均衡的理论，完全适用于要素市场。

一、要素市场模型

厂商对生产要素的需求源自于消费者对商品的需求，因而是一种派生需求。厂商对生产要素的需求量，取决于要素的价格。例如，厂商对劳动的需求量，取决于工资率；厂商对资本的需求量取决于利率；厂商对土地的需求量取决于地租。如果把要素也看作是一种物品，那么，前面讨论过的需求定理就完全适用于生产要素。因此，随着要素价格下降，其需求量就会增加。由此决定，需求曲线向右下方倾斜。

一种生产要素的供给量也取决于其价格。除了某些特殊情况外，供给定理也适用于生产要素市场。所以，随着生产要素价格上升，其供给量就会增加。由此决定，供给曲线向右上方倾斜。

要素供给曲线和要素需求曲线的交点，决定了要素市场的均衡。如图 6-1 所示。

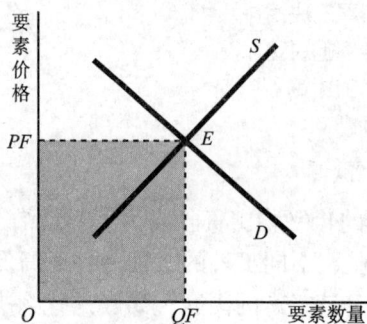

图 6-1　要素市场的均衡

在图 6-1 中，横轴代表生产要素的数量，纵轴代表要素的价格，D 为生产要素的需求曲线，S 为要素的供给曲线。D 和 S 相交于 E，决定了均衡数量 QF 和均衡价格 PF。生产要素的收入等于价格和使用量的乘积，即图 6-1 中的阴影部分。

这就是基本的要素市场均衡模型。它说明了要素价格、要素使用量与要素收入的决定。

二、要素需求变动及其影响

在要素价格不变的情况下，厂商对要素需求的数量也会变化。这种变化表现为整个需求曲线的平行移动。要素需求的变化，对要素市场均衡有重要影响。具体有两种情形：一种情形是需求增加，需求曲线向右方移动，与不变的供给曲线在 E_1 处相交，形成新的均衡。这时，均衡价格上升为 PF_1，均衡数量增加至 QF_1，如图 6-2（a）所示。同时，要素收入也相应地增加了，图 6-2（a）中横条阴影部分就是增加的收入部分。

另一种情形是需求减少，需求曲线向左方移动，与不变的供给曲线在 E_2 处相交，形成新的均衡。均衡价格下降为 PF_2，均衡数量减少至 QF_2。如图 6-2（b）所示。同时，要素收入也相应地减少了，图 6-2（b）中竖条阴影部分就是减少的收入部分。

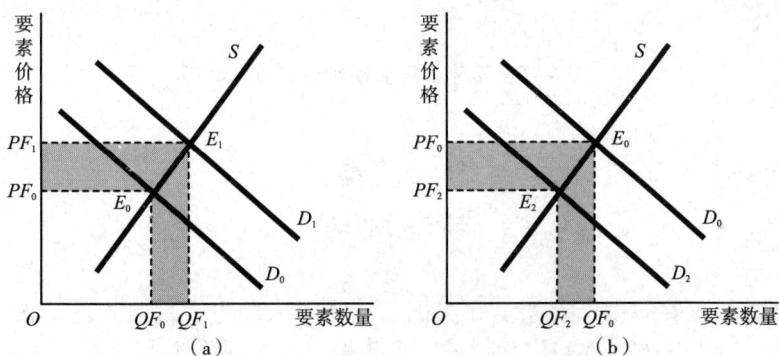

图 6-2 要素需求变动对均衡的影响

三、要素供给变动及其影响

在要素价格不变的情况下，要素所有者供给的要素数量也会变化。这种变化表现为整个供给曲线的平行移动。要素供给的变化，对要素市场均衡也有重要影响。具体也有两种情形：一种情形是供给增加，供给曲线向右方移动，与不变的需求曲线在 E_1 处相交，形成新的均衡。这时，均衡价格下降到 PF_1，均衡数量增加至 QF_1，如图 6-3（a）所示。但是，供给增加后收入如何变化，需要具体比较要素数量增加引致的收入增量和价格下降引致的收入减量。这同要素的需求弹性有关。

另一种情形是供给减少，供给曲线向左方移动，与不变的需求曲线在 E_2 处相交，形成新的均衡。这时，均衡价格上升为 PF_2，均衡数量减少至 QF_2，如图 6-3（b）所示。但是，供给增加后收入如何变化，需要具体比较要素数量减少引致的收入减少量和价格上升引致的收入增量。这同要素的需求弹性有关。

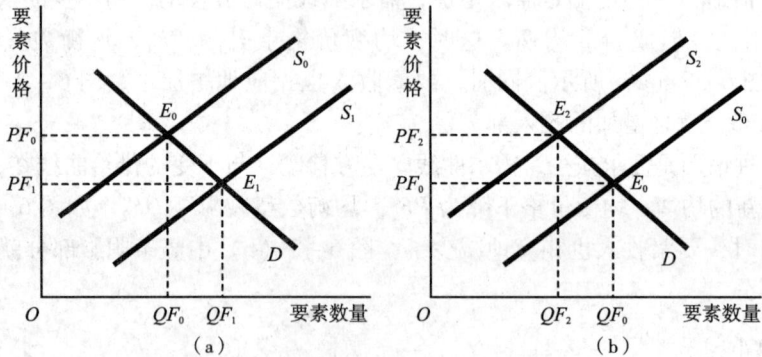

图 6-3　要素供给变动对均衡的影响

第二节

劳 动 市 场

劳动是最重要的生产要素。在美国，劳动收入约占全部收入的 70%。而且在长期中，这个比例还在稳定地增长。现代微观经济理论认为，劳动收入是由劳动市场决定的。本节考察劳动市场均衡，讨论工资率的决定。

一、劳动的需求

劳动是一种生产要素，厂商只有在组织生产时才需要购买劳动。所以，劳动的需求是指在一定时期内，在各种可能的工资率下，厂商愿意并且能够购买的劳动的数量。

（一）劳动需求的特点

厂商对劳动的需求与消费者对物品的需求有所不同。主要的是：消费者购买消费品是为了满足自己的消费需求，是一种直接的需求；而厂商购买劳动并不是为了满足自己的消费需要，而是为了生产物品，因而是一种间接的生产性需要。厂商对劳动的需求，取决于消费者对厂商产品的需要。所以，厂商对劳动的需求，是一种派生的需求。另外，厂商组织生产除了购买劳动要素外，还需要购买机器、设备、原材料等。所以，厂商对劳动的需求是一种互补性的需求或关联性的需求。

（二）劳动的需求曲线

在第一节讨论要素需求曲线时，我们曾经指出需求曲线是负斜率的。但当时没有解释它们为什么向右下方倾斜。本节结合劳动要素进行说明。

厂商购买劳动要素，是为了用劳动生产物品，取得利润。这就需要比较购买一定数量的劳动，能得到多少收益，需要支付多少成本，即成本—收益分析。只有劳动的边际收益能够补偿其边际成本，厂商才会愿意购买劳动。在微观经济分析中，劳动的边际收益一般用边际产品价值（VMP）表示。

劳动的边际产品价值是指厂商使用劳动时，增加一单位劳动所增加的收益。这和产量的边际收益不同。我们假定，产品市场是完全竞争的，因而厂商生产的产品价格是既定的。并且，用 VMP 表示劳动的边际产品价值，用 MP 表示劳动的边际产品、P 表示单位产品的价格，那么，劳动的边际产品价值就是：

$$VMP = MP \times P$$

在短期内，随着劳动投入量的增加，其边际产品是递减的，劳动边际产品曲线向右下方倾斜。由此决定，劳动的边际产品价值曲线也是负斜率的，如图 6-4（a）所示。

厂商按工资率（W）即劳动的价格购买劳动。在完全竞争的劳动市场上，工资率取决于劳动的市场供给曲线和市场需求曲线的交点。个别厂商只是既定工资率的接受者。因此，对个别厂商来说，其劳动成本曲线是一条从既定工资率出发的与横轴平行的直线。

根据利润最大化假设，厂商购买劳动时遵循的原则是：

$$VMP = W$$

或者

$$MP \times P = W$$

其经济逻辑是，如果 $W < VMP$，厂商增加一单位劳动所带来的收益大于所支付的成本，总收益会增加，厂商就会增加对劳动的购买。相反，如果 $W > VMP$，厂商增加一单位劳动所支付的成本大于其带来的收益，总收益会减少，厂商就会减少对劳动的购买。只有在 $VMP = W$，即劳动的边际产品价值等于工资率，总收益不变时，厂商对劳动的购买调整才会停止。所以，厂商在选择劳动购买量时，必须遵循 $VMP = W$ 的原则。

根据上述分析，我们就可以导出劳动的需求曲线，如图 6 - 4 所示。

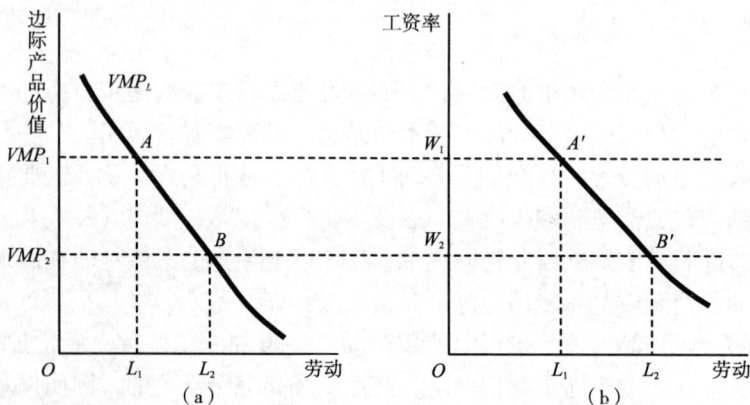

图 6 - 4　从劳动的边际产品价值曲线到劳动的需求曲线

在图 6 - 4 中，横轴代表劳动量，纵轴代表边际产品价值和工资率。其中，图 6 - 4（a）中的 L_1 与 WMP_1 决定了 A 点，L_2 与 WMP_2 决定了 B 点，连接 A 点和 B 点，得到 VMP 曲线。据 $VMP = W$，由 WMP_1 可以导出图 6 - 4（b）中的 W_1，以及对应的 L_1，并得到 A' 点。根据同样的方法，还可以得到 B' 点，连接这个两点，就可以得到劳动的需求曲线。该曲线说明，随着工资率下降，厂商愿意多买一些劳动。

以上讨论的是个别厂商的劳动需求曲线。把各个厂商的个别需求曲线水平相加，就得到行业的劳动需求曲线。其斜率仍然负，只是斜率更大了。

（三）劳动需求曲线的移动

如果工资率不变，其他因素变化了，厂商对劳动的需求量也会变化。这种变化叫劳动需求的变化。在坐标图上，这种变化表现为整条曲线的平行移动。影响劳动需求变化的因素很多，主要的有：

第一，产品价格，即消费者对厂商产品的需求。如果工资率不变，厂商的产品价格上升，对劳动的购买量就会增加，劳动需求曲线就会向右方移动。

从另一个角度看，厂商的产品价格上升，意味着该产品供不应求，厂商必然扩大生产规模，因而对劳动的需求会增加。

第二，资本价格的变化。在讨论生产函数时，我们曾经分析过，生产同量的产品，可以用不同的劳动和资本组合。换言之，劳动和资本可以相互替代。如果资本的价格上升了，劳动的价格不变，厂商就会多用相对便宜的劳动，劳动需求就会增加。相反，如果资本的价格下降了，劳动的价格不变，厂商就会少用相对昂贵的劳动，劳动需求就会减少。

第三，技术变化。技术进步会提高劳动生产率，用更少的劳动量生产同量的产品。在这种情况下，厂商对劳动的需求就会减少。在长期内，技术是不断进步的，所以厂商对劳动的需求有不断减少的趋势。但是，技术进步又会降低产品价格，刺激其市场需求增加，促使厂商扩大生产规模，进而雇用更多的劳动。这又会增加对劳动的需求。另外，技术进步会开辟新的生产领域，创造更多的就业岗位。从这个角度看，技术进步也有可能增加对劳动的需求。

二、劳动的供给

（一）劳动供给的特点

劳动供给是指在一定时期内，在各种可能的工资率下，消费者愿意并且能够出售的劳动量。消费者出售劳动，是为了获得工资收入，满足自己的需要。其目标是效用最大化。劳动本身没有效用，而且有负效用。

在一定时间内，消费者拥有的劳动资源（时间）是既定的。消费者拥有的时间资源，有一部分必须用于生存，其余的才能用于工作（劳动）和闲暇。因此，研究劳动的供给，实际上是研究消费者如何配置其既定的时间资源问题：供给市场的时间（工作）和保留自用的时间（闲暇）。

（二）劳动的供给曲线

劳动供给受多种因素影响，如工资率、偏好、风俗、人口总量和人口结构、非劳动收入等。现在，我们假定其他因素不变，只考虑工资率和劳动供给量之间的关系。

先讨论个人的劳动供给曲线。可以观察到，在收入水平较低时，随着工资率上升，个人供给的劳动量会增加。劳动供给量与工资率按相同的方向变化，劳动供给曲线向右上方倾斜。在收入水平较高时，随着工资率上升，个人供给的劳动量会减少。劳动供给量与工资率按相反的方向变化，劳动供给曲线向左上方倾斜，即劳动的供给曲线呈现出向后弯曲的特征。

图6-5显示了这种特征。在图中，横坐标代表提供的劳动小时数，以 H 表示，纵坐标代表工资率，以 W 表示。

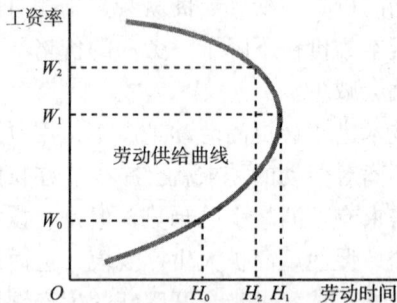

图6-5　劳动供给曲线

个人劳动供给曲线之所以如此，是由劳动的替代效应与收入效应决定的。

先看替代效应。在工资率较低时，比如为 W_0，劳动者提供工作的时间为 H_0。现在假定工资率上升了，这意味着闲暇的"价格"——机会成本也上升了。由于工作是劳动者收入的主要来源，在收入水平较低时，劳动者会选择工作而放弃闲暇，并且随着工资率的提高，劳动者会通过减少闲暇时间来增加劳动的时间。例如，当工资率提高到 W_1 时，工作时间也会增加到 H_1，因而劳动的供给曲线向右上方倾斜。

再看收入效应。但工资率增加到 W_1 后，收入的效用开始减少，而闲暇的效用将提高，人们会选择较多的闲暇，而减少工作时间。这样，劳动供给曲线就向后弯曲，变为负斜率了。

消费者的个人劳动供给曲线水平相加，就得到了市场供给曲线。某个人的供给曲线有向后弯曲的部分，但市场需求曲线一般是正斜率的。这是因为，不同居民户对闲暇和工作的偏好是不同的。工资率上升后，有人减少劳动供给，但也有人增加劳动供给。后者使劳动量增加。另外，市场上不断有新的劳动者进入，他们的供给曲线一般是正斜率的。所以，从总体上看，劳动供给曲线是正斜率的。

（三）劳动供给曲线的移动

在工资率不变时，有些因素变化了，劳动的供给量也会增加。这种变化表现为整条曲线的水平移动，叫供给的变化。影响劳动供给变化的因素很多，主要

的有:

第一,劳动者的偏好。指消费者对工作与闲暇的权衡与选择。如果人们普遍偏好工作,其供给曲线就会向右移动。

第二,人口规模和人口结构。其他条件不变,人口增加了,其中能提供劳动的人增加了,劳动供给曲线就会右移。人口结构是各种不同年龄段人口各自所占的比例。如果总人口中劳动年龄段的人多,劳动供给曲线就会右移。

第三,社会习俗。例如,有的国家女性结婚后就不工作了,其劳动供给就会较少。再如,在某些佛教地区,男孩到了一定年龄,就必须进入寺庙,其劳动供给也减少了。

第四,非劳动收入水平,如遗产水平。据统计,在美国,遗产超过 15 万美元的,不再工作的人是 2.5 万美元的 4 倍。彩票中奖者中,奖金 5 万美元以上的,25% 当年就辞掉工作;90% 以上的人减少了工作;奖金 10 万美元以上的,40% 的人不再工作。

三、劳动市场的均衡

同产品市场一样,劳动的市场供给曲线和市场需求曲线的交点,决定了劳动市场的均衡,决定了均衡工资率和均衡劳动量。如图 6-6 所示。

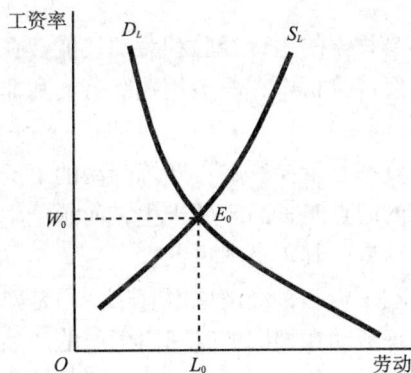

图 6-6　均衡工资的决定

在图 6-6 中,横轴代表劳动 L,纵轴代表工资 W,D_L、S_L 分别代表劳动的需求曲线和供给曲线。两者相交于 E_0,决定了均衡工资率为 W_0,劳动供给量和劳动需求量为 L_0。如果没有外部因素干扰,市场均衡将长期保持下去。如果供给曲线或需求曲线移动了，均衡工资率和均衡数量也会变化。其规律同产品市场变化规律相似。

四、工资差别

在实际生活中，还有许多因素会导致工资差别。其中主要的有：

（一）补偿性工资差别

补偿性工资差别是指由于工作舒适或不舒适而形成的工资差别。例如，如果两个工人的劳动技能和生产率相同，夜班比白班工资率高；井下作业比井上作业工资率高；野外作业比室内作业工资率高，等等。因为，如果没有这样的差别，工作条件舒适的工人供给会增加，致使一部分人找不到工作，工资率相应地下降；相反，不舒适工作的工人供给会减少，出现职位空缺，工资率相应地上升。经过市场自发调整，舒适工作和不舒适工作的工资率最终会出现差别，使有些工人愿意从事不舒适工作，劳动供给与需求达到均衡。

补偿性工资差别可以解释，为什么环卫工人、殡仪馆工人的工资率较高，而大学教师的工资率较低。

（二）人力资本与工资差别

人力资本是指人本身积累的生产经验和劳动技能。在现实世界中，人力资本表现出巨大的差异。在经济分析中，一般用熟练劳动和非熟练劳动，或受教育程度表示人力资本的差别。

人力资本差别对工资率有重要影响：熟练劳动的工资率高，非熟练劳动的工资率低。例如，博士生的起点工资高于硕士生，而硕士生又高于本科生。没有接受教育和培训的简单劳动者，其工资率更低。

人力资本之所以影响工资率，经济原因有二：一是熟练劳动的边际产品价值较高。可以观察到，熟练劳动在相同的时间内生产的产品多，即生产率高。当产品价格不变时，其边际产品价值必然较高。这会使熟练劳动的需求曲线右移，从而提高工资率。二是熟练劳动的边际成本较高。人力资本是人力资本投资的结果。这些投资包括在接受教育和培训过程中的直接投资和机会成本。例如，当一个人进入全日制学校时，他不仅要支付学费，还要放弃可能工作时的收入。这些教育费用和机会成本就构成人力资本的成本。有一些人是边工作，边接受培训。这就是在职培训。一般而言，工人在接受在职培训时，其收入要低于不接受培训时。两者之间的差额，就是培训的成本。人们接受的教育和培训越多，支付的成本越高。这就会使熟练劳动的供给曲线往左上方移动，从而提高工资率。

实证研究还发现，年龄对工资率也有重要影响。有些人往往将其归结为"论资排辈"，持否定态度。实际上，年龄与经验和所接受的培训密切相关。随着年龄增长，人们在"干中学"积累的经验多，接受的在职培训也多，因而熟练程度较高。年龄工资率体现的正是这种劳动差别，因而是符合经济逻辑的。

（三）工会与工资差别

在现代国家，工人有权组织工会，以争取和保护自己的利益。在不同的国家，工会有不同的组织形式。在美国，工会组织为产联—劳联。其中，产联是产业组织工会，即在同一行业或企业中的工会；劳联是行业工会，即有相似技能的工人的工会。目前，美国工会会员约占工人总数的20%左右。

工会的目标有三个：一是提高会员的工资率。二是增加会员的工作机会。三是改善会员的工作条件。

为了达到上述目标，工会作为会员的代表必须与雇主进行谈判。这种谈判被称为"集体议价"。在这个过程中，工会的主要武器是罢工，雇主的主要武器是停业。罢工是工人在现有条件下拒绝工作。停业是雇主在现有条件下拒绝经营和雇佣工人。双方经过博弈，有可能达成妥协，取得一致意见。有时双方也可能发生争执，这就需要通过第三方进行有约束性的仲裁。

工会在争取工人利益时，也会受到限制。一是在劳动供给方面，会受到非工会会员的竞争。二是在劳动需求方面，工会不能强迫雇主扩大对劳动的需求。

工会的行动类似于卖方垄断，对工资率有一定的影响。据弗里德曼研究，在美国，由于工会的存在，大致在10%～15%之间的工作人口得到大约10%～15%之间的工资率的提高。这意味着大约85%～90%之间的劳动人口的工资率减少了大约4%。其他学者的研究结果也大致如此。

从市场机制角度看，工会限制了劳动市场上的竞争，扭曲了劳动的正常使用方式，不利于整个社会和工人的利益；同时，它还通过减少条件最差工人可能有的机会，使工人阶级的收入更不均等。

（四）买方垄断与工资差别

如果劳动市场上只有一个买者，就出现了买方垄断。例如，随着生产规模的扩张，诸如煤矿、钢铁、纺织和汽车等大型企业，就有可能成为某些地区劳动的主要买主。而且，有些地方，一个企业就雇用了几乎全部工人。这些企业就成了买方垄断者。

同竞争企业相比，垄断买主可以压低工资，获得更多的利润。相应地，工人的利益会受到损害。

如果工人和雇主都具有垄断力量，工资率最终取决于双方谈判的能力和结果。

（五）歧视与工资差别

在美国，性别、种族等，对工资率也有影响。例如，在 1991 年，如果以美国白人男性工资率为 100%，那么，黑人男性的工资率约为白人男性工资的 72%，女性的工资率约为 56%。对于这种工资差别，有人认为是正常的，理由是不同集团的边际产品价值不同；也有人认为，这是性别、种族歧视，是不合理的。

第三节
资本市场

在生产条件中，除了劳动和土地外，还有一种重要因素——资本。资本服务的价格就是利率。它是由资本市场的供求均衡决定的。本节考察资本市场均衡，讨论利率的决定。

一、资本的需求

在微观经济分析中，资本被定义为由经济制度本身生产出来，并被用作投入，以便进一步生产出更多物品和劳务的物品。资本有三类：建筑物、设备和存货。

与劳动和土地等要素相比，资本有三个明显的特点：一是其数量可以改变，会随着生产的增长而不断积累。二是能够用于生产更多的其他物品，是生产的物质手段。三是只能用于生产过程，用于消费过程的则不是资本。例如，一辆轿车，用于出租就是资本，用于家庭代步就是消费品。

厂商租用或购买资本品，是为了用资本品生产物品，取得利润。这就需要比较租用或购买一定数量的资本，能得到多少收益，需要支付多少成本，即成本—收益分析。只有资本的边际收益能够补偿其边际成本，厂商才会愿意租用或购买资本品。根据已有的微观经济理论，资本的边际产品价值是递减的，而个别厂商面对的利率又是既定的。这样，租用或购买一定数量的资本品，就对应着一个边际产品价值。当边际产品价值等于利率时，资本量达到最优。由此决定，资本量与利率按相反的方向变化，或者说，厂商对资本的需求曲线也是向右下方倾斜的。

有许多因素影响厂商对资本的需求，其中主要的有：

第一，实际利率。对厂商来说，利率是使用资本品的成本。在收益既定的情况下，利率低，意味着成本低，收益多，因而会增加对资本的需求；相反，利率高，会减少对资本的需求。资本需求与利率按相反的方向变化。需要指出的是，利率有名义利率和实际利率之分。二者之差为通货膨胀率。在微观经济分析中，一般假定利率是实际利率。

第二，预期收益。厂商在进行投资决策，比较成本和收益时，考虑的是未来可能获得的收益，即预期收益。在成本既定的条件下，预期收益越高，投资的动力越强，对资本的需求也就越大。两者按相同的方向变化。影响预期收益的因素，主要的是生产成本和未来的产品需求。

第三，投资风险。一项投资从决策到资本品采购、安装、调试、投产，再到把产品送到市场上，往往需要很长的时间，有的需要若干年的时间。这期间，一切都会变化，或者说，有不确定性。因此，一笔投资有可能成功，获得丰厚的利润回报；也有可能失败，实际获得的利润很少，甚至亏损。这就叫投资风险。如果企业家对风险的态度相同，风险越大，投资需求就越小，两者按相反的方向变化。

二、资本的供给

从个人角度看，能够提供多少资本品，取决于其储蓄规模。储蓄是收入中没有用于消费的部分。所以，收入水平和消费决策就成为决定储蓄，进而决定资本供给的主要因素。

第一，收入。收入被认为是储蓄的源泉。在利率既定的条件下，人们的收入水平提高，愿意并且能够用于储蓄的部分就会增加。另外，收入的分配结构对储蓄也有影响。一般情形是，在总收入水平不变时，社会分配越均等，人际收入差距越小，社会储蓄就越多。

第二，利率。利率会影响人们的消费决策，从而影响储蓄。具体有两种情形。一种情形是，利率上升，意味着即期消费的价格提高，未来消费的价格降低，人们倾向于用未来的消费替代即期消费。这样，即期消费就会减少，储蓄相应地增加。这叫替代效应。另一种情形是，利率上升，意味着将来收入会增加，有些消费者现在就增加消费，储蓄反而减少，这叫收入效应。从个别的消费者来看，其储蓄曲线有可能向后弯曲。但是社会储蓄曲线一般是正斜率的。或者说，随着利率上，社会总储蓄会增加，两者按相同的方向变化。

第三，文化传统。一个社会的文化传统对储蓄也有重要影响。一个崇尚节俭的社会，往往会有较高的储蓄率，而一个崇尚消费的社会，其储蓄率往往较低。

在上述诸因素中，实际利率决定着资本供给曲线的形状，其他因素则决定着资本供给曲线的位置。

三、资本市场的均衡

同其他要素市场一样，资本的市场供给曲线和市场需求曲线的交点，决定了资本市场的均衡，决定了均衡利率和均衡资本量。如图 6 - 7 所示。

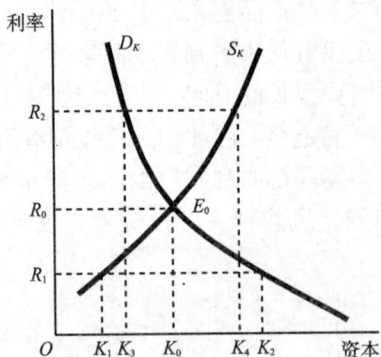

图 6 - 7 利率的决定

在图 6 - 7 中，横坐标代表资本 K、纵坐标代表利率 R，D_K、S_K 分别代表资本的需求曲线和供给曲线。如果初始利率水平为 R_1，资本的需求量为 K_2，供给量为 K_1，即资本的需求量大于资本的供给量，那么，利率水平 R 就会上升。如果初始利率水平为 R_2，资本的需求量为 K_3，供给量为 K_4，即资本的供给量大于资本的需求量，那么，利率水平 R 就会下降。经过多次调整，当资本需求量和供给量相等时，市场达到均衡，均衡利率为 R_0，均衡资本量为 K_0。

如果没有外部因素干扰，这种资本市场均衡将长期保持下去。如果市场受到需求冲击，例如，需求曲线向右移动，利率就会上升；相反，如果需求曲线向左移动，利率就会下降。

|第|四|节|
土地市场

土地是农业生产的基础条件，也是工业生产的载体，因而是重要的生产要素。土地服务的价格是地租，也是由土地市场的供求均衡决定的。本节考察土地市场均衡，讨论地租的决定。

一、土地的特点

经济分析中所说的土地，是一个含义非常广泛的概念，一般是指所有的自然资源，包括（狭义上的）土地、河流、地下资源、原始森林等。这些资源是大自然赋予人类的，非人为生产出来的（后者一般称为资本）。

土地资源有两个重要特点：一是位置固定不变，不可移动。由此造成土地分布、肥沃程度不同。在城镇中，土地位置对住房生产有重要影响。二是数量固定。不管价格是上涨还是下跌，土地的总量是不会变化的。

在农业生产中，土地的肥沃程度取决于自然因素与投资因素。例如，我国东部平原地区的土地较肥沃，而西部山区的土地较贫瘠。一个重要原因是两个地区的自然条件不同。西部地区干旱少雨，东部地区风调雨顺。土地投资是指改良农田的支出，如农田水利、电网和交通设施建设等。农业投资不同，土地的肥沃程度也有所差别。

地租一般被认为是土地服务的价格，或者是使用土地的代价。对土地所有者来说，地租是土地的收益。根据对土地肥沃程度因素的分析，微观经济学认为，土地的收益包括两部分：一部分是土地的纯收入，即基于自然赋予的特性而取得的收入。这部分收入不需要人们付出任何劳动，因而也是真正的地租。另一部分是投资收入，即通过对土地的投资而使土地改良所获得的收益。这部分收入是人们投资的结果。

二、土地的需求

土地的需求，是指厂商（主要是农场主）对应于一定水平的地租，愿意并且实际租用的土地数量。农场主租用土地，是为了用土地生产物品，取得利润。这就需要比较租用一定数量的土地，能得到多少收益，需要支付多少成本，即成本—收益分析。只有土地的边际收益能够补偿其边际成本，农场主才会愿意租用土地。根据已有的微观经济理论，土地的边际产品价值是递减的，而个别农场主面对的地租又是既定的。这样，租用一定数量的土地，就对应着一个边际产品价值。当边际产品价值等于地租时，土地租用量达到最优。由此决定，土地与地租按相反的方向变化，或者说，农场主对土地的需求曲线也是向右下方倾斜的。

随着人口增加，对农产品的需求和农产品的价格会不断上升，进而带动土地的边际产品价值上升，土地需求曲线右移。另外，技术进步还会拉动农业生产率上升，边际产品价值提高。这也会使土地的需求曲线右移。

从长期趋势看，农产品价格有不断上升的趋势，因而对土地的需求也不断上升。我国的基本国情是人多地少，土地资源极其稀缺，土地价格持续上升是不可避免的。

三、土地的供给和土地市场的均衡

土地的供给是指土地所有者在各种可能的租金水平下愿意并且实际供给的土地数量。从总体上说，土地供给量是固定的，且对价格完全缺乏弹性。因而，土地的供给曲线是一条在既定供给量上的垂线，如图 6－8 所示。

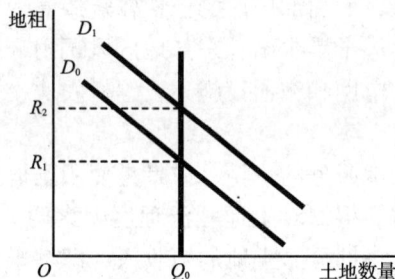

图 6－8 地租的决定

在图 6－8 中，横轴代表土地的数量，纵轴代表地租。土地供给曲线 Q_0 和土地需求曲线 D_0 的交点，决定了土地市场的均衡。其中，均衡土地量为 Q_0，均衡地租为 R_1。

如果没有外部因素干扰，这种土地市场均衡将长期保持下去。如果市场受到需求冲击，例如需求曲线由 D_0 向右移动到 D_1，地租就会由 R_1 上升到 R_2。

四、租金、准租金和经济租金

根据地租的概念，现代微观经济理论又发展出许多相关的租金概念。主要的有：租金、准租金和经济租金。

（一）租金

地租有一个重要特点，即与土地的固定供给相联系。在经济生活中，除了土地外，还有一些生产要素的供给也是固定的。例如，歌星、体育明星、画家等特殊人才的天赋能力，也是固定不变的。这些供给固定不变的资源的服务价格，被称为租金，以区别于土地的价格——地租。我国篮球运动员姚明的天价报酬，就是一种典型的租金收入。

土地的供给是固定不变的。所以，地租是租金的一种具体形式。

（二）准租金

在讨论生产理论时，我们曾经分析过，在长期内，所有的要素都是可变的，不存在固定供给问题。但是，在短期内，有些要素就是固定不变的，如厂房、机器和设备等。根据租金概念，这些在短期内供给固定不变要素的收益，叫准租金。

在量上，准租金相当于总固定成本和经济利润之和。

（三）经济租金

从租金的定义来看，要素的固定供给不受要素价格的影响。就是说，要素价格上升，要素供给不会增加；相反，要素价格下降，要素供给也不会减少。据此，经济学家把租金看成是这样一种收入：从要素的全部收入中减去这一部分，并不会影响其供给。例如，在产品市场达到均衡时，从产品收入中减去生产者剩余，并不会影响厂商决策和要素供给。对于这一部分要素的收入（相当于生产者剩余），经济学家称之为"经济租金"。经济租金实质上是价格超过成本的部分，是经济利润。垄断厂商获得的垄断利润也是经济租金。所以，垄断厂商谋求垄断地位的活动，被称为"寻租"。

第五节
经济不平等

在市场经济中，产出或收入是按投入的要素数量和要素使用效率（价格）分配的。实践表明，按照这个原则分配，必然导致社会收入分配不均等，或收入两极分化。本节运用洛伦兹曲线和基尼系数，分析一国收入分配的不均等状况。

一、洛伦兹曲线

在研究美国收入分配数据时，美国统计学家洛伦兹提出了著名的洛伦兹曲线，用以衡量收入分配的不均等状况。

洛伦兹在收集到美国收入分配的相关数据后，首先将社会人口平均分成五个等级，每一等级人口占总人口的比例为 20%；然后计算出每一等级人口的收入在国民收入中占的份额，并按份额的大小从低到高排序；最后将人口累积的百分比和收入累积的百分比对应地描绘在图 6-9 中，即得到洛伦兹曲线 OLY。

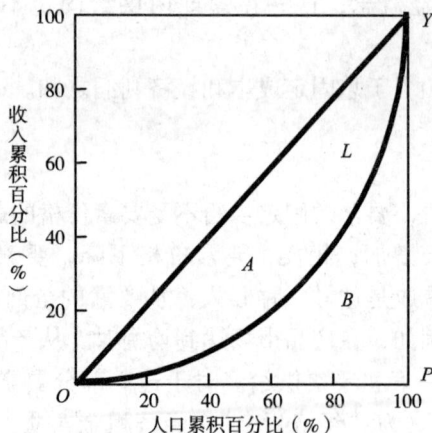

图 6-9　洛伦兹曲线

在图 6-9 中，横坐标代表人口累积的百分比，纵坐标代表收入累积的百分比。45°线 OY 为绝对均等线，其经济学含义是，任意比例的人口得到相同比例的国民收入，表明社会收入分配是完全均等的。相应地，OPY 线为绝对不平等

线，其经济学含义是，一个人占有全部的国民收入，其余人的收入总和为零，即
收入分配绝对不均等。在实际经济生活中，收入分配绝对均等和绝对不均等是极
端情况，很少见。一般情况是，一国收入分配既不是绝对均等，也不是绝对的不
均等，而是介于二者之间，即曲线 OLY 所表示的情况。显然，曲线 OLY 越接近
45°线 OY，社会收入分配越均等。相反，曲线 OLY 越远离 45°线 OY，社会收入
分配越不均等。

二、基尼系数

在洛伦兹曲线的基础上，意大利经济学家基尼又提出了基尼系数，用以衡量
收入分配的不均等状况。

在图 6-9 中，45°线与洛伦兹曲线 OLY 所围成的部分 A，叫做"不平等面
积"；当收入分配达到完全不平等时，洛伦兹曲线成为折线 OPY，OPY 与 45°线
之间的面积（A + B）就是"完全不平等面积"。不平等面积和完全不平等面积
之比，称为基尼系数。如果用 G 代表基尼系数，该系数的定义式为：

$$G = \frac{A}{A + B}$$

显然，$0 \leqslant G \leqslant 1$。基尼系数越小，个人收入分配越平等；基尼系数越大，个
人收入分配越不平等。

运用基尼系数，可以衡量一国收入分配的不均等状况，也可以比较不同国家
收入分配和社会发展状况。国际上通用的基尼系数标准如表 6-1 所示。

表 6-1　　　　　　　　　　　　　基尼系数标准

基尼系数 G	收入分配
$G < 0.2$	绝对均等
$0.2 \leqslant G < 0.3$	比较均等
$0.3 \leqslant G < 0.4$	基本合理
0.4	临界点
$0.4 < G \leqslant 0.5$	比较不均等
$G > 0.5$	两极分化

本章小结

1. 生产要素的供给曲线向右上方倾斜，需求曲线向右下方倾斜，两者的交点决定了要素市场的均衡价格和均衡数量。要素的供给或需求变化了，要素价格和要素数量也会相应地变化。

2. 厂商对劳动的需求取决于劳动的边际产品价值和工资率的比较。对个别厂商来说，工资率是既定的，劳动的边际产品价值呈递减趋势，因此，劳动的市场需求曲线是向右下方倾斜的。个人的劳动供给曲线有可能向后弯曲，但劳动的市场供给曲线是正斜率的。劳动供给曲线和需求曲线的交点，决定了劳动市场的均衡、均衡工资率和均衡劳动量。工作条件、人力资本、工会以及性别和种族歧视等因素，对工资率也有重要影响。

3. 农场主对土地的需求取决于土地的边际产品价值和地租率的比较。对个别农场主来说，地租率是既定的，土地的边际产品价值呈递减趋势，因此，土地的市场需求曲线是向右下方倾斜的。在一定时期，土地总量是既定的，因而土地的市场供给曲线是垂直的。土地供给曲线和需求曲线的交点，决定了土地市场的均衡和均衡地租率。在地租范畴的基础上，可以引申出租金、准租金和经济租金等范畴。

4. 厂商对资本的需求取决于资本的预期收益和利率的比较。对个别厂商来说，利率是既定的，资本的预期收益呈递减趋势，因此，资本的市场需求曲线是向右下方倾斜的。资本的供给取决于消费和储蓄决策。储蓄是收入中消费后剩余的部分。储蓄取决于收入、利率和社会习俗等因素。在其他条件不变时，储蓄与利率按相反的方向变化。相应地，资本的供给曲线是向右上方倾斜的。资本供给曲线和需求曲线的交点，决定了资本市场的均衡、均衡利率和均衡资本量。

5. 按要素分配必然导致收入分配的不均等。经济学家用洛伦兹曲线和基尼系数来衡量收入分配的不均等状况。洛伦兹曲线是表示一国按人口累积的百分比与该百分比所占有的国民收入之间的关系，能够反映社会收入分配的不均等状况。根据洛伦兹曲线，可以得到衡量收入分配不均等状况的基尼系数。运用基尼系数，可以衡量一国收入分配的不均等状况，也可以比较不同国家收入分配和社会发展状况。

思考题

1. 简述生产要素需求的特点。
2. 简述完全竞争厂商对生产要素的使用原则。
3. 试分析劳动供给曲线的特征。
4. 试比较地租、租金和准租金。
5. 试比较正常利润与经济利润。
6. 何为洛伦兹曲线、基尼系数。

📚 **专栏**

我国居民收入变化趋势（1978～2009 年）

1. 相对收入持续下降。据统计，从 1978 年到 2009 年，我国居民的绝对收入不断增长，城镇居民家庭人均可支配收入由 343.4 元增加到 17 175 元，农村居民人均纯收入由 133.6 元增加到 5 153 元，分别上涨 50 倍和 38 倍。但是，我国居民同期的相对收入却持续下降。例如，从 1992 年到 2007 年，我国居民收入占 GDP 的比重由 68.6% 下降到 52.3%。根据全国政协经济委员会副主任郑新立计算，这一比例目前又下降到 43%。

具体来看，我国居民相对收入下降表现在三个方面：

首先，"利润蚕食工资"，收入分配向企业倾斜。据统计，1998 年，国有及规模以上工业企业的工资总额是企业利润的 2.4 倍，到 2005 年下降到 0.43 倍；1998 年，国有及规模以上工业企业的利润占工业增加值的比重是 4.3%，到 2006 年上升到 21.36%。2009 年，我国工业增加值 134 625 亿元，1～11 月全国规模以上工业企业累计实现利润 25 891 亿元，占全年工业增加值的比重是 19.23%，如果按此速度推算，全年累计实现利润将超过工业增加值的 21%。高利润必然抑制工资性收入增长。近年来，我国劳资关系趋于紧张，工资纠纷不断增多，有时还出现暴力维权或命案，其经济原因就是企业主的利润侵蚀雇工的工资收入。

其次，财政收入增长快于居民收入增长，收入分配向政府倾斜。近 10 年来，我国财政收入年均增长速度均在 20% 以上，高于同期 GDP 年均 9% 的增长速度，更高于居民个人收入 6% 的年均增长速度。其他行政性收费增长也很快。据统计，2009 年，全年财政收入 68 477 亿元，占当年 GDP（335 353 亿元）的 20.4%，比上年增加 7 147 亿元，增长 11.7%；其中税收收入 59 515 亿元，增加 5 291 亿元，增长 9.8%。而当年城镇居民收入增长 8.8%，农村居民收入增长

8.2%，分别比财政收入增长低 1 个和 1.6 个百分点。按照我国居民人均收入计算，2009 年的财政税收相当于近 4 亿城镇居民同年全年的可支配收入，也等于 13.3 亿农民上年全年的纯收入。根据陈志武的计算，2008 年，政府财政收入相当于 3.9 亿城镇居民同年的收入，12.9 亿农民的纯收入；2002 年，政府财政收入等于 2.5 亿城镇居民的收入，7.6 亿农民的纯收入；1996 年，新财政体系之初，政府财政收入等于 1.5 亿城镇居民一年的可支配收入，3.8 亿农民的纯收入。这一系列数据的变化说明，从 1996 年到现在，我国国民收入分配持续向政府倾斜。就是在金融危机冲击下的 2008 年和 2009 年，财政税收的增长速度仍然超过了 GDP 和居民收入的增长速度。

最后，财产性收入增长缓慢。居民收入由两部分构成，一是劳动性收入；二是财产性收入。光靠劳动性收入，居民富不起来；只有增加财产性收入，居民才能富起来。美国人的收入里面，40% 多是财产性收入，50% 多是劳动性收入，所以美国中产阶级的比例比较大。目前，我国居民的财产性收入所占的比例只有 1.8%。原因是，我国居民的财产很少。例如，农民的主要财产是土地，但土地不能流转，农民得不到土地增值收入。城郊农民的土地增值部分，基本上被政府收走了。城镇居民的银行存款利息、股票分红和债券收入等财产性收入也微乎其微。所有这些，都抑制了财产性收入增长和居民总收入增加。

2. 收入差距不断扩大。消费需求取决于收入和边际消费倾向两个因素。在居民收入一定时，消费需求就取决于边际消费倾向（增量消费占增量收入的比率）。纵向地看，不管是家庭还是经济社会，随着绝对收入的增长，其边际消费倾向都会逐渐下降。横向地看，如果收入分配向高收入家庭倾斜，不同家庭间的收入差距拉大，社会总体边际消费倾向就会下降。改革开放以来，我国城镇居民的边际消费倾向由 1990 年的 0.9197 下降到 2007 年的 0.6419。其中，收入分配差距扩大，是一个重要原因。

统计数据显示，改革开放以来，我国收入分配差距呈不断扩大的趋势。从总体态势看，1978 年，我国的基尼系数为 0.331。从 1984 年起，该系数开始攀升，到 2007 年上升到 0.473。按照国际通行标准，0.2 以下为"高度平等"，0.2 到 0.4 为"低度不平等"，0.4 以上为"高度不平等"。我国现在是 0.473，意味着收入分配不平等问题已经相当突出。从具体态势看，在城镇居民内部，收入最高的 20% 的家庭与收入最低的 20% 的家庭人均收入之比，2000 年是 3.61:1，到 2006 年扩大为 5.56:1；在农村，则由 6.47:1 扩大为 7.17:1。城乡之间的收入差距，在 2007 年也上升到 3.33:1 的历史高位。行业之间的收入差距，2000 年是 2.6:1，2008 年是 4.77:1。东西部地区之间的收入差距，1985 年是 2.01:1，

2008 年扩大到 2.69：1。

财产或储蓄是收入的转化形式。居民家庭的财产或储蓄，在一定程度上可以反映收入分配的差距。财政部最近的统计数据显示，我国 10% 的富裕家庭其财产约占城市居民全部财产的 45%，而 10% 的最低收入家其财产仅占 1.4%。在城镇居民储蓄存款中，80% 的中低收入家庭储蓄率为 8.77%，20% 的高收入家庭（高收入户和最高收入户）对城镇居民总储蓄的贡献率平均达到 64.4%，个别年份达到 76%。在农村，80% 的农村家庭的平均储蓄率为 9.2%，20% 的高收入家庭对农村居民总储蓄的贡献平均为 63.5%。这也表明，我国当前的收入分配不平等问题相当突出。

第七章 市场失灵与政府规制

古典学派的假设条件只适用于特殊情况，而不适用于一般通常的情况。古典学派所假设的情况是各种可能的均衡状态中的一个极端之点。……如果我们企图把古典理论应用于来自经验中的事实的话，它的教言会把人们引入歧途，而且会导致出灾难性的后果。

——约翰·梅纳德·凯恩斯：《就业、利息和货币通论》

本章内容提要：
- 垄断导致的市场失灵，以及政府对垄断的规制
- 外部性导致的市场失灵，以及政府对外部性的干预
- 公共物品导致的市场失灵，以及政府如何提供公共物品
- 信息不对称导致的市场失灵，以及信息经济学

2009 年 3 月 18 日，我国商务部正式宣布，根据中国反垄断法禁止可口可乐收购汇源。这是反垄断法自 2008 年 8 月 1 日实施以来首个未获通过的案例。政府为什么会干预一家企业的并购行为呢？学习本章内容，你将看到，市场机制在很多时候并不能导致资源的有效配置，这种情况被称为"市场失灵"。导致市场失灵的主要因素是：垄断、外部性、公共物品和信息不完全等。政府规制有助于消除或缓解市场失灵。

|第|一|节|
垄　　断

一、垄断与低效率

在经济分析中，一般用完全竞争市场作为参照系，讨论垄断造成的市场失灵和低效率。前面已经分析过，垄断厂商按照 $MR = MC$ 的原则选择其最优产量。

由于垄断厂商的需求曲线是向右下方倾斜的。由此决定，垄断厂商的价格比完全竞争市场的价格要高，产量却比完全竞争市场的低，资源配置处于低效率状态中。

如图 7－1 所示，横轴表示产量，纵轴表示价格。曲线 D 和 MR 分别为该厂商的需求曲线和边际收益曲线，曲线 MC 为垄断厂商的边际成本曲线。按照 $MR = MC$ 的利润最大化原则，垄断厂商的均衡点为 E_1，对应的均衡产量为 Q_m，在该产量上的垄断价格为 P_m。对于这样一种经济安排，如果不存在一种方式能够在其他人情况没有变坏的情况下，使得任何人的境况得以改善，那么，它就是有效率的。反之，如果存在一种方式能够在其他人情况没有变坏的情况下，使得一人的境况得以改善，那么，它就是低效率的。根据这一标准，我们研究一下该垄断厂商的产量水平是否有效率。

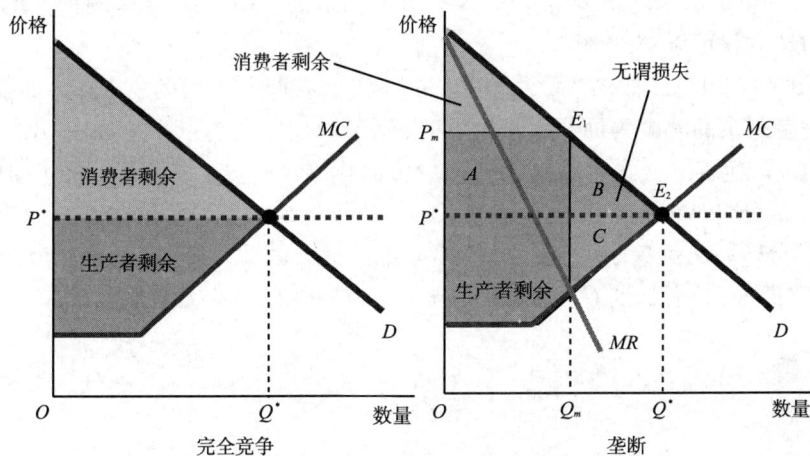

图 7－1　垄断、低效率和无谓损失

从图 7－1 中可知，在垄断厂商的均衡产量 Q_m 上，消费者为购买额外一单位商品所愿意支付的价格为 P_m。由于 $P_m > MC$，因此，一定有人愿意为一单位的产量支付高于其生产成本的价格。如果厂商生产这一单位产品，并按照低于 P_m 的价格 P 出售给这个人，即 $P_m > P > MC$，那么这个消费者的状况就得到了改善，因为他为产品支付的价格 P 低于其愿意支付的价格 P_m。同时，垄断厂商为这一单位产品所增加的生产成本 MC 低于其出售价格 P。出售这一单位的额外产量之后，双方都获得了一些额外的剩余，双方的情况都得到了改善。由此可见，产量 Q_m 并非有效率的产量水平。

很明显，在 Q_m 到 Q^* 之间的产量区域内，消费者为购买额外一单位产量所

支付的价格 P_m 超过了生产该单位产量所引起的成本。因此，Q_m 到 Q^* 的产量范围内都是低效率的。那么有效率的产量水平是多少呢？从图 7-1 中我们可以看到，在 Q^* 的产量水平上，消费者为额外购买一单位产品所愿意支付的价格为 P^*，刚好等于垄断厂商为生产额外一单位产品所支付的成本。此时，如果厂商继续额外生产一单位的产品，并仍旧按 P^* 的价格出售，那么其成本必然高于其出售价格，在消费者的状况没有改变的情况下，厂商的状况恶化。因此，Q^* 是有效率的产量水平。

既然垄断是低效率的，那么，这种效率损失有多大呢？我们再看图 7-1。在图中，有效率的产量出现在 Q^* 的水平上，对应的价格为 P^*。在此处，消费者为额外一单位产量所支付的数量等于生产该单位产量所引起的成本。此时，不再存在福利增进的余地。因此，Q^* 是有效率的最优产出。如果能够将产量由 Q_m 增加到 Q^*，就可以实现效率。

由图 7-1 可见，如果产量由 Q^* 减少到 Q_m，垄断厂商的剩余增加为面积 $A-C$，消费者剩余的减少为面积 $A+B$，两者剩余增加之和为 $(A-C)-(A+B)=-(B+C)$。换言之，两者剩余之和减少了面积 $(B+C)$。在垄断厂商增加的剩余中，A 部分是从消费者那里转移过来的，B 部分则消失，而消费者减少的剩余中，A 部分转移给了垄断厂商，而 C 部分也消失。因此，$B+C$ 的面积就是垄断厂商将产量由 Q^* 减少到 Q_m 的额外净损失，也叫做社会的无谓损失。

二、寻租

在图 7-1 中，垄断厂商凭借垄断地位可以把消费者剩余 A 变成自己的利润。这表明，取得和维持垄断经营权，对厂商来说是值得的。而这种垄断地位往往是政府用行政权力赋予的。这样，厂商就有激励向政府（有关部门）游说，争取这种垄断经营权。在经济分析中，垄断利润被称为租金。所以，这类游说活动被称为"寻租"。

寻租需要花费代价，如为竞选捐款、通过宣传间接发生作用、直接向政府官员和议员行贿等。这些费用没有用于生产，没有创造出任何有用的产出，完全是一种"非生产性的寻利活动"。

对于单个厂商来说，寻租成本的上限是其经济利润，即相当于图 7-1 中 A 的部分，否则就得不偿失了。但是，当多家厂商同时寻租时，它们之间就会出现竞争，寻租的代价就可能很大。并且，随着竞争激烈程度的加剧，这种代价也会大幅度增加。因此，寻租活动造成的经济损失不仅仅包括图 7-1 中的 $B+C$ 部分，还包括了垄断厂商的经济利润 A，甚至更多。

三、政府对垄断的规制

鉴于垄断会造成市场失灵，导致资源配置低效率，并引发寻租活动和政治腐败，因而政府一般都会对垄断进行规制。其主要办法有：

（一）反托拉斯法

欧美国家的做法主要是制定和执行遏制垄断的反垄断法和反托拉斯法规，以避免和减少垄断。从 1890 年到 1950 年，美国国会通过了一系列法案，反对垄断。其中，主要的有《谢尔曼法》（1890）、《克莱顿法》（1914）、《联邦贸易委员会法》（1914）、《罗宾逊－帕特曼法》（1936）、《惠特－李法》（1938）、《塞勒－凯弗维尔法》（1950）。这些法规被统称为反托拉斯法。

有关反托拉斯法规定，限制贸易的协议和共谋、垄断和企图垄断市场、兼并、排他性规定、价格歧视、不正当竞争或欺诈行为等都是非法的。例如，《谢尔曼法》就规定，凡以托拉斯或其他形式，或以相互勾结的形式签订协议或从事联合，以限制州际或对外贸易与商业者，均属非法；凡垄断或企图垄断，或与其他任何人联合或勾结，以垄断州际或对外贸易与商业者，均作为刑事犯罪。美国反托拉斯法的执行机构是联邦贸易委员会和司法部反托拉斯局。

自 20 世纪末开始，至今仍未结束的微软反垄断案就是一个典型案例。1997 年 10 月，美国司法部指控微软垄断操作系统，将浏览器软件与视窗操作系统软件非法捆绑销售。1998 年 10 月，微软反垄断案正式立案，法官认定微软公司滥用了自己在个人电脑操作系统领域的绝对优势，凭借着 Windows 系统的独占优势，不正当地抢占其他市场，打压竞争对手，阻碍技术进步，从而构成了违法的垄断行为。在此后旷日持久的案件审理过程中，欧盟、日本和韩国也就微软的垄断行为展开调查，并先后裁定微软涉嫌利用垄断进行不正当竞争。自 2004 年 3 月以来，欧盟给微软开出的罚单，已经累计达到 16.8 亿美元。其中最大的一单是 2008 年 2 月 27 日开出的 8.99 亿欧元（约合 13.5 亿美元）的罚单，根据是微软公司拒不执行欧盟的反垄断决定。

我国《反垄断法》于 2008 年 8 月 1 日起正式生效。该法严格禁止三种垄断行为，即：经营者达成垄断协议；经营者滥用市场支配地位；具有或者可能具有排除、限制竞争效果的经营者集中。其中，垄断协议是指两个或者两个以上的经营者（包括行业协会等经营者团体），通过协议或者其他协同一致的行为，实施固定价格、划分市场、限制产量、排挤其他竞争对手等排除、限制竞争的行为；市场支配地位是指经营者在相关市场上没有竞争者，或者相对于其他竞争者具有明显的或者突出的优势，从而有能力在相关市场控制商品价格、数量或者能够阻碍其他经营者进入相关市场；经营者集中是指经营者通过合并、资产购买、股份购买、合同约定（联营、合营）、人事安排、技术控制等方式取得对其他经营者的控制权或者能够对其他经营者施加决定性影响的情形。此外，《反垄断法》还设立专章对滥用行政权力排除、限制竞争做出禁止性规定。

（二）价格规制

对于自然垄断厂商，政府通常会对其价格进行规制。例如，自来水、煤气和电力的价格一般都是由政府规定的，厂商不能收取它们想收取的任何价格。

政府应当为自然垄断者规定什么样的价格水平呢？一种观点认为，价格应该等于垄断者的边际成本。其根据是，厂商有效率的产量出现在边际社会收益等于边际社会成本的水平上，即价格等于边际成本的产出水平。在图 7 – 2 中，就是将价格定为 P_{MC}，相应的产出为 Q_{MC}。这就是经济学上所说的边际成本定价法。

边际成本定价会遇到两个问题。第一个问题是对于某些自然垄断行业来说，这样定价有可能会导致厂商亏损，亏损额为平均成本减去价格，即图 7 – 2 中的阴影面积。如果长期亏损，厂商就会离开该行业。针对这一问题，政府可以补贴垄断厂商，其补贴额相当于亏损部分。这种办法的实质，是政府承担边际成本定价固有的亏损。其缺陷是，如果政府支付补贴，就需要通过增加税收筹措收入，这又会引起税收本身固有的无谓损失。

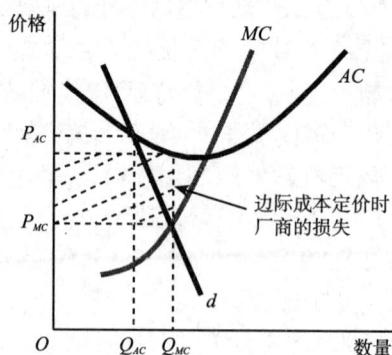

图 7 – 2　管制自然垄断

　　按边际成本定价的第二个问题是，厂商没有降低成本的激励。在竞争市场上，低成本意味着高利润，所以每个厂商都有动力降低成本。相反，垄断厂商知道，只要降低成本，规制者就会降低规制价格，垄断者不可能从降低成本中得到好处。所以，厂商没有动力去降低成本。

　　此外，实施按边际成本定价方法，规制者面临着一个如何取得厂商真实成本资料的问题。因为，垄断厂商往往利用信息优势，隐瞒成本信息，这必然增加规制者获取成本资料的困难。在美国，通常是由一个共用事业委员会负责调查垄断厂商的成本，以确定实际的成本，然后再确定一个能够补偿成本的价格。

　　另一种观点认为，价格应该等于垄断者的平均成本，即 P_{AC}，对应的产出为 Q_{AC}。其根据是，$AC = AR$，利润等于零，是"公平"的价格。问题是，该产出小于有效率的产出 Q_{MC}。此时，边际社会收益大于边际社会成本。如果增加产量，将会增加社会总收益。因此，产出 Q_{AC} 处于低效率的产出水平。

（三）资本回报率规制

　　政府还可以通过为自然垄断厂商规定一个接近于"竞争的"或"公正的"资本回报率，来控制垄断厂商的价格和利润。政府规定的资本回报率，在量上应当等于资本在相似技术、相似风险条件下所能得到的平均市场报酬。从理论上说，在自然垄断厂商成本既定的条件下，政府控制了资本回报率，就基本上控制住了垄断厂商的销售价格和利润。

　　但是，在资本回报率规制实践中，规制者会遇到一些不易解决的问题。主要的有：一是什么是"公正的"资本回报率？界定资本回报率是否公平的客观标准是什么？对这些问题，规制者和被规制者的看法往往大相径庭，致使彼此纠缠，互不相让，很难决定。二是资本量不好估计。要确定厂商的利润率，必须先确定其未折旧的资本量，而如何估计其未折旧的资本量，实践中还没有好办法。不仅如此，厂商还拥有更多关于自身资本量和产量的信息。它们会利用信息优势与规制者博弈。这也增加了规制者估计未折旧的资本量的困难。三是规制有滞后性。规制者计算、制定、公布并实行资本回报率，是一个过程，需要一定的时间。当厂商的成本和市场条件发生变化时，规制机构不可能对这种变化随时做出反应，从而造成规制利润率与实际利润率脱节，影响其规制效果。这种情形被称为"规制滞后"。据考察，在美国价格规制滞后的时间短则一年，长的则达到两年。规制滞后对不同的厂商有不同的影响。一般情形是，规制滞后对成本下降的厂商有利，而对成本上升的厂商不利。因为，对成本下降的厂商而言，在新的"公正的"资本回报率颁布之前，可以仍然执行原来相对较低的资本回报率；相反，对成本上升的厂商而言，在新的"公正的"资本回报率颁布之前，必须执行原来相对较高的资本回报率。

|第|二|节|

外 部 性

一、外部性的定义与分类

外部性是指某个人或厂商的经济活动对没有参与这种活动的人或厂商的影响。外部性有外部经济（正外部性）和外部不经济（负外部性）两种情形。外部经济是指某个人或厂商的经济活动，给没有参与这种活动的人或厂商带来了好处或利益，但自己却没有得到相应的补偿（私人收益＜社会收益）。例如，蜂农在果园附近放蜂，蜜蜂为果树传粉，就产生了外部经济。外部不经济是指某个人或厂商的经济活动，给没有参与这种活动的人或厂商带来了损害或成本，但自己却没有承担这部分成本（私人成本＜社会成本）。例如，造纸厂将污水排入鱼塘，导致池鱼死亡，就产生了外部不经济。

外部性的产生可能来自于生产过程也可能来自于消费过程。一个生产企业的生产行为可能会影响到其他企业的生产或其他消费者的消费行为，同样，一个消费者的消费行为可能影响其他消费者的消费或其他生产企业的生产行为。分类方式见表 7-1。

表 7-1　　　　　　　　　　　　　　外部性的分类

项　　目	正外部性	负外部性
生产者对生产者	养蜂人养的蜜蜂为果农的果树授粉	企业对河流的污染影响下游渔业
生产者对消费者	果园对于自然爱好者的景观效应	企业造成的环境污染使周围不动产减值
消费者对生产者	消费者之间的关于产品信息传播形成的对产品的宣传	狩猎者干扰了农场驯养的动物
消费者对消费者	漂亮的庭院对于邻居的益处	吸烟危害了他人的健康

资料来源：戴星翼等：《城市环境管理导论》，上海人民出版社 2008 年版。

二、外部性与市场失灵

不论是外部经济，还是外部不经济，都会造成资源配置失当。

外部经济给社会带来的好处，一般很难通过市场得到补偿。在这种情况下，经济活动的私人收益必然小于社会收益，致使具有外部经济的物品少于均衡数量。例如，大学教育活动会产生外部经济影响。如果让受教育者承担全部教育成本，其私人收益小于教育成本，人们接受大学教育的年限就会少于均衡数量。

造成外部不经济的主体一般不承担外部成本。在这种情况下，经济活动的私人成本必然低于社会成本，致使具有外部不经济的物品多于均衡数量。例如，驾驶私家车上路，排放的尾气会污染环境，造成外部不经济。如果车主不承担排污成本，私人汽车数量就会超过均衡数量。

三、外部性的解决方案

（一）征税和补贴

按照福利经济学家庇古和旧制度经济学家康芒斯的理论，凡出现外部性问题的领域，都需要由政府出面来解决。一般做法是，对造成外部不经济的经济主体征税（庇古税），对造成外部经济的经济主体给以财政补贴。其根据是，对造成外部不经济的经济主体征税，可以使其私人成本等于社会成本；对造成外部经济的经济主体给以补贴，可以使其私人收益等于社会利益。这样，前者就会减少产量，进而减少外部不经济；后者就会增加产出，进而扩大外部经济。这都有利于实现资源的优化配置。例如，政府对排放污水的造纸厂征税，其税额等于治理污染所需要的费用，造纸厂就会减少排污量。同理，政府对教育进行补贴，入学的儿童就会增加。

（二）企业合并

如果将具有外部不经济的企业和受其影响的企业合并，就会使这种外部性"内部化"，从而实现资源的优化配置。因为，两家企业合并之后，形成了利益共同体。为了减少产量过多造成的经济损失，企业必然会使产量确定在边际收益等于边际成本的水平上，使得合并企业的成本和收益等于社会的成本和收益。

（三）明确产权

在有些情况下，如果产权界定明晰，并得到有效保护，就会消除外部不经济。科斯对此进行了开创性研究，其观点被称为"科斯定理"。其主要内容是：在市场交换中，若交易费用为零，产权对资源配置的效率就没有影响；反之，若交易费用大于零，产权的界定、转让及安排等，就会影响产出与资源配置的效率。

例如，有一家工厂，其烟囱冒出的烟尘使周围的居民不能在户外晾晒衣服，其损失合计为375元。对此，有两种解决办法。一种办法是在工厂的烟囱上安装一个除尘器，费用为150元；另一种办法是给周围的居民提供烘干机，使他们不用在户外晒衣服，成本为250元。显然，第一种方法比较好，因为成本较低。

按照科斯定理，只要产权明确，且交易费用为零，无论初始产权如何界定，最终结果都必然是选择第一种方法。因为，如果工厂有排污权，居民就会选择出钱给工厂安装一个除尘器；如果居民有在户外晒衣服的权利，则工厂就要自己出钱买一个除尘器安装在烟囱上。

如果交易费用大于零，产权即使是明确的，资源也不一定必然得到优化配置。例如，在上例中，如果双方的交易费用大于100元，居民就会自己买烘干机，而不是给工厂买除尘器，尽管后者成本更低。

第三节
公共物品

一、公共物品的特点

到目前为止，我们讨论的都是私人物品。私人物品有两个特点：排他性和竞用性。排他性是指只有支付了商品价格的人才可以使用该商品；竞用性是指某个人消费了某个商品，其他人就不能消费该商品。例如，衣服是私人物品，因为当一件衣服在某个人身上时，其他人就不能穿了（竞争性消费），而且当它为某个人所有时，所有者就能够决定在某一时间谁可以穿这件衣服（排他性所有权）。

公共物品是具有非排他性和非竞用性的物品。这里所说的非竞用性，是指对某一物品的消费而言，增加一人消费不会影响其他人的消费；非排他性是指无法从技术上或经济上把不交费的人排除在消费之外。例如，一种既定水平的国防是非竞争性消费的，因为所有公民从中获益同时又不减少他人的利益———一位新的公民在享有利益的情况下并没有减少那些已受保护的公民利益。如果一个人无法维持对一件物品的使用的控制，那么它就是非排他的。例如，海洋中活动范围很广的鱼种通常在使用上具有非排他性，因为它们能够在各区域中自由移动，以至于没有哪个人可以有效地把其他人排除在捕捞活动之外。

根据公共物品的非竞争性和非排他性的特征，我们可以对公共物品进行分类。由于一件公共物品并不一定同时具有非竞争性和非排他性，据此，公共物品分为纯公共物品和混合公共物品（也称准公共物品）。混合物品中包括两种情况，一种是消费上具有非竞争性，但是可以基本做到排他性，这是"俱乐部物品"；另外一种，在消费上具有竞争性但是无法实现排他性的物品，这是"公共池塘资源物品"。现实中的公共物品大多数都属于混合公共物品，即介于私人物品与公共物品之间，具有不同程度的非竞争性和非排他性。图 7 - 3 显示了公共物品的基本分类。

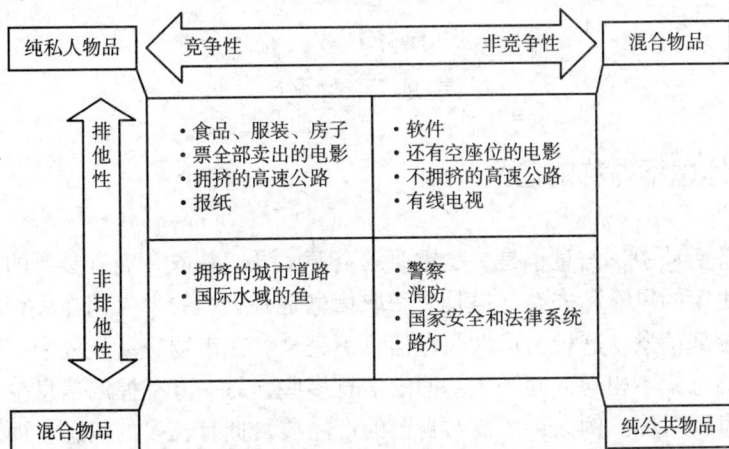

图 7 - 3　公共物品的分类

由于公共物品具有非排他性，很容易导致"搭便车"行为，即消费一种物品却不必为此付费。公共物品是社会所需要的，但生产者不能或很难收费，以补偿其成本，因此其产量必然少于均衡数量。这就是公共物品导致的市场失灵。公共物品和公共资源可以看成是外部性造成市场失灵的两个特殊例子。

二、公共物品与微观经济政策

有些公共物品可以通过市场调节来提供。例如，住宅小区里的公共绿地或休闲广场（实际上是俱乐部物品），就是通过市场的办法提供的。但是，有些公共产品，市场是不能有效提供的，如国防、环境保护、法律等。这些只能求助于政府。

第一，政府在确定某一公共物品是否应该提供及提供多少时，一般采用成本—收益分析法。先估算提供某一公共物品的成本和收益，然后进行比较，最后确定要不要提供该公共物品。

第二，政府可以通过多种方式提供公共物品：由政府直接经营企业并生产公共物品；政府授权或委托私人部门提供公共物品；政府给私人部门补贴，鼓励它们提供公共物品，等等。

|第|四|节|
信 息 不 对 称

一、信息不对称的含义

在经济活动中，信息也是一种重要的资源。人们获取并拥有必要的信息，就可以减少决策的风险和失误。但是，获取信息是有成本的。人们在决策时，不可能收集到全部信息。这种情形就叫做信息不完全。在市场交易过程中，交易双方所掌握的信息量不相同，即一方掌握的信息多些，另一方掌握的信息少些。这种情形叫信息不对称。例如，厂商对自己的产品质量拥有较多的信息，而买者知道的则少得多。人们通常说的"会买的不如会卖的"、"买的不如卖的精"，就是一种典型的信息不对称。在信息不对称时，市场就会失灵。主要有逆向选择和道德风险两种情形。

二、逆向选择

逆向选择是指买方不了解卖方产品质量信息时，市场上劣质产品驱逐优质产品并占领市场的情形。例如，在二手车市场上，就存在着明显的逆向选择。

假定：①在没有担保的二手车市场上，有300辆二手车待售。其中，有质量好的，也有质量差的。但车的质量好坏，只有卖者（车主）心里清楚，买者并不知道。②对质量好的车，买者愿意支付 10 万元，而卖者愿意接受的最低价格为 8 万元。对质量差的车，买者愿意支付 5 万元，而卖者愿意接受的最低价格为 4 万元。③假定买者知道这 300 辆车中有一半是质量好的车，也就是在交易中买到好车的概率是 50%。在这种情况下，买者对二手车愿意支付的最高价格就是 $10 \times 50\% + 5 \times 50\% = 7.5$（万元），而这一价格低于好车卖者愿意接受的最低价格 8 万元，高于坏车卖者愿意接受的最低价格 4 万元。这样，卖者将不愿意出售质量好的车，而只想出售质量差的车。结果就是，质量好的车会退出市场，留在市场上的都是质量差的车。

在旧车市场上，质量好的汽车被质量差的汽车排挤到市场之外，市场上留下的只有质量差的汽车。也就是说，质量好的汽车在竞争中失败，市场选择了质量差的汽车。这违背了市场竞争中优胜劣汰的选择法则。人们通常所说的选择，都是选择好的，而这里选择的却是差的，所以把这种现象叫做逆向选择。这说明，在信息不对称条件下，市场是不能有效运行的。

为了避免出现逆向选择，市场参与者都试图明确产品或服务价格与其质量之间的关系。信息经济学家斯彭斯将这种关系用"市场信号"的概念来描述。例如，在旧车市场上，由中间商给出汽车质量的信号，就可以较好地解决逆向选择问题。中间商是买者与卖者之间的中介。他们从自己对汽车维修的记录中，可以像车主一样掌握汽车的质量。以此为基础，他们向购买汽车的人提供担保，承诺一旦汽车质量有问题，可以免费维修。这样，有担保的就是好车，没有担保的车就是坏车。这种担保就是一种信号。通过这种信号，买车人就可以识别二手车的质量了。

此外，买者还可以根据价格来判断产品质量。例如，在旧车市场上，平均来说，好车价格要高些。价格低的旧车中，质量差的居多。其他商品也是这样。所以有"一分钱一分货，十分钱买不错"之说。消费者从长期的交易实践中发现，价格高的商品一般质量较高，因而偏好于买贵的商品。这就是信号传递的功能。

消费者偏好于购买价格高的商品，对不同的厂商选择有不同的影响。那些打算长期经营的厂商，为了长远利益，非常重视自己的信誉，一般不用次品欺骗客户，也不轻易降价。相反，那些只顾眼前利益，"做一锤子"买卖的厂商，就有可能用次品欺骗消费者。这又向消费者传递一个信息：那些明天就有可能倒闭的小厂商传递的信息靠不住，所以，要同大厂商打交道。这就是信息筛选问题。消费者通过筛选信号，捕捉正确信号，有利于克服信息不对称。

三、道德风险

道德风险是指从事经济活动的人在最大限度地增进自身效用的同时做出的不利于他人的行动。或者说，是签约一方不完全承担风险后果时所采取的自身效用最大化的行为。道德风险也称败德行为。

在经济活动中，道德风险问题相当普遍。例如，美国经济学家斯蒂格利茨曾经观察到，在他任教的斯坦福大学里，学生自行车被盗的比率约为10%。有几个想发财的学生发起了一个对自行车的保险，保费为保险标的的15%。根据事前的测算，这几个经营保险的学生应能获得5%左右的利润。但经过一段时间的运作后，这几个学生发现，自行车被盗的比率迅速提高到15%以上。为什么会这样呢？原来是学生们在对自行车投保后，对自行车安全防范的措施就明显减少了。其经济逻辑是，在没有投保之前，学生独立承担自行车被盗的风险后果，因而会选择合适的防范措施。而在自行车投保之后，投保的学生只承担部分自行车被盗的风险后果，这就会放松对自行车被盗的防范。而这种放松防范的不作为行为，就是道德风险。

克服道德风险的办法很多，其中之一是做记号。最明显的记号就是车主把自己的失窃记录交给保险公司。如果你记录良好，证明是有责任心的，收的保费可以少些。相反，记录差的，道德风险严重的，就多收保费。这样，保险公司就可以为每一个人提供保险。

信息经济学对信息不对称问题进行了深入研究，提出了许多开创性研究成果，丰富和发展了现代微观经济理论，也已成为经济学的一个重要分支。对本节内容有兴趣的同学，可参阅这方面的著作。

本章小结

1. 同完全竞争厂商相比，垄断厂商的价格高于竞争价格，产量少于竞争产量，并且会造成无谓损失。这就是垄断导致的市场失灵。

垄断厂商为了保持或取得垄断地位，必然向政府（有关部门）寻租。这进一步降低了经济效率。

政府通过法律规制、价格规制、资本回报率规制以及实行公有制等办法，可以减少垄断造成的效率损失。

2. 某个人或某个厂商的经济活动，有可能对没有参与这种活动的人或厂商造成影响。这种影响叫外部性。如果某个人或厂商的经济活动，给没有参与这种活动的人或厂商带来了好处或利益，但却没有得到相应的补偿（私人利益＜社会利益），叫外部经济。如果某个人或厂商的经济活动，给没有参与这种活动的人或厂商造成了损害或成本，但却没有承担这些成本（私人成本＜社会成本），叫外部不经济。外部经济导致实际产量低于均衡产量；外部不经济导致实际产量高于均衡产量。这都是市场失灵。

政府通过对外部不经济征税，对外部经济补贴；或者将具有外部不经济的企业和受影响的企业合并，使外部性"内部化"；或者通过界定和明晰产权，有效保护经济主体的利益等，就可以消除外部不经济，提高资源配置效率。

3. 如果一种物品在消费中既没有排他性，也没有竞用性，就叫公共物品。其特点是增加一个人消费不会影响其他人的消费，但无法从技术上或经济上把不交费的人排除在消费之外。由此决定了公共物品生产量少于均衡数量，导致市场失灵。解决的办法是由政府提供公共物品。事实上，政府的主要职能就是提供公共物品，如国防、法律、秩序、环保等物品。

4. 在市场交易过程中，买卖双方所掌握的信息量往往是不相同的，即一方掌握的信息多些，另一方掌握的信息少些。这种情形叫信息不对称。信息不对称必然导致逆向选择和道德风险，即市场失灵。

逆向选择是指买方不了解卖方产品质量信息时，市场上劣质产品驱逐优质产品并占领市场的情形。道德风险是指从事经济活动的人在最大限度地增进自身效用的同时做出的不利于他人的行动。或者说，是签约一方不完全承担风险后果时所采取的自身效用最大化的行为。道德风险也称败德行为。

通过信号传递或信号筛选，有助于化解逆向选择和道德风险。

思考题

1. 试比较完全竞争市场和垄断市场的效率问题。

2. 什么是外部性？外部性有哪两种类型？试用图形分析这两种类型的效率损失。

3. 请举例说明纯公共物品的非竞争性与非排他性特点。为什么二者对纯公共物品而言都是必需的？

4. 为什么银行通常更愿意向使用信用卡并且过去从银行借过款的客户提供贷款，而不大愿意向使用现金付款和从未向银行借贷过的客户提供贷款？

▤ 专栏

太原试行"排污交易制"

二氧化硫是太原市大气中的主要污染物。为了减少二氧化硫的排放量,净化空气,保护环境,从 2001 年 9 月开始,亚洲银行出资 70 万美元,资助太原市进行"二氧化硫排污交易制"试点工程。

"二氧化硫排污交易制"是应对外部不经济的一种制度安排。具体做法是,政府根据国家环保标准的要求,规定各个企业二氧化硫排放额度。不同企业治理污染的成本是不同的。那些治理成本较低的企业通过治理,减少了二氧化硫排放量,二氧化硫排放权有了剩余。这些剩余的二氧化硫排放权,就可以拿到市场上去出售。相反,那些治理成本较高、二氧化硫排放额度不够用的企业,就可以到市场上购买二氧化硫排放权。这就形成了排污权交易。

经过数年试行,2009 年 12 月 31 日,国网能源开发有限公司和山西国际能源集团有限公司、山西京玉发电有限公司、同煤国电王坪发电有限公司,在太原签订了一笔目前国内最大额度的二氧化硫排污权交易。该交易涉及二氧化硫排放量 1.4 万多吨,交易金额近 90 00 万元,最高交易单价为 6 315 元/吨。

其中,卖方是国网能源开发有限公司下属的神头第二发电厂。该厂在 2003 年获得了 27 000 吨的二氧化硫排放指标。从 2006 年开始,该厂改造脱硫设施,减少了约 2 万吨二氧化硫排放。这次拿出了其中的 14 000 多吨出售,剩余的部分拟用于扩大生产规模。买方是山西国际能源集团有限公司下属的山西平朔煤矸石发电有限公司、山西京玉发电有限公司下属的右玉发电厂和同煤国电王坪发电有限公司。这三家电厂的共同点是,都不属于五大电力集团公司,要上新的项目,无法通过内部调剂来解决排污指标问题,只能到市场上购买其他企业节省下来的指标,以备国家环保部在项目立项时审查。

这项交易从开始接触到最终签约,经历了近 5 年的时间。其中最敏感的问题是交易价格。这也是太原试行二氧化硫排污权交易的难点。经过当事人长时间的博弈,山西省环保厅提出了一个"高于西部,低于东部"的建议定价原则,并得到双方认可,最终以 6 315 元/吨成交。

我们知道,按照福利经济学家庇古和旧制度经济学家康芒斯的理论,凡出现外部性问题的领域,都需要由政府出面来解决,传统的由政府征收排污费的制度,就是这种理论在实践中的一个范例。而新制度经济学则为用排污权交易代替政府收费奠定了理论基础。其基本出发点是,污染和被污染具有"交互的性质"，即禁止污染也会产生社会成本。问题的关键在于，如何减少禁止污染的社会成本和达到资源的有效配置。

按照科斯定理，污染权的交易之所以能够达到资源的最优配置，是由于无论权利的初始配置如何，只要能够自由地进行交易，就能够纠正错误的配置，条件是交易成本为零；而当交易成本为正时，只要能够进行市场交易，资源配置也会得到改善。

由政府征收排污费的制度安排是一种非市场化的配额交易，交易的一方是企业，另一方则是具有强制力的政府。在这种制度安排下，政府制定排放标准，并强制征收排污费，始终处于主动地位。但是，它却不是排污和治污的主体；企业虽是排污和治污的主体，但却处于被动的地位，只要达到政府规定的污染排放标准，就没有激励再进一步治理污染，减少污染物的排放。

排污权交易是新制度经济学的一个经典案例。亚洲开发银行资助太原市试行的"二氧化硫排污交易制"，是首开国内排污权交易之先河，其意义非同寻常。因为，同政府征收排污费不同，在排污权交易制度安排下，企业取得了排污权交易的利益，就有了积极参与污染治理和排污权交易的巨大激励。治理污染就从一种政府的强制行为变成企业自主的市场行为，其交易也从一种政府间交易变成一种真正的市场交易。

当然，为了使交易市场很好地运作，政府应当制定一套科学的环境监测标准和监测处罚办法，建设先进的监测设施和有效的监测队伍，同时还要制定和实施一套排污权交易的具体规则。这样一来，政府的角色和行为也就发生了转变，从排污（配额）交易的主体变成排污权（市场）交易的监督者和保护者，政府的职能也会发生根本的转变：专注于"立规则，当裁判"。

第八章　GDP 的衡量

GDP 是 20 世纪最伟大的发明之一，它也许几乎和汽车一样重要，但是没有电视那么重要。

——博尔丁

本章内容提要：

- 国内生产总值（GDP）指标的内涵、缺陷及发展
- 衡量 GDP 的三种方法：生产法、支出法和收入法
- 国民收入衡量的其他数据：GNP、NDP、NI、PI、DPI
- GDP 的实际应用

当你判断一个人在经济上是否成功时，你首先要看他的收入和财产。同样的逻辑也适用于衡量一个国家的富裕与贫穷，衡量这个国家中所有人获得的总收入、花费的总支出或者所有企业的总产出，你就可以知道这个国家的经济总量到底有多少。GDP 的数据则清楚地提供了一种国际通用的衡量方式。

|第|一|节|
GDP 的含义

宏观经济运行状态是通过一些指标体现出来的。其中，最重要的有三个：国内生产总值（简称 GDP）、通货膨胀率和失业率。经济学家用这些数据来建立经济模型并检验经济理论。决策者用这些数据来监视经济运行，并制定相应的经济政策。本节先分析 GDP，到第 11 章时，再讨论失业率与通货膨胀率。

一、GDP 的概念

在宏观经分析中，国内生产总值是一个最受瞩目的指标，被认为是衡量社会经济福利的最佳指标。国内生产总值（GDP）是指一个国家或一个地区在一定时期（一般是一年）内生产的最终产品和劳务的市场价值总和。理解这个概念需要把握以下几个要点：

（1）GDP 只包括最终产品和劳务，不包括中间产品。最终产品（final goods）是指在一定时期生产的、由其最终使用者购买的产品和服务。中间产品（intermediate goods）是指为了生产最终产品而作为中间投入品的原材料、燃料、半成品等。例如，苹果造纸厂生产纸张出售，如果蜜桃印刷厂购买纸张 10 万元用于印刷经济学教材，然后再将教材以 30 万元直接销售给经济学院的大学本科生，那么，这 10 万元纸张就是中间产品，不计入 GDP，而教材则是最终产品，30 万元计入 GDP。在这 30 万元中，包含了 10 万元纸张的价值。因此，不把中间产品计入 GDP 就避免了重复计算。

（2）GDP 是指最终产品和劳务的价值（市场价格），而非使用价值。换言之，GDP 的计量单位是货币单位。产品的市场价值就是用这些最终产品的产量乘以单位价格获得的。这种处理方式一方面可以将不同度量单位的实物形态用相同的价值形式统一起来，使经济学家能很方便地测度一国的整体经济水平，而不用再为如何把面包的产量与经济学家的演讲进行加总而犯难。另一方面，基于市场价值的 GDP 概念本身就表明，该总量指标衡量的仅仅是市场活动导致的价值。家务劳动、自给自足的生产因为没有经过市场，无法计算其市场价值而被排除在 GDP 范围之外，而对于地下经济、犯罪活动所产生的经济活动而言，虽然它们有市场价值，但由于缺乏准确的统计信息也没有被统计在 GDP 中。

（3）GDP 是指当期生产出来的，而非当期实现的；当期生产而未出售的计入"存货投资"；二手货是以前生产的，不计入当期 GDP。例如，如果某企业年生产 100 万元的产品，而产销率只有 70%，即只卖出去 70 万元，那么，在核算其产出时应该将 100 万元计入 GDP。没有卖出去的 30 万元的产品被认为是存货投资，即企业自己买下当期未售出产品。相反，如果当期企业销售额为 120 万元，那么，在核算其产出时仍应该将 100 万元计入 GDP。此时，该厂商存货减少的 20 万元产品是其以前年份生产的，已经计入当时的 GDP 中了。所以不能在计入本期的产出中。在这里还要提醒的是，当年发生的旧货交易金额，不能计入当期的 GDP 中。但如果旧货交易产生了经纪人费用或佣金，则这些费用应计入当期的 GDP 中。

(4) GDP 是在一国地理范围内生产出来的，而不是一国国民生产的。一国国民在一定时期内生产的最终产品和劳务的市场价值，叫国民生产总值（简称 GNP）。

(5) GDP 是在一定时期内生产出来的。GDP 是一个流量指标，而非存量指标。流量是一定时期发生的变量，存量是一定时点上存在的变量。从某种程度上讲，流量是一个动态概念，存量是一个静态概念。流量分析和存量分析是宏观经济学经常用到的分析方法。GDP 的衡量时间一般是一年。

二、GDP 与经济福利

GDP 通常被认为是反映经济运行状态的最好指标。因为，其中重复计算的部分较少（相对于总产值而言），其总量能较准确地反映一国经济发展规模和实力，能反映一国居民的福利状况。但是，这个指标也有缺陷。主要是：

第一，GDP 漏掉了对家务劳动、自给自足生产活动的统计。忽略这些非市场化活动对经济社会的产出所做的贡献，不可避免地会影响 GDP 想要反映的经济意义。

第二，GDP 并没有衡量经济活动给自然环境带来的负面影响。例如，因工业生产对大气环境的破坏、砍去那些难以再生的红杉林等等，都会计入 GDP 中。但是由此带来的自然环境的日益恶化会影响人们的生活质量，使长期经济增长难以持续，并带来未来的治理成本。

第三，GDP 指标很难反映产品和服务的质量改进。例如，随着技术的突飞猛进，计算机的质量明显提高，与此同时，其价格却大幅度下降。并且，计算机在越来越多的领域得到应用，极大提高了这些领域的生产效率。但是，GDP 或 GNP 指标没有办法反映这种质量上的改进。

第四，GDP 并不反映一国的收入分配情况。如果一个国家 GDP 很高，但是贫富差距却很大，换言之，少数人拥有社会的大部分财富和收入，那么，高 GDP 并不意味着这个国家居民的经济福利水平就一定高。

第五，GDP 带有某种过分的物质主义色彩。例如，犯罪增加的警务费用。这种 GDP 的增加只能反映生活质量被破坏，对国民而言并不是件好事。

第六，受名义汇率影响，不能准确地进行国别比较。

三、绿色 GDP

绿色 GDP 是指一个国家或地区在考虑了自然资源（主要包括土地、森林、矿产、水和海洋）与环境因素（包括生态环境、自然环境、人文环境等）影响之后经济活动的最终成果，即将经济活动中所付出的资源耗减成本和环境降级成本从 GDP 中予以扣除。

从 20 世纪 70 年代开始，联合国和世界银行等国际组织在绿色 GDP 的研究和推广方面做了大量工作。近年来，我国也在积极开展绿色 GDP 核算的研究。2004 年，国家统计局、国家环保总局正式联合开展了中国环境与经济核算绿色 GDP 研究工作。

绿色 GDP 核算中主要涉及四个基本概念：绿色 GDP 总值、绿色 GDP 净值、资源成本和环境成本。①绿色 GDP 总值（简称 GeGDP），等于 GDP 扣减具有中间消耗性质的自然资源耗减成本。②绿色 GDP 净值（简称 EDP）等于绿色 GDP 减去固定资产折旧和具有固定资产折旧性质的资源耗减和环境降级成本。③资源成本，资源成本又称自然资源耗减成本，是指在经济活动中资源被利用消耗的价值。根据自然资源的特征，有些自然资源具有一次消耗性质，其资源耗减具有中间消耗的性质。有些自然资源具有多次消耗性，其资源耗减具有"固定资产折旧"的性质。④环境成本，也称环境降级成本，是指由于经济活动造成环境污染而使环境服务功能质量下降的代价。环境降级成本分为环境保护支出和环境退化成本。环境保护支出，是指为保护环境而实际支付的价值，环境退化成本是指环境污染损失的价值和为保护环境应该支付的价值。自然环境主要提供生存空间和生态效能，具有长期、多次使用的特征，也类似于固定资产使用特征。这样，由经济活动的污染造成环境质量下降的代价即环境降级成本，也就具有"固定资产折旧"的性质。

|第|二|节|
GDP 的核算方法

联合国曾经确认过两种 GDP 的核算方法。一种是 MPS，即物质生产平衡体系，适用于原苏联等社会主义国家，其理论基础是马克思的再生产理论。另一种是 SNA，即国民经济核算体系，或国民收入核算体系，适用于市场经济国家，其理论基础是现代经济学。我国从 1985 年开始按国民经济核算体系核算国内生产总值。

GDP 是一国的总产出。经过分配和再分配,这些产出最终变成了全体国民的收入。所以,从总体上看,一国的总产出等于一国的总收入。据此,可以用三种不同的方法核算 GDP。

一、生产法

GDP 是生产出来的。通过加总一国企业生产出来的物品和劳务,就可以核算出该国的 GDP。但是,企业生产的物品或劳务有实物和价值两种形式。从实物形式看,各个企业的物品是不能相加的。例如,5 个苹果不能和 2 个橘子加总为 7 个。从价值形式看,各个企业的产出则完全相同,因而可以加总。把各个企业生产的物品或劳务的价值加起来,就可以得到总产出。这种核算方法表明,GDP 来源于生产。所以,这种核算方法叫生产法。

但是,GDP 是各个企业生产的最终产品的价值总和,而不是产品的总价值之和。二者的区别是企业总价值中包括中间产品的价值。这部分价值是其他企业生产的。所以,在核算 GDP 时,应当加总各个企业的增加值。这里所说的增加值是指一个企业的总价值(销售收入)扣除该企业购买的中间产品价值后的余额,也就是企业生产的净值。

不同的企业组成了国民经济的各个行业或部门,所以,生产法实际上是按部门核算的。因而生产法又叫部门法。目前,我国把国民经济分为农业、采掘业、化学工业、金融保险业等 17 个部门,分别进行统计核算。

按部门法核算 GDP,可以反映 GDP 的来源,分析产业的结构,如第一产业、第二产业和第三产业等。对制定产业政策、调整和优化产业结构,有重要意义。表 8 - 1 为我国部分地区按三次产业核算的国内生产总值。

表 8 - 1　　　　　**我国按三次产业分地区生产总值(2008 年)**　　　　单位:亿元

项目	北京	天津	上海	浙江	山东	广东
地区生产总值	10 488.03	6 354.38	13 698.15	21 486.92	31 072.06	35 696.46
第一产业	112.81	122.58	111.80	1 095.43	3 002.65	1 970.23
第二产业	2 693.15	3 821.07	6 235.92	11 580.33	17 702.17	18 402.64
工业	2 198.49	3 533.86	5 784.99	10 359.77	16 102.19	17 254.04
建筑业	494.66	287.21	450.93	1 220.56	1 599.98	1 148.60

续表

项目	北京	天津	上海	浙江	山东	广东
第三产业	7 682.07	2 410.73	7 350.43	8 811.17	10 367.23	15 323.59
交通运输、仓储和邮政业	505.74	320.63	769.64	827.71	1 873.58	1 387.51
批发和零售业	1 060.92	604.64	1 266.37	2 027.59	2 363.93	3 306.97
住宿和餐饮业	277.52	106.09	246.89	362.81	702.04	845.56
金融业	1 493.58	360.55	1 442.60	1 405.20	1 020.38	2 117.35
房地产业	610.84	202.38	747.00	1 082.98	1 043.92	2 209.78
其他	3 733.47	816.44	2 877.93	3 104.88	3 363.39	5 456.42

数据来源：国家统计局：《中国统计年鉴（2009）》。

二、支出法

在市场经济条件下，企业生产的最终产品或劳务迟早要卖给居民户。如果把居民户的全部购买支出加起来，就可以得到一国的总产出。这种通过加总一定时期内整个社会购买最终产品和劳务支出来核算 GDP 的方法，就是支出法。

支出法是从需求角度核算的。因为购买是由需求决定的。需要注意的是，这里所说的购买，是指对最终产品或劳务的购买，不包括对中间产品的购买。

从购买主体看，一个经济中的购买者包括家庭（消费者）、企业（生产者）、政府和外国；从购买的对象看，主要是消费品和投资品。把购买主体和购买对象结合起来，购买支出则包括：

（1）消费者购买支出（一般用 C 表示），系指居民家庭或个人用于购买消费品和劳务的支出。具体包括购买耐用消费品、非耐用消费品和劳务的支出。2008 年，我国居民的消费支出占 GDP 的比重为 35.3%，远远低于 77% 的世界平均水平。

（2）企业国内总投资（一般用 I 表示），系指增加或更新资本资产的支出。具体包括企业固定资产投资和企业存货投资。其中，固定资产投资是指新建设安装的厂房、机器、设备和新建造的住宅；存货投资是指企业存货值的变动。在数量上，存货投资等于本期期末存货值减去期初存货值。2008 年，我国投资支出占 GDP 的比重为 43.5%，也远远高于 20% 的世界平均水平。

（3）政府购买支出（一般用 G 表示），系指政府对最终产品和劳务的购买支出。具体包括政府的薪金支出（购买公务员的服务），向厂商购买的产品和劳务，主要是国防用品和其他办公用品。这里应注意政府的转移支付支出，如公债利息、救济金等，这种支付只是简单地把收入从一部分人或组织手中转移到另一部分人或组织中，并没有相应的产品和服务交易发生，因而不应计入总支出中。

（4）产品和服务的净出口（一般用 NX 表示），随着国际交往的扩大，一国既要从国外进口一定量的产品，也会向他国出口一定量的产品。进口意味着本国对他国的支出，即货币收入的流出；出口则意味着他国对本国的支出，即货币收入的流入。因此，在核算 GDP 时，需要核算出口收入减去进口支出的净出口额。

综上所述，用支出法核算出的 GDP 为：$GDP = C + I + G + NX$。表 8-2 为我国 2000 年到 2008 年支出法核算的 GDP，其中最终消费支出包括私人消费支出和政府购买两项。

表 8-2 我国 2000~2008 支出法核算的 GDP

年份	支出法国内生产总值（亿元）	最终消费支出（亿元）	资本形成总额（亿元）	货物和服务净出口（亿元）
2000	98 749.0	61 516.0	34 842.8	2 390.2
2001	108 972.4	66 878.3	39 769.4	2 324.7
2002	120 350.3	71 691.2	45 565.0	3 094.1
2003	136 398.8	77 449.5	55 963.0	2 986.3
2004	160 280.4	87 032.9	69 168.4	4 079.1
2005	188 692.1	97 822.7	80 646.3	10 223.1
2006	221 651.3	110 595.3	94 402.0	16 654.0
2007	263 093.8	128 793.8	110 919.4	23 380.6
2008	306 859.8	149 112.6	133 612.3	24 134.9

资料来源：国家统计局：《中国统计年鉴（2009）》。

三、收入法

在市场经济条件下，企业生产的最终产品或劳务，经过分配和再分配，最终会转化为各种收入，包括劳动工资、资本利息、地租、厂商利润和政府税收等。把这些收入加起来，就可以得到一国的总产出。这种通过加总一定时期内整个社会收入来核算 GDP 的方法，就是收入法。

在初次分配中，企业支付的劳动工资、资本利息、地租和厂商利润等，属于要素成本。所以，收入法又叫成本法。这种方法是从成本角度进行核算的。

需要指出的是，GDP 并没有全部转化为要素收入，如折旧留在了厂商手里，间接税进入了政府账户等。所以，用成本法核算 GDP 时，需要进行相应的调整。主要是考虑要素收入和非要素收入。其中，生产要素收入是指居民户提供要素而取得的收入。包括：工资、利息、租金、利润和非公司企业主收入；非要素收入包括：企业间接税、企业转移支付和折旧等。经过上述调整，GDP = 工资 + 利息 + 租金 + 税前利润 + 折旧 + 间接税 + 企业转移支付。我国地区生产总值收入法构成项目情况见表 8 - 3。

表 8 - 3　　　　　　2007 年我国地区生产总值收入法构成项目　　　　　单位：亿元

项目	北京	天津	上海	浙江	山东	广东
地区生产总值	9 353.32	5 050.40	12 188.85	18 780.44	25 965.91	31 084.40
劳动者报酬	4 071.70	1 588.56	4 261.73	7 433.99	9 082.09	12 053.44
生产税净额	1 386.62	893.84	2 072.56	2 833.04	4 181.75	4 399.45
固定资产折旧	1 375.46	754.32	1 951.84	2 593.49	3 771.38	4 558.87
营业盈余	2 519.54	1 813.68	3 902.72	5 919.92	8 930.69	10 072.64

数据来源：国家统计局：《中国统计年鉴（2009）》。

从收入的最终归宿看，GDP 归结为个人收入、公司收入和政府收入。从收入的最终使用看，个人收入和公司收入的一部分用于缴税（T），一部分用于消费（C），一部分用于储蓄（S）。所以，GDP = $C + S + T$。

总产出（GDP）、总支出和总收入是分别从生产、流通和分配三个角度对同一成果的衡量，如果不考虑误差，三种核算结果应当是相同的。目前，各国通常采用支出法衡量 GDP。

|第|三|节|
国民收入衡量的其他数据

一、国民生产总值（GNP）

从国内生产总值的概念可以看出，GDP 是从生产活动的空间范围角度如一国或一个地区来定义的。但与此相联系的一个概念是国民生产总值（Gross National Product，简称 GNP），它指的是一国国民在一年内所生产的全部最终产品的市场价值，即 GNP 是从生产活动的主体即国民角度来定义的。如果说 GDP 反映的是一个地域概念，GNP 反映的则是国民概念。

二者的核算区别是:

GDP = 本国居民在本国范围内的产值 + 他国居民在本国范围内的产值

GNP = 本国居民在本国范围内的产值 + 本国居民在他国范围内的产值

两者之间的关系是:

GNP = GDP + 来自国外的要素收入 - 对国外的要素支付。

例如,摩托罗拉(中国)有限公司的产出应该计入中国的 GDP 中,而不能计入美国的 GDP 中。不过,该产出值应计入美国的 GNP 中,却不能计入中国的 GNP 中。所以,如果某国的 GDP 超过了 GNP,则说明外国国民从该国获得的收入超过了该国国民从外国获得的收入,而当 GNP 大于 GDP 时,说明情况正好相反。

在实际应用中,大多数国家的生产总值的核算指标主要采用的是 GDP。一方面与国际多数国家采用相同的指标,便于国际比较;另一方面,也带来数据采集、核算的方便,降低具体核算操作难度,减少核算成本。

二、国内生产净值(NDP)

国内生产净值(Net Domestic Product, NDP)国民经济核算中另一个重要的总量指标。由于国内生产总值 GDP 中包含有资本折旧(在美国,资本折旧约占 GDP 的 10% 左右),所以 GDP 在刻画经济体在既定时期的产量时,还不能准确反映社会净增的价值。只有将 GDP 中扣除在这一时期工厂厂房、设备等资本品和居民住宅的磨损以后,才能得出国内生产净值,它代表了全社会在既定时期经济活动的净结果。

$$NDP = GDP - 资本折旧$$

尽管从理论上说 NDP 比 GDP 更富有经济意义,然而,在实际工作中,许多经济学家和政府部门还是更愿意使用 GDP,而不是 NDP。原因就在于,对机器设备等资本品的使用期限进行准确估计是非常困难的。因为,资本品的损耗除了有形磨损以外,还有因技术进步而带来的无形磨损,如生产同样的资本品效率更高了,或者有了更好的替代品等。在这种背景下,每个时期资本品的损耗或折旧的认定就会有很大的随机性,从而导致经济学家对国内生产净值的可靠性产生了不信任。

三、国民收入(NI)

狭义的国民收入(National Income, NI)是指经济社会的所有要素所有者在本期因向市场提供要素而获得的报酬总和。为了得到国民收入，我们需要将国内生产净值中的某些组成部分（如企业间接税和企业转移支付）剔除掉，因为尽管它们是产品价格的组成部分，但却并没有形成要素所有者的收入。另外，还要在 NNP 上增加政府给企业的补贴，因为政府补贴虽然不列入产品价格，却成为居民户的要素收入。所以，国民收入衡量经济中的所有人在既定时期的收入，它的计算公式可以表示为：

$$NI = NDP - （企业间接税 + 企业转移支付） + 政府给企业的补贴$$

四、个人收入（PI）

以上推出的国民收入，并不等于该社会的个人收入（Personal Income，PI）。个人收入是指要素所有者在计算期内应该拿到手的收入。为求出个人收入，在此需要对 NI 作以下调整：首先，从 NI 中减去企业赚到但并没有支付给个人的量，包括公司所得税、公司未分配利润。其次，从 NI 中扣除个人向政府缴纳的社会保险税。最后，加上人们从政府那里得到的各种转移支付，包括失业救济金、退伍军人津贴、职工养老金等。因而，个人收入的计算公式为：

$$PI = NI - 公司所得税 - 公司未分配利润 + 政府给个人的转移支付$$

五、个人可支配收入（DPI）

在实际生活中，个人收入中总有一部分是要素所有者无法支配或控制的。例如，个人在获得要素收入时必须依法缴纳的所得税，而对于宏观经济学家来说，更有意义的是居民户的个人可支配收入（Disposable Personal Income，DPI）。如果从个人收入中扣除个人所得税（还包括个人对政府的非税支付），就可以得到个人可支配收入。个人可支配收入才是个人可以用来消费或储蓄的收入。

$$DPI = PI - 个人所得税 = C + S$$

以上的推导只是理论意义上的推导，在国民经济核算实务操作中，情况要复杂得多。例如，在计算个人收入时要对资本损耗、个人获得的公债利息收入以及个人为消费信贷支付的利息进行相应调整，使个人收入更符合实际。

第四节
GDP 的实际应用

一、计算实际 GDP

GDP 是用价格计量的，而价格又会随着时间的变化而变化，所以在宏观经济分析中有必要区分名义 GDP 和实际 GDP。名义 GDP 是特定时期内以当期价格（也称为即期价格或现期价格）衡量的最终产品和服务的价值。实际 GDP 是特定时期内生产的以不变价格（又叫基年价格或基期价格）衡量的最终产品和服务的价值。

以表 8-4 中的简单模型来具体说明。假定某经济社会只生产球和球棒这两种最终产品，它们在 2005 年和 2006 年的生产数量和市场价格分别如表中数据所示。那么，该经济在 2005 年的名义 GDP = $100 \times 1 + 20 \times 5 = 200$（元），2006 年的名义 GDP = $160 \times 0.5 + 22 \times 22.5 = 575$（元）。

表 8-4   简单模型数据

年 份	产 品	数 量	价 格
2005	球	100	1.00
	球棒	20	5.00
2006	球	160	0.50
	球棒	22	22.50

下面计算实际 GDP。

（一）以基年价格计算实际 GDP

为了计算实际 GDP，需要选择一年作为其他年度的参照年，称为基年。我们选择 2005 年作为基年，根据定义，2005 年的实际 GDP 等于名义 GDP 为 200元。下面我们以基年价格计算实际 GDP，其方法就是以基年价格乘以某年的产量。计算结果为：2006 年的实际 GDP = $160 \times 1 + 22 \times 5 = 270$（元）。

（二）环比加权产出指数计算实际 GDP

环比加权产出指数（chain-weighted output index）法使用相邻两年价格计算实际 GDP 的增长率。这种方法有四步：第一步，按照去年的价格计算去年和今年的产出，计算增长率。第二步，按照今年的价格计算去年和今年的产出，计算增长率。第三步，计算平均增长率。第四步，根据平均增长率计算今年的实际GDP。下面我们就按照这个方法计算 2005 年和 2006 年的实际 GDP。

第一步：以 2005 年价格计算 2005 年产出为 $100 \times 1 + 20 \times 5 = 200$（元）。2006 年的产出为 $160 \times 1 + 22 \times 5 = 270$（元）。按照 2005 年的价格，产出从 200 元增加至 270 元。增长率 $= (270 - 200) \div 200 = 35\%$。

第二步：以 2006 年价格计算 2005 年的产出为 $100 \times 0.5 + 20 \times 22.5 = 500$（元）。2006 年的产出为 $160 \times 0.5 + 22 \times 22.5 = 575$（元）。按照 2006 年的价格，产出从 500 元增加到 575 元，增长率 $= (575 - 500) \div 500 = 15\%$

第三步：按照 2005 年的价格，2006 年的增长率为 35%。按照 2006 年的价格，2006 年的增长率为 15%。平均增长率 $= (35\% + 15\%) \div 2 = 25\%$。

第四步：以 2005 年为基年，按照平均增长率计算，2006 年的实际 GDP 为 250，超过 2005 年的 25%。2005 年的实际 GDP 是 200 元。2006 年的实际 GDP 是 250 元。

二、GDP 平减指数

GDP 平减指数（GDP deflator）是将某年价格表示为基年价格的比例，该指数反映了人们生活成本的价格变化，体现出名义 GDP 与实际 GDP 之间的关系。GDP 平减指数的计算公式如下：

$$GDP\ 平减指数 = \frac{名义\ GDP}{实际\ GDP} \times 100$$

接续上面的例子计算，2005 年的 GDP 平减指数为 $\frac{200}{200} \times 100 = 100$，2006 年的 GDP 平减指数为 $\frac{575}{250} \times 100 = 230$。

在此需要特别说明的是，从现在开始，在本书的分析中，除有特别说明的之外，所使用的 GDP 均为实际 GDP。在进行国别比较时，也应当用实际 GDP。

本章小结

1. 国内生产总值（GDP）是指一个国家或一个地区在一定时期（一般是一

年）内生产的最终产品和劳务的市场价值总和。在宏观经分析中，GDP 被认为能够较好地反映一国经济规模和经济运行态势，是衡量社会经济福利的最佳指标，但也有明显的缺陷。经济学家正在考虑用绿色 GDP 进行校正。

2. GDP 是一国的总产出，经过交换和分配，最终变成了全体国民的收入。在宏观经济分析中，可以用不同的方法核算 GDP。其中，生产法是通过加总各个企业生产的物品或劳务的价值核算 GDP；支出法是通过加总整个社会购买最终产品和劳务的支出核算 GDP。收入法是通过加总整个社会的收入核算 GDP。上述核算方法是分别从生产、流通和分配三个角度对同一成果的衡量。所以，如果不考虑误差，三种核算结果应当是相同的。

3. 国民收入衡量的其他数据：GNP、NDP、NI、PI、DPI。GNP 是一国国民在一年内所生产的全部最终产品的市场价值；NDP = GDP － 资本折旧；NDP = GDP － 资本折旧；NI 是指经济社会的所有要素所有者在本期因向市场提供要素而获得的报酬总和；PI 是指要素所有者在计算期内应该拿到手的收入；DPI 是从个人收入中扣除个人所得税后的收入。

4. GDP 在实际应用中还要区分实际 GDP 与名义 GDP。

思考题

1. 利用下表中的数据回答以下两个问题：

年份	名义 GDP （10 亿元）	实际 GDP （2000 年 10 亿元）	GDP 平减指数
2006	4 500	—	150
2007	—	3 100	156

（1）2006 年的实际 GDP 是多少？

（2）2007 年的名义 GDP 是多少？

2. 如何理解 GDP 与经济福利之间的关系？

📚 专栏

GDP 先生的自述

我叫 GDP，英文全名是 Gross Domestic Products，中文名叫国内生产总值。我能代表一个国家（或一个地区）在一定时期内生产活动（包括产品和劳务）的最终成果，可以反映一国经济的规模和运行状况。如果没有我，你们无法谈论一国经济及其景气周期，无法获取经济健康与否的最重要依据。没有我，你们也无法获知一国的贫富状况和人民的平均生活水平，无法确定一国应承担的国际义务和享受的优惠待遇。所以诺贝尔经济学奖获得者萨缪尔森和诺德豪斯在《经济学》教科书中把我称为"20 世纪最伟大的发明之一"。

中国人深深地爱我，我也深深地爱中国人。1978 年的时候，我是 3 624 亿元人民币，到 2002 年增加到 102 398 亿元。按可比价格计算，我每年增长 9.4%。再过 10 年，我将有可能超过 35 万亿元人民币。我在见证一种神奇速度的同时，也见证着一个古老民族的复兴。

美国参议员罗伯特·肯尼迪在 1968 年竞选总统时说："GDP 能衡量一切，但并不包括使我们的生活有意义这种东西"。这位先生说得很对。我确实不是上帝，不是万能的，有许多东西我压根儿就没想去衡量。正如许多有识之士看到的，我能反映增长，却不反映资源耗减和环境损失。据中科院可持续发展战略课题组牛文元教授计算，我在中国的高速增长是用生态赤字换取的，"扣除这部分损失，纯 GDP 只剩下 78%。"当然，我也不能衡量劳工保护，社会保障，以及什么非典灾难。在很多地方，只要我在增加，哪管社会成本有多高！

我能反映经济增长，但不能衡量增长的代价和方式。例如，有专家估计，中国每年因资源浪费、环境污染、生态破坏而造成的经济损失至少为 4 000 亿元。假如按要素生产率计算，我在中国的增加额中，靠增加投入取得的增长占 3/4，靠提高效益取得的增长只占 1/4，而发达国家增加额中 50% 以上是靠效益提高。

我可以反映你们从事生产活动所创造的增加值，但是你们生产的效益如何，产品能否卖出去，报废、积压、损失多少，真正能用于扩大再生产和提高人民生活的有效产品增长是多少，都不是我的职责。据媒体披露，中国历年累计积压的库存（包括生产和流通领域）已高达 4 万亿元，相当于我的 41%。更有甚者，天灾人祸和灾后重建会让我增长，"拉链工程"也能使我长大。至于你们从中得到什么好处，我就爱莫能助了。

一位德国学者和两位美国学者在合著的《四倍跃进》一书中，对我这样描写："乡间小路上，两辆汽车静静驶过，一切平安无事，它们对 GDP 的贡献几乎为零。但是，其中一个司机由于疏忽，突然将车开向路的另一侧，连同到达的第三辆汽车，造成了一起恶性交通事故。'好极了'，GDP 说。因为，随之而来的是：救护车、医生、护士，意外事故服务中心、汽车修理或买新车、法律诉讼、亲属探视伤者、损失赔偿、保险代理、新闻报道、整理行道树等等，所有这些都被看作是正式的职业行为，都是有偿服务。即使任何参与方都没有因此而提高生活水平，甚至有些还蒙受了巨大损失，但我们的'财富'——所谓的 GDP 依然在增加。"他们最后指出:"平心而论,GDP 并没有定义成度量财富或福利的指标,而只是用来衡量那些易于度量的经济活动的营业额。"

此外,我也不能衡量社会分配是否公正,人民生活是否幸福。

在中国,我虽然有许多"毛病",但却有很多人,尤其是某些地方政府官员,把我当成一切,对我五体投地,顶礼膜拜。这让我感到困惑。经过苦苦思索和高人指点,我最后找到了答案。原来我是某些官员的政绩,是他们升迁的资本。"数字出干部"嘛!这是我来中国前未曾料到的!

我有见贤思齐的美德,希望不断完善自己。现在有学者提出了绿色 GDP 概念。我觉得很好。联合国开发计划署也提出了人力发展理念,开始逐渐突破"GDP 越高就越幸福"的传统思维。从第六个"五年计划"开始,中国原来的"国民经济五年计划"已明智地改为"国民经济与社会发展五年计划"。虽然只加上了"社会发展"四个字,但却表明你们对经济发展的认为有了质的飞跃。

现在,中国新一代领导集体正在谋划统筹城乡发展、统筹区域发展、统筹经济社会发展、统筹人与自然和谐发展、统筹国内发展和对外开放;提出以人为本理念,坚持全面、协调、可持续发展观,推动经济社会和人的全面发展。从增长到发展,这是中国国家发展战略的新突破,其影响异常深远。我完全赞成。

根据我在国外的经验,将来我的地位会降低,其他一些指标,如就业、负债、效益等会与我同行。我必然会从"总分成绩"变成"单科成绩"。当然,我仍然是最重要的单科成绩。到那时,物化的中国,将进化为人化的中国,文化的中国,自然的中国,文明的中国。

第九章　总供给和总需求

亲爱的布鲁特斯，错误并不在于命运，而在于我们自己。

——威廉·莎士比亚

本章内容提要：

- 总需求函数，决定总需求的因素
- 总供给函数，决定总供给的因素
- AD – AS 模型，短期国民收入的决定和短期经济波动

在大多数年份，物品与劳务的生产是增长的。但在一些年份会出现经济衰退与萧条的非正常增长。比如：美国 1929 ~ 1933 年的大萧条，衰退持续了 10 年并带来世界经济的低迷；亚洲国家的例子是 1998 年的亚洲金融危机及其引发的各国经济衰退，在我国用了五年时间经济实现软着陆；最近的事实是 2008 年以来的世界经济危机带来的衰退仍在困扰着许多国家。是什么原因引起了经济的短期波动呢？经济学家们仍然存在争论，但大多数经济学家使用总供给和总需求模型解释经济波动。本章内容将教会你用这一模型解释经济波动的事件和政策的短期效应。

第一节
总　需　求

一、总需求曲线

总需求是指一定时期内经济社会对最终产品和劳务的需求总量，一般用产出水平 Y 表示。总需求由消费需求（C）、投资需求（I）、政府需求（G）和国外

需求（NX）构成，即：

$$Y = C + I + G + NX$$

总需求受多种因素影响，其中主要的有物价水平、收入水平、税收、汇率、利率、预期、偏好等。如果抽象掉其他因素，只讨论总需求量和价格水平之间的关系，就被定义为总需求函数。它表示，在某个特定的价格水平下，经济社会需要生产多少投资品和消费品。如果用 AD 表示总需求水平，用 P 表示价格水平，总需求函数就是：

$$AD = f(P)$$

在其他条件不变时，一国的总需求量与价格水平呈相反方向的变化。总需求量与总价格水平之间的负相关关系，还可以用总需求曲线表示。在图 9 - 1 中，纵轴代表价格水平，横轴代表产出水平，AD 就是总需求曲线。在一般情况下，总需求曲线向右下方倾斜。这意味着总需求量与价格水平之间是负相关的。

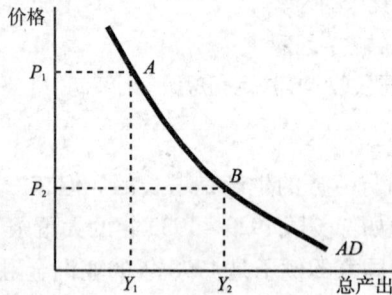

图 9 - 1　总需求曲线

总需求曲线之所以向右下方倾斜，主要是因为：

（一）财富效应

物价会影响货币的购买力，进而影响总需求量。一般情形是，在其他条件不变的情况下，如果物价水平下降，货币的购买力就会上升，人们会感到更加富有，因而会购买更多的物品和劳动。相应地，消费者的总消费支出会增加。相反，如果价格水平上升，货币的购买力就会下降，人们会感到相对贫穷了，因而会减少购买物品和劳务。相应地，消费者的总消费支出就会减少。在宏观经济分析中，这种物价与货币购买力相反方向变动、货币购买力和总需求量相同方向变动的现象，被称为财富效应。因为庇古特别强调这种效应，所以又叫庇古效应。又因为物价变动会影响人们的实际货币余额，所以财富效应又叫实际余额效应。

（二）利率效应

物价会影响利率和投资，进而影响总需求量。一般情形是，当物价水平上升时，人们购买同样多的物品，就需要用更多的货币，或者说，物价水平上升会导致货币需求增加。如果这时货币供给量没有相应地增加，利率水平就会上升。我们在第六章讨论资本市场时曾经指出，利率是厂商使用资本品的成本。在收益既定的情况下，资本需求（即私人投资）与利率按相反的方向变化。所以，当利率上升时，厂商的投资需求就会减少，总需求量也相应地减少。在图 9 - 1 中，这种变化表现为，物价水平由 P_2 上升到 P_1，总需求量由 Y_2 减少至 Y_1，物价水平和总需求水平的组合点由 B 点沿着 AD 曲线移动到 A 点。这种变化叫总需求量的变化。根据同样的道理，物价水平下降，会导致利率水平下降，投资需求增加，总需求量增加。在宏观经济分析中，这种物价变动引起利率同方向变动，进而使投资和需求量相反方向变动的现象，被称为利率效应。因为凯恩斯特别强调这种效应，所以又叫凯恩斯的利率效应。

（三）汇率效应

在开放经济条件下，物价会影响汇率，进而影响净出口和总需求量。一般情形是，当国内物价水平下降时，本币的汇率会随之下降，导致出口增加，进口减少，净出口增加。总需求量相应地增加。相反，当国内物价水平上升时，本币的汇率会随之上升，导致出口减少，进口增加，净出口减少。总需求量也相应地减少。在宏观经济分析中，这种物价变动引起汇率相同方向变动，进而使净出口和需求量相同方向变动的现象，被称为汇率效应。因为蒙代尔和弗来明特别强调，所以又叫蒙代尔—弗来明汇率效应。

在实际生活中，本国物价水平下降，会使外国物品相对昂贵，本国物品相对便宜。在这种情况下，外国人会购买更多的本国物品，导致出口增加；本国人一方面增加本国物品的购买，另一方面减少对外国物品的购买，导致进口减少。两个因素共同作用，导致净出口和总需求量增加。

（四）税收效应

物价水平会影响名义收入和纳税额及可支配收入，进而影响总需求量。一般情形是，当物价水平下降时，名义收入会下降，纳税减少，可支配收入增加。总需求量会相应地增加。相反，当物价水平上升时，名义收入会上升，纳税增加，可支配收入减少。总需求量会相应地减少。在宏观经济分析中，这种物价与税收相同方向变动，进而使可支配收入和总需求量按相反方向变动的现象，被称为税收效应。

综上所述，物价水平下降，会使利率下降，私人投资增加；货币购买力上升，消费支出增加；（本币）汇率下降，净出口增加；税收减少，可支配收入和消费支出增加。所有这些，都会导致总需求量增加。不过，据斯蒂格利茨研究，物价水平变化对消费、投资和净出口的影响很小，因而总需求曲线比较陡峭，弹性较小。

二、总需求曲线的移动

我们在前面讨论总需求量的变动时，一直假定其他条件不变。这些条件主要是指收入水平、消费倾向（储蓄倾向）、资本边际效率、利率、汇率、预期、偏好、政策等。如果这些条件全部或其中某一个变化了，即使物价水平不变，总需求量也会变化。这种变化表现为整个总需求曲线的平行移动。如图 9-2 中 AD_0 移动到 AD_2 或 AD_1 所示。在经济分析中，这种变化叫总需求的变化。在讨论总需求变化时，前提是假定物价水平不变。

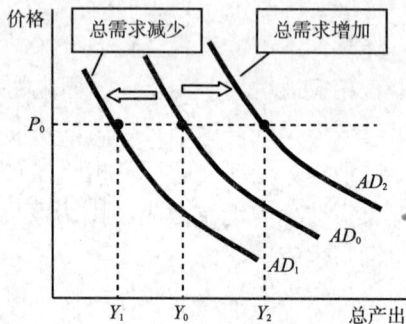

图 9-2 总需求曲线的变化

（一）预期

预期对总需求的影响主要有两个渠道，一是通过影响居民消费，进而影响总需求。预期对居民的影响可能是未来收入的持续增加，或者未来通货膨胀率的上升。如果这种预期具有普遍性，就会增加居民现期消费，从而提高总需求水平，使总需求曲线向右移动，表现在图 9-2 中，就是总需求曲线 AD_0 向右移至 AD_2；反之，总需求曲线 AD_0 向左移至 AD_1。二是通过影响投资进而影响总需求。如果企业家预期利润率上升，或者企业家普遍对宏观经济形势抱有信心，就会扩大企业投资，从而增加总需求，使总需求曲线向右移动，表现在图 9-2 中，就是总需求曲线 AD_0 向右移至 AD_2；反之，总需求曲线 AD_0 向左移至 AD_1。

总之，收入、边际消费倾向、资本边际效率、灵活偏好规律、汇率、财政政策和货币政策、预期等因素，都会影响总需求，改变总需求曲线的位置，即引起总需求曲线移动。

（二）世界经济

世界经济影响总需求的主要因素是汇率和国外收入。

汇率是本国货币与外国货币之间的比率。在其他因素（包括价水平）不变的情况下，本币汇率与净出口按相反的方向变化。由此决定，如果不考虑其他因素，随着本币汇率下降，净出口需求和总需求会相应地增加，总需求曲线向右方平行移动。表现在图 9-2 中，就是总需求曲线 AD_0 向右移动至 AD_2；相反，如果本币汇率上升，净出口需求和总需求会减少，总需求曲线向左方平行移动，表现在图 9-2 中，就是总需求曲线 AD_0 向左移至 AD_1。

此外，国外收入的变化，也会引起对一国总需求的变化，从而使得总需求曲线移动。外国收入增加会扩大对本国商品的需求，在进口不变的情况下增加净出口需求，总需求上升；外国收入减少的作用相反。

（三）宏观经济政策

在现代经济中，宏观经济政策对总需求也有重要影响。例如，政府实施扩张性财政政策，增加政府购买，或减少税收，就会扩大总需求，使总需求曲线右移，表现在图 9-2 中，就是总需求曲线 AD_0 向右移动至 AD_2；相反，政府实施紧缩性财政政策，减少政府购买，或增加税收，就会减少总需求，使总需求曲线向左移动，表现在图 9-2 中，就是总需求曲线 AD_0 向左移至 AD_1。再如，政府实施扩张性货币政策，增加货币供给，就会促使利率下降，使投资需求和总需求增加，进而使总需求曲线右移，表现在图 9-2 中，就是总需求曲线 AD_0 向右移至 AD_2；相反，政府实施紧缩性货币政策，减少货币供给，就会促使利率上升，使投资需求和总需求减少，进而使总需求曲线向左移动，表现在图 9-2 中，就是总需求曲线由 AD_0 向左移动至 AD_1。政府的其他政策也有上述效应。

|第|二|节|
总 供 给

一、总供给曲线

总供给是指一定时期内整个经济社会能够提供的最终产品和劳务的总量。一般用总产出或总收入（Y）表示，取决于总要素投入量（如劳动力、资本存量、技术等）与投入组合的效率，以及物价水平、技术进步、经济政策、预期等因素。

如果不考虑其他因素的影响，只考察总供给量与物价水平的关系，总供给函数的形式就变为：$Y = f(P)$，其中，Y 代表总供给，P 代表物价水平。

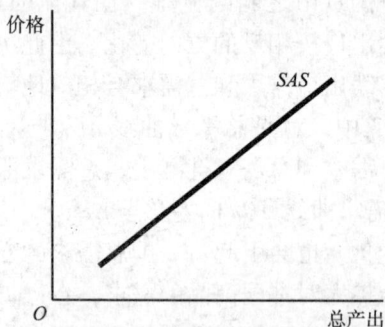

图 9-3 短期总供给曲线

（一）短期总供给曲线

短期总供给是指货币工资、其他资源价格和潜在 GDP 保持不变时，实际 GDP 供给量和价格水平之间的关系。在短期里，价格水平上升引起实际 GDP 增加，短期供给曲线向右上方倾斜。经济学家给出的解释是，在短期内，工资、利息、地租等要素价格具有粘性，不能随意改变，所以产品的成本也是不变的。这时如果产品价格上升，厂商的利润就会增加，激励厂商增加产量，进而促使总产出增加。或者，在短期内，名义工资由契约规定，不能随意变动。这时如果产品价格上升，就会使实际工资（$\frac{W}{P}$）下降，激励厂商增加对劳动的购买，从而使就业和产出增加。

（二）长期总供给曲线

长期总供给是长期中实际 GDP 等于潜在 GDP 时，实际 GDP 与价格之间的关系。图 9 – 3 的长期供给曲线 LAS 反映了这一关系。该曲线是一条位于经济的潜在产量或充分就业产量水平上的垂直线。

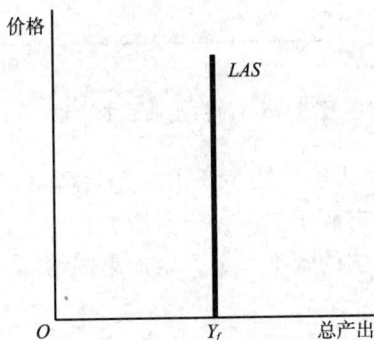

图 9 – 4　长期总供给曲线

长期总供给曲线垂直是因为潜在 GDP 不受价格水平影响，其原因是，沿着 LAS 曲线的移动，产品的价格水平和货币工资具有完全弹性，价格水平和货币工资率以相同的百分比变动，实际工资率在充分就业水平上保持不变。因此，当价格水平变动而实际工资率不变时，就业量保持不变，且实际 GDP 保持在潜在 GDP。

二、总供给曲线的移动

我们在前面讨论价格和总产出变动时，一直假定其他条件不变。这些条件主要是指资本存量、劳动投入、技术进步、经济政策、预期等。如果这些条件全部或其中某一个变化了，即使物价水平不变，总产出和就业也会变化。这种变化表现为整个总供给曲线的平行移动。如图 9 – 5 中总供给曲线 SAS_0 移动到 SAS_2 或 SAS_1 所示。在宏观经济分析中，这种变化叫总供给的变化。在讨论总供给变化时，前提是假定物价水平不变。

（一）资本存量

资本是重要的生产要素。在其他条件不变时，随着资本存量增加，经济社会的生产能力会提高，产出和就业都会增长，总供给曲线相应地向右方平行移动。

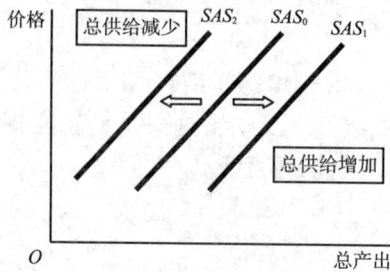

图 9 - 5　总供给曲线的移动

表现在图 9 - 5 中，就是总供给曲线 SAS_0 向右移动至 SAS_1。资本存量是储蓄和投资的结果。提高储蓄率，有利于扩大投资，增加资本存量，扩大总供给。引进外国资本，也有利于增加一国的资本存量，增加总供给。

（二）人口规模

劳动是生产中能动的要素。在其他条件不变时，随着劳动量增加，经济社会的生产能力会提高，产出和就业也会增加，总供给曲线相应地向右方平行移动。表现在图 9 - 5 中，就是总供给曲线 SAS_0 向右移动至 SAS_1。劳动人口是总人口中的一个部分。人口增长是劳动增长的基础。所以，随着人口增长，总供给也会不断增长。

（三）技术进步　　·

技术也是重要的生产要素。在其他条件不变时，随着技术水平提高，经济社会的生产能力就会提高，产出和就业也会增加，总供给曲线相应地向右方平行移动。表现在图 9 - 5 中，就是总供给曲线 SAS_0 向右移动至 SAS_1。技术进步的基础是教育。大力发展教育，提高人的科技文化素质，有利于提高科技水平，增加社会总供给。

（四）经济政策

经济政策对厂商的投资决策有重要影响，从而会影响总供给。例如，政府增加对厂商的财政补助，会使厂商扩大生产，增加总供给，使总供给曲线向右平行移动。表现在图 9 - 5 中，就是总供给曲线 SAS_0 向右移动至 SAS_1。相反，政府增加税收，会减少厂商的税后利润，从而缩小生产规模，进而使总供给下降，总供给曲线向左平行移动。表现在图 9 - 5 中，就是总供给曲线 SAS_0 向左移动至 SAS_2。

|第|三|节|
AD – AS 模型

一、产量和价格的决定

把总需求曲线和总供给曲线放到一个坐标图上，就可以分析实际产出和物价水平的决定了。下面，我们结合图 9 – 6 说明。

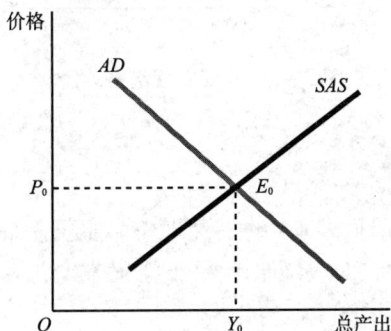

图 9 – 6　短期宏观经济均衡

在短期内，均衡产出和均衡价格是由总需求与总供给共同决定的。在图 9 – 6 中，横坐标代表产出，纵坐标代表价格，AD 代表总需求曲线，SAS 代表总供给曲线。总需求曲线 AD 与总供给曲线 SAS 相交于 E_0 点，经济达到均衡。这时，均衡价格为 P_0，均衡产量为 Y_0。表示在 P_0 水平上，经济社会的实际总产出是 Y_0，实际总需求也是 Y_0，二者相等。如果没有外部因素干扰，这种均衡将长期保持下去。

当实际 GDP 等于潜在 GDP 时，宏观经济就实现了长期均衡。图 9 – 7 表明，长期宏观经济均衡发生在总需求曲线、短期供给曲线和长期总供给曲线的交点。

二、经济波动的解释

总需求—总供给模型是基本的宏观经济模型，可以用来解释短期经济波动，也可以说明一些宏观经济政策的实施效应。

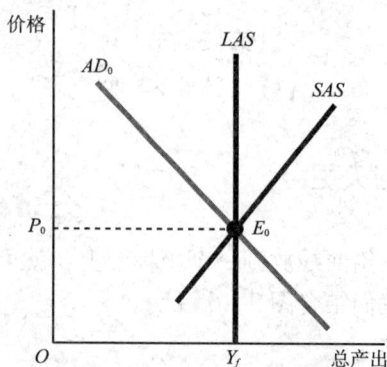

图9-7 长期宏观经济均衡

（一）经济衰退

经济衰退是经济周期性波动中的一种现象。主要表现是：物价水平低，居民消费不振，企业投资不旺，实际产出水平低于潜在产出水平。其原因一般是总需求不足。下面，我们结合图9-8略作说明。

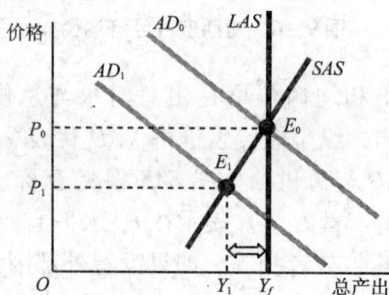

图9-8 经济衰退

我们假设，初始经济处于均衡状态，即总需求曲线 AD_0 与短期总供给曲线 SAS、长期总供给曲线 LAS 相交于 E_0 点，实际 GDP 和潜在 GDP 均为 Y_f，物价水平为 P_0。再假设，由于某些因素影响，社会总需求水平下降了，表现为总需求曲线 AD_0 向左移至 AD_1。总供给没有受到冲击，其位置和斜率都没有变化。这样，新的总需求曲线 AD_1 与原来的总供给曲线 SAS 相交于 E_1 点，形成新的均衡：总产出为 Y_1，价格水平为 P_1。很明显，$Y_1 < Y_f$，$P_1 < P_0$。或者说，总产出水平和物价水平都下降了。

这种情况就是宏观经济分析中所说的经济衰退。实际 GDP 与潜在 GDP 之间的差额，即 $Y_f - Y_1$，被称为衰退性缺口。

（二）经济过热

经济过热也是经济周期性波动中的一种现象。其主要表现是总需求扩张，物价水平普遍的、显著的、持续的上升，经济出现通货膨胀。下面，我们结合图 9-9 略作说明。

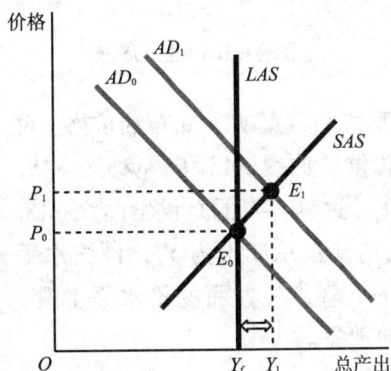

图 9-9 经济过热

我们假设，初始经济处于均衡状态，总需求曲线 AD_0 与短期总供给曲线 SAS、长期总供给曲线 LAS 相交的 E_0 点，实际 GDP 和潜在 GDP 均为 Y_f，物价水平为 P_0。再假设，由于某些因素影响，社会总需求水平上升了，表现为总需求曲线 AD_0 向右移至 AD_1。总供给没有受到冲击，其位置和斜率都没有变化。这样，新的总需求曲线 AD_1 与原来的总供给曲线 SAS 相交于 E_1 点，形成新的均衡：总产出为 Y_1，价格为 P_1。很明显，总产出增加，物价水平上升了。

这种情况就是宏观经济分析中所说的经济过热。实际 GDP 与潜在 GDP 之间的差额，即 $Y_1 - Y_f$，被称为膨胀性缺口。

（三）经济滞涨

经济滞涨是 20 世纪 70 年代西方发达国家中出现的一种新现象。其特点是经济停滞与通货膨胀并存，原因是总供给减少。下面，我们结合图 9-10 略作说明。

我们假设，初始经济处于均衡状态，即总需求曲线 AD 与短期总供给曲线 SAS、长期总供给曲线 LAS 相交于 E_0 点，实际 GDP 和潜在 GDP 均为 Y_f，物价水

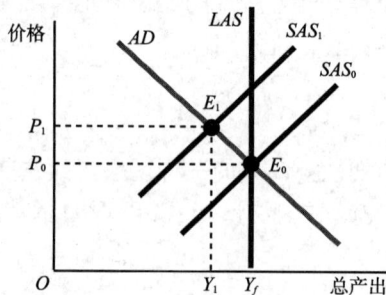

图9-10 经济滞胀

平为 P_0。再假设，由于某些因素影响（如石油价格上涨，企业成本增加），总供给水平下降了，表现为总供给曲线 SAS_0 向左移至 SAS_1。总需求没有受到冲击，其位置和斜率都没有变化。这样，新的总供给曲线 SAS_1 与原来的总需求曲线 AD 相交于 E_1 点，形成新的均衡：总产出为 Y_1，价格水平为 P_1。很明显，$Y_1 < Y_f$，$P_1 > P_0$。随着总供给水平下降，一方面物价水平上升，另一方面实际产出水平下降，形成了滞涨并存的现象。

三、经济周期理论

（一）经济周期及其阶段

经济周期理论讨论长期经济增长中的周期性波动问题。经济周期又叫经济循环或商业循环，是指经济活动沿着经济发展的总体趋势所经历的扩张和收缩。图9-11描述了经济周期的一般特征。其中，纵轴 Y 代表国民收入，横轴 t 代表时间（年份），向右上方倾斜的直线 N 代表长期经济发展的总体趋势。

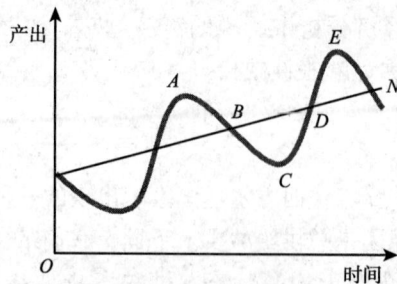

图9-11 经济周期

多数西方学者认为，经济周期是不规则的。没有两个完全相同的周期，也不能准确地预测周期的发生时间和持续时间。经济周期可能像天气变化那样变化无常。

典型的经济周期一般包括四个阶段：①衰退阶段，其特点是总产出和物价下降，失业率上升。②萧条阶段，其特点是产出停止下降，产出水平接近低谷部分，失业率仍然很高，公众消费水平下降，企业生产能力大量闲置，存货积压，利润低甚至亏损，企业对前景缺乏信心，新投资很少。③复苏阶段，其特点是生产开始回升并逐渐加快，但还没有达到危机前的最高水平。促使复苏的因素主要是固定资本更新。④繁荣阶段，其特点是经济增长超过了危机前的水平，就业、实际工资、物价水平持续上升，生产迅速增加，公众对未来持乐观态度。

（二）经济周期的类型

经济学家根据一个经济周期时间的长短，把经济周期分为不同的类型。①长周期或长波，其平均长度为50年左右，是原苏联康德拉季耶夫在1926年提出的，所以又叫"康德拉季耶夫"周期。②中周期或中波，其平均长度为9～10年，是法国经济学家朱格拉在1860年提出来的，所以又叫"朱格拉周期"。③短周期或短波，其平均长度为40个月（3.5年），是英国统计学家基钦在1923年提出来的，所以又叫"基钦周期"。④建筑业周期，其平均长度为15～20年，是美国经济学家库兹涅茨在1930年提出来的，所以又叫"库兹涅茨周期"。⑤熊彼特周期，是奥地利经济学家熊彼特对上述周期进行了综合分析后，提出的一种理论。熊彼特认为，每一个长周期包括6个中周期，每一个中周期又包括三个短周期。他以重大的创新为标志，划分了三个长周期。在每个长周期中仍有中等创新所引起的波动，这就形成若干个中周期。在每个中周期中还有小创新所引起的波动，这就形成若个短周期。

（三）经济周期理论

1. 主流经济周期理论

主流经济周期理论是当总需求起伏不定地增长时，潜在GDP以稳定速度增长。因为货币工资是粘性的，如果总需求的增长超过潜在GDP的增长，实际GDP就会高于潜在GDP，出现通货膨胀。如果总需求的增长低于潜在GDP的增长，实际GDP就会低于潜在GDP，出现经济衰退，如果总需求减少，实际GDP也会在衰退中减少。

图 9-12 表示了这种经济周期理论。最初，实际和潜在 GDP 假如为 9 万亿元，且长期供给曲线为 LAS_0，总需求曲线为 AD_0，价格水平为 105。经济处于充分就业的 A 点。当潜在 GDP 自 LAS_0 扩张至 LAS_1 时，总需求 AD_0 也增加了，且总比潜在 GDP 增加的多，则导致价格水平上升。假设在目前的扩张期中，价格水平预期上升到 115，且货币工资一直处于预期水平不变，短期供给曲线为 SAS_1。

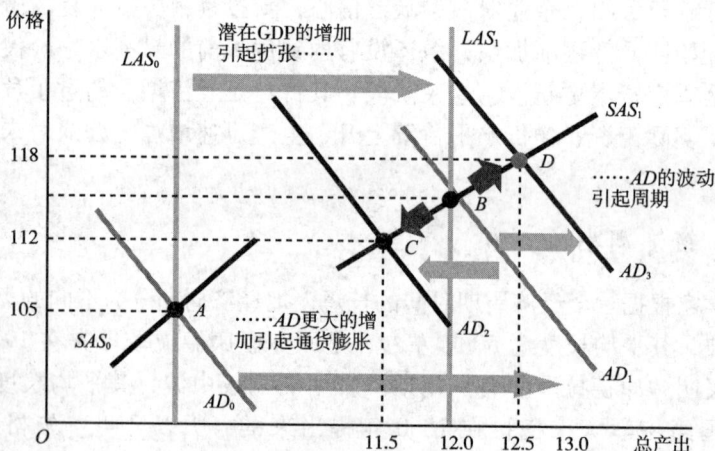

图9-12表示了这种经济周期理论。

价格

潜在GDP的增加
引起扩张……

LAS_0

LAS_1

SAS_1

118

D

……AD的波动
引起周期

B

112

C

AD_3

105

A

SAS_0

……AD更大的增
加引起通货膨胀

AD_2

AD_1

AD_0

O 11.5   12.0 12.5 13.0   总产出

图 9-12   主流经济周期理论

如果总需求增加到 AD_1，那么实际 GDP 增加到 12 万亿元，价格水平上升到预期的 115，即图中的 B 点；如果总需求增加到 AD_2，实际 GDP 的增加少于潜在 GDP 的增加，经济移动到 C 点，实际 GDP 为 11.5 万亿元，价格为 112，通货膨胀低于预期；如果总需求增加到 AD_3，实际 GDP 大于潜在 GDP，经济移动到 D 点，此时实际 GDP 为 12.5 万亿元，价格为 118，通货膨胀高于预期。

主流经济周期理论都认为，增长、通货膨胀和经济周期都源于潜在 GDP 的持续增长、更快的总需求增加以及总需求增长的速率的波动。主流经济周期理论有很多特殊形式，它们在总需求增长的波动来源以及货币工资粘性的来源上看法各有不同。例如，凯恩斯主义者经济周期理论认为，总需求波动的主要来源是受经济信心波动而驱动的投资波动，凯恩斯用"动物精神"来表达；货币主义则认为，总需求波动的主要来源是受货币增长率波动而驱动的投资和消费支出波动；新古典周期理论认为，只有未预期到的总需求波动才可能引起波动；新凯恩斯周期理论则认为，预期到的和未预期到的总需求波动都会引起实际 GDP 围绕潜在 GDP 波动。

2. 实际经济周期理论

主流经济周期理论并没有排除总供给冲击的可能性，但是供给冲击不是主流经济周期理论认为的经济波动的一般来源。相反，实际经济周期理论则把总计冲击放在中心位置，认为经济周期源于经济体系之外的一些实际因素的冲击，即"外部冲击"，而引起这种冲击的是一些实实在在的因素。市场经济无法预测这些因素的变动与出现，也无法自发地迅速做出反应，所以经济中必然发生周期性波动。这些冲击经济的因素不产生于经济体系之内，与市场机制无关。所以，实际经济周期理论是典型的外因论。

根据引起冲击的因素，实际经济周期理论把外部冲击分为"供给冲击"和"需求冲击"两种类型。根据冲击引起的后果，他们又把外部冲击分为引起经济繁荣的"正冲击"（或称"有利冲击"）和导致经济衰退的"负冲击"（或称"不利冲击"）。技术进步是典型的正冲击，这种冲击刺激了投资需求和经济增长；20 世纪 70 年代的石油危机，则是负冲击的典型案例，"9·11"这样的事件也可以归入不利冲击。国内外发生的各种事件都有可能成为外部冲击，但其中最重要的是技术进步，占外部冲击的 2/3 以上。值得注意的是，实际经济周期理论也把政府宏观经济政策列为外部冲击因素。

实际经济周期理论主要用技术进步来解释经济周期。他们指出，当经济正常运行时，如果出现了重大的技术突破（如网络的出现），就会引起对新技术的投资迅速增加，这就带动了整个经济迅速发展，引起经济繁荣。由技术进步引起的繁荣，不是对经济长期趋势的背离，而是经济能力本身的提高。但是，新技术突破不会连续不断地出现。当一次新技术突破引起的投资过热过去之后，经济又趋于平静。这种平静也不是低于长期趋势，而是一种新的长期趋势。实际经济周期理论的结论是，长期经济增长中的波动是正常的，并非源于市场机制的不完善。

本章小结

1. 总需求是指一定时期内经济社会对最终产品和劳务的需求总量，一般用总产出或总收入 Y 表示。如果不考虑其他因素，只讨论总需求量和价格水平之间的关系，就被定义为总需求函数。如果用 AD 表示总需求水平，用 P 表示价格水平，总需求函数就是：$AD = f(P)$。根据总需求函数，当一国物价水平下降时，总需求量会增加。因此，总需求曲线向右下方倾斜。

2. 除了物价水平之外，收入水平、消费倾向（储蓄倾向）、资本边际效率、利率、灵活偏好规律、汇率、预期、偏好、政策等，也对总需求量有影响。如果这些因素中的一种变化了，总需求就会变化，总需求曲线相应地移动。

3. 总供给是指一定时期内整个经济社会能够提供的最终产品和劳务的总量。一般用总产出或总收入（Y）表示。如果用 N 代表劳动，用 K 代表资本，用 Y 代表总产出，则总量生产函数的形式就是：$Y=f(N, K)$。根据短期总量生产函数，当一国物价水平上升时，总供给量也会增加。因此，总供给曲线向右上方倾斜。

4. 除了价格之外，资本存量、人口、技术和政策等因素，也对总供给量有影响。如果这些因素中的一种变化了，总供给曲线就会移动。

5. 总供给曲线与总需求曲线的交点，决定了均衡价格和均衡产量。在均衡产出水平上，有可能实现充分就业，也有可能存在着失业。当总需求或总供给变化时，总需求曲线或总供给曲线就会移动，形成新的均衡价格和均衡产出。

6. 运用总需求—总供给模型，可以解释经济衰退、通货膨胀和经济滞胀等宏观经济现象。

思考题

1. 什么是总供给曲线？它有哪三种不同的情况？
2. 在不同的总供给曲线下，总需求变动对国民收入与价格水平有何不同的影响？
3. 总需求不变时，短期总供给的变动对国民收入和价格水平有何影响？
4. 你如何解释次贷危机引发的经济衰退对我国的影响？
5. 经济周期分为哪几个阶段？各个阶段的基本特征是什么？
6. 主流经济周期理论如何解释经济周期？

专栏

我国经济的周期性波动（1978～2007 年）

改革开放以来，我国经济发展取得了举世瞩目的成就。1978～2007 年，我国国内生产总值平均增速达到 9.8%。在我国经济高速增长的同时，也带有明显的周期性波动特点，大体看来有 5 次。GDP 增长率见图 1。

可以看出，中国经济增长中所呈现出来的周期特征是（见表 1）：

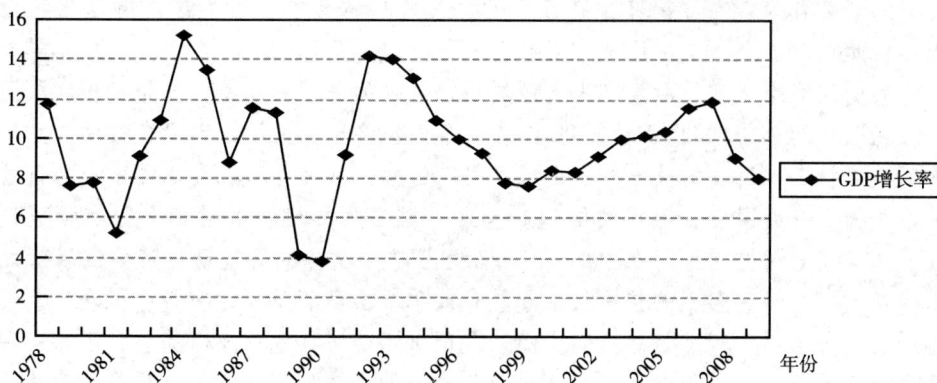

图1　我国国内生产总值增长率

数据来源：国家统计局：《中国统计年鉴（2008）》，中国统计出版社 2008 年版。其中 2009 年为预期数据。

表1　　　　　　　　　　　　　　我国经济周期特征

内容 年份	跨度（年）	平均增长率（%）	波峰（%）	波谷（%）	波幅（%）
1978～1984	7	9.6	15.2	5.2	10
1985～1987	3	11.3	13.5	8.8	4.7
1988～1992	5	8.5	14.2	3.8	10.4
1993～2007	15	10.2	14	7.6	6.4

第一，周期明显，跨期拉大。我国经济增长的前四次波动的平均跨度为 7.5 年，接近为期 10 年的朱格拉周期，且第四次波动周期长达 15 年。我国经济增长的周期性明显。

第二，波动位势较高，高位波动。每一次波动的平均增长率都在 8% 以上，经济高增长是在高水平、高位势的波动下实现的。

第三，波动峰值相近，波幅趋缓。前四次经济波动的波峰值位于 14% 左右，波峰值与波谷值之差由第一次的 10 个百分点缩短为第四次的 6.4 个百分点，经济增长稳定性明显增加。

第四，新一轮周期受国际影响因素突出。前四次的经济波动主要受国内因素影响，是对社会总需求、总供给变动的反映。

本轮经济周期形成的直接导火索是美国的次贷危机，是由国外冲击直接催化而成的，具有传染性、突发性特点。受次贷危机的影响，世界经济普遍出现衰退。在此大背景下，中国经济难以独善其身。

我国经济高速增长所表现出来的周期性特征的原因主要是：一是投资膨胀因素。从改革开放初期到20世纪90年代，我国经济增长主要是由投资拉动，且表现为政府投资。过度的政府投资引起了经济过热，从而导致社会总需求与总供给关系失衡，进而引发较为严重的通货膨胀，前三次的经济波动都与此有很大关联。二是宏观调控因素。在1992年明确提出建立社会主义市场经济体制目标之前，国家对经济的宏观调控手段主要是行政手段，尽管迅速、有效，但会带来经济的大起大落，不利于经济稳定。随着我国市场经济体制的不断完善，国家宏观调控水平的提高，对经济的稳定增长起到较大的影响作用，主要体现在第四次的经济周期波动中。三是国际经济因素。国际经济因素对我国经济波动的影响主要取决于两个方面：我国经济的开放程度和对世界经济的依赖程度。受此次次贷危机的影响，我国新一轮经济周期的形成充分说明了随着我国经济的不断开放、与世界经济的联系日益密切，国际因素对我国经济波动的影响越来越大。开放性经济体的经济周期性波动往往具有同步性、传导性。

第十章　失业与通货膨胀

一个人想工作，而又找不到工作，这也许是阳光下财富不平等所表现出来的最惨淡的景观了。

——托马斯·卡莱尔

没有什么手段比毁坏一个社会的通货能更隐蔽、更可靠地颠覆社会的现有基础了。在破坏的一方，这个过程完全是由隐蔽的经济规律力量进行的，而且，这个过程以一种在百万人中也没有一个人能觉察到的方式进行。

——约翰·梅纳德·凯恩斯：《就业、利息和货币通论》

本章内容提要：

- 失业的概念、成因、经济影响
- 通货膨胀的概念、成因、经济影响
- 菲利普斯曲线及其政策含义

在人的一生中失去工作和遇到通货膨胀可能是最悲惨的。失业不仅没有了劳动报酬，而且会丧失部分或全部个人成就感，而通货膨胀带给我们的痛苦则是货币收入的下降和生活成本的增加。20世纪70年代，美国经济学家阿瑟·奥肯面对滞涨，提出了"痛苦指数"，即"痛苦"可以通过把通货膨胀率和失业率相加而衡量。我们希望获得高收入，没有失业和通货膨胀，这个理想可能实现吗？我们需要在它们之间艰难权衡吗？本章的分析试图告诉我们答案。

|第|一|节|
失 业 理 论

一、失业的概述

（一）失业的定义

在经济分析中，失业被定义为，在法定劳动年龄段内有就业能力并且有就业要求的人口没有就业机会的现象。从失业者角度看，失业是指在社会经济中劳动者处于无工作的状态。这些有工作能力而且愿意工作，并且正在寻找工作的人，就是失业者。

法定劳动年龄是由国家规定的。例如，美国规定，法定劳动年龄为 16～65岁。我国现在的规定是 16～60 岁。不寻找工作的人不计入失业者。例如，在读大学生、家务劳动者、有病休养者以及其他人员。

在一个动态社会中，失业并不是某个固定的人群，而是变动的。其特点是：①失业者流动性大。即每个月中，都会有人失业，也有人重新就业。②只有一部分人长期失业。这些人主要是年龄偏大，劳动技能较低，女性尤甚。③不同劳动集团之间的失业率差别大。在美国，白人男性失业率较低，而有色人种失业率相对较高；男性劳动者失业率较低，而女性劳动者失业率较高。刚毕业的青年学生失业率也较高。

（二）失业的衡量

在宏观经济分析中，一般用失业率来测量失业状况。失业率是指失业人数占劳动力人数的比例。失业率的计算公式为：

$$失业率 = \frac{失业人口}{劳动人口} \times 100\%$$

在西方国家，经济监测部门按月发布失业率数据，并用以观测经济运行态势。一般地说，失业率下降，表明整体经济向好；失业率上升，表明经济发展受阻。如果把失业率和同期的通货膨胀率结合起来分析，就可以判断经济发展是否过热，是否构成加息压力，或是否需要通过减息以刺激经济发展。所以，失业率被认为是最重要的宏观经济指标之一。

（三）失业的类型

根据失业的原因，可以把失业分为不同的类型。主要有以下三种：

1. 摩擦性失业

摩擦性失业指由于人们在不同地区、职业和生命周期阶段变动工作而引起的失业。在市场经济中，人们会经常调换工作。从离开原来的工作岗位，到找到新的工作岗位之前，便处于失业状态。即使是在经济高涨时期，这种失业也存在。所以，摩擦性失业有两个特点，一是具有过渡性或短期性；二是与经济景气无关。因此，这种失业对经济运行并不构成威胁。

2. 结构性失业

结构性失业指劳动力的供给和需求不匹配造成的失业，其特点是经济中一方面有职位空缺；另一方面又有人失业。结构性失业缘于劳动供给结构与需求结构不一致的矛盾。这种矛盾具体有两种。一种是劳动者不具备就业技能；另一种是劳动者原来的技能已经过时。这种失业即使是在经济高涨时期也存在，因而也与经济景气无关。

3. 周期性失业

周期性失业指由于经济衰退，对劳动力需求减少而造成的失业。当经济发展处于一个周期中的衰退期时，社会总需求不足，厂商的生产规模缩小，从而导致较为普遍的失业现象。周期性失业对于不同行业的影响是不同的。一般来说，需求的收入弹性越大的行业，所受周期性失业的影响越严重。周期性失业与经济景气密切相关。经济学家们关注的主要是周期性失业。

二、失业的经济学解释

西方经济学家对失业的成因有多种解释，大多数西方经济学家使用微观分析中的供求框架来解释失业。如图 11 - 1 和图 11 - 2 所示。在图中，横轴是劳动力数量，纵轴是劳动力价格，即工资率。曲线 D 是劳动的需求曲线，曲线 S 是劳动的供给曲线。

（一）竞争性劳动市场

图 11 - 1 描述的是竞争性的劳动力供给和需求的一般情况，在竞争性劳动市场上，工资具有充分的伸缩性，市场机制可以调节劳动的供求关系，使劳动的供给量正好等于其需求量，实现充分就业。这时如果还有人失业，肯定是自愿失业

者，即不接受现有的就业条件而产生的失业，其中包括摩擦失业者和结构失业者。如图 11－1 所示，劳动的需求曲线 D 与劳动的供给曲线 S 相交于 E 点，劳动市场达到均衡。这时，工资率为 W_1，就业量为 N_E，$N_0 - N_E$ 为自愿失业人数，不存在非自愿失业者。

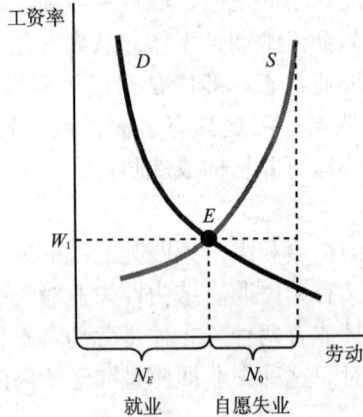

图 11 － 1　竞争性劳动市场模型

（二）工资向下刚性或粘性

图 11－2 说明工资存在向下刚性时如何导致了非自愿失业。某些原因可能导致工资高于均衡工资，在 W_2 的工资水平下，劳动供给大于劳动需求，劳动市场出现非自愿失业情况，数量为 $N_2 - N_1$。非自愿失业指的是市场工资率 W_2 高于均衡工资率 W_1，并且不能自动下降。或者说，工资具有向下的刚性。工资之所以不能下降，

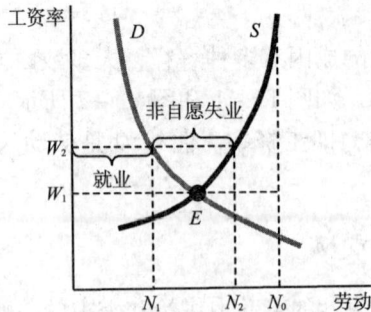

图 11 － 2　工资向下刚性或粘性的劳动市场模型

可能是国家规定了最低工资，也可能是出现了工会垄断，还有可能是劳动合同未到期，不能及时调整工资。后一种情形叫"工资粘性。"为什么工资会出现刚性或粘性，这是现代宏观经济学中富有争议的论题，在经济学界尚未达成共识。

三、失业的影响

实证地看，失业者的存在，对于促进劳动力流动，优化劳动资源配置；对于促进职业技能培训，提高劳动者技能；对于改进企业管理，降低劳动成本，提高企业竞争力等，有积极意义。但是，失业对个人、家庭和社会等，也有消极影响，对此不能低估。

（一）对个人的影响

失业者最容易感受失业的影响。失业威胁着家庭的稳定。当家庭遭遇失业而没有收入或收入减少，家庭的需求得不到满足时，家庭成员之间的关系将受到损害。相关的心理学研究表明，失业造成的精神创伤不亚于亲友去世或学业失败。此外，家庭之外的人际关系也受到严重影响。一个失业者在就业的人员当中失去了自尊和影响力，面临着被同事拒绝的可能性，并且可能要失去自尊和自信。最终，失业者在情感上会受到严重打击。

从另一角度看，如果失业持续的时间较长，人力资本的积累中断，劳动者的工作技能会贬值。失业持续的时间越长，重新工作的可能性就越小，劳动技能的贬值就越严重。

（二）对社会的影响

失业对社会的影响，主要是影响社会治安，不利于社会稳定。据统计，失业人员的犯罪率比一般人群高 1.5 倍。许多学者指出，大量失业人口的存在，是社会稳定的最大威胁。我国近年来许多地方犯罪率上升，恶性案件增多，同失业人口增多有一定联系。我国目前的社会保障制度还不健全，如果失业问题得不到有效解决，对社会的消极影响会越来越突出。

（三）对经济的影响

劳动是重要的资源。失业是劳动资源的闲置和浪费，势必使产出减少。1968年，美国经济学家阿瑟·奥肯（Arther OKun）研究了美国失业与产出之间的关系，发现当失业率相对于自然失业率每增加 1 个百分点，经济增长率就相对于潜在产出降低 3 个百分点。这种关系被称为奥肯定律。其表达式为：

$$\frac{Y - Y_f}{Y_f} = -a(U - U^*)$$

其中，Y 为实际产出，Y_f 为潜在产出，U 为实际失业率，U^* 为自然失业率，a 为大于零的参数。

此外，失业还会造成人力资本流失和劳动力资源浪费。这对增加产出也是不利的。

四、自然失业率

如果没有周期性失业，或者说，当所有的失业都是摩擦性和结构性时，就实现了充分就业（full employment）。充分就业时的失业率就称为自然失业率（natural rate of unemployment）。

（一）自然失业率的定义

一般地说，自然失业率是指经济正常运行时存在的失业量。这种失业率的存在和大小与劳动市场结构、信息完备程度、劳动力转移成本等多种因素有关，而与市场经济运行本身无关。也就是说，无论经济如何波动，自然失业现象都会存在的。

（二）自然失业率的动态模型

从长期来讲，失业率最终会回到自然失业率水平。动态地看，失业率的决定是两种自然力量共同作用的结果：一方面，有些失业者经过一段时期以后能重新找到工作；另一方面，就业人口中又会不断游离出新的失业人口。这里，用一个简单的动态模型来讨论自然失业率的决定。

假定 L 表示劳动人口数量，E 表示就业人数，U 表示失业人数，f 为就职率；l 为离职率。因此可以得到：

$$L = E + U \tag{10-1}$$

假定经济处于长期均衡，且 L 保持不变，则有：

$$fU = lE \tag{10-2}$$

将（10-1）式改写为

$$E = L - U \tag{10-3}$$

将（10-3）式代入（10-2）式得

$$fU = l(L - U)$$

由此可得失业率：

$$\frac{U}{L} = \frac{l}{l+f}$$

此式表明，经济处于长期均衡时的失业率由就职 f 和离职率 l 共同决定。模型的政策含义是：提高就职率并降低离职率，有利于降低失业率。

（三）影响自然失业率的因素

从劳动市场结构角度看，决定一个国家或地区自然失业率的因素有：①劳动力市场的完善程度与信息通畅程度（如对失业者的职业培训和就业指导情况，劳动力的流动程度）。②劳动力人口的构成及其变化（妇女、青年、外来人口等的比例及其变化）。③劳动力的能力与获取工作的意愿程度。④最低工资法与社会保障等因素。⑤失业的回滞：当实际失业率很高的情况下，既存的失业本身可能会使自然失业率上升。

|第|二|节|
通货膨胀

一、通货膨胀概述

（一）通货膨胀的定义

在西方经济学界，关于通货膨胀的定义，基本上有两种观点。

一种观点认为，只要是物价上涨了，就是通货膨胀。例如，萨缪尔森在《经济学》中说道："当物价水平普遍上升时，通货膨胀就产生了。"另一种观点认为，通货膨胀是一种货币现象，只有货币发行过多造成的物价上涨，才叫通货膨胀。本书采用前一种观点，把一般物价水平的持续的显著的上升现象定义为通货膨胀。

这个定义有四个要点：一是所有商品与劳务的价格普遍上升，即总体物价上升，而不是指个别商品的价格上涨。二是价格上升幅度较大，即价格有显著的上升。三是价格水平持续上升，而不是短期的或一次性的价格上涨。四是其形式可以是公开的，也可以是隐蔽的。

（二）通货膨胀的衡量

描述通货膨胀的主要工具是通货膨胀率。通货膨胀率被定义为从一个时期到另一个时期价格水平变动的百分比，用公式表示为：

$$\pi = \frac{P_t - P_{t-1}}{P_{t-1}}$$

其中，π 表示 t 期的通货膨胀率；P_t 和 P_{t-1} 分别为 t 期和 $t-1$ 期的价格水平，通常以消费价格指数（CPI）说明物价上涨情况。

消费价格指数（CPI）是指用来衡量消费者购买的物品与劳务的总费用的指标。该指数反映了零售水平的通胀压力。其基本含义是，人们先选取一组相对固定的商品和劳务，然后比较它们按当期价格购买的花费和按基期价格购买的花费，用公式表示：

$$CPI = \frac{-\text{组固定商品按当期价格计算的价值}}{-\text{组固定商品按基期价格计算的价值}} \times 100$$

例如，设定 2002 年为基年，如果 2002 年普通家庭每个月购买一组商品的费用为 857 元，2007 年购买同样一组商品的费用为 976 元，2008 年购买同样一组商品的费用为 1 093 元，那么，该国 2007 年和 2008 年的消费价格指数为：

$$CPI_{2007} = \frac{976}{857} \times 100 = 114$$

$$CPI_{2008} = \frac{1\ 093}{857} \times 100 = 125$$

那么，2008 年的通货膨胀率为：

$$\text{通货膨胀率} = \frac{125 - 114}{114} \times 100\% = 9.6\%$$

我国 CPI 数据见表 11 −1，其中居民消费价格指数和城市居民消费价格指数以 1978 年为基年，农村居民消费价格指数以 1985 年为基年。

表 11 −1	我国居民消费价格指数（1978 ~ 2008 年）		单位：%
年份	居民消费价格指数 CPI	城市居民消费价格指数	农村居民消费价格指数
1978	100. 0	100. 0	—
1980	109. 5	109. 5	—

续表

年份	居民消费价格指数 CPI	城市居民消费价格指数	农村居民消费价格指数
1985	131.1	134.2	100.0
1990	216.4	222.0	165.1
1991	223.8	233.3	168.9
1992	238.1	253.4	176.8
1993	273.1	294.2	201.0
1994	339.0	367.8	248.0
1995	396.9	429.6	291.4
1996	429.9	467.4	314.4
1997	441.9	481.9	322.3
1998	438.4	479.0	319.1
1999	432.2	472.8	314.3
2000	434.0	476.6	314.0
2001	437.0	479.9	316.5
2002	433.5	475.1	315.2
2003	438.7	479.4	320.2
2004	455.8	495.2	335.6
2005	464.0	503.1	343.0
2006	471.0	510.6	348.1
2007	493.6	533.6	366.9
2008	522.7	563.5	390.7

数据来源：国家统计局：《中国统计年鉴（2009）》。

据此，我们可以1978年为基年，逐年计算我国1978年到2009年的CPI。再根据CPI逐年计算通货膨胀率，考虑到数据的可得性，我们的数据选择从1991年到2008年，CPI和通货膨胀率见图11－3。由图表看见，我国价格水平迅速上升的时候，通货膨胀率就比较高，价格水平缓慢上升的时候，通货膨胀率就比较低。1992年到1994年，CPI增长迅速，对应的通货膨胀率较高。1998～2003年间，CPI缓慢上升，对应的通货膨胀率持续较低。从2004年开始，CPI上升速度提高，通货膨胀率逐渐走高。

当我们测算宏观经济变化时，我们通常所关心的不是人民币的数量，而是这些人民币所代表的购买能力。因此，我们可以利用CPI将名义值转换为实际值，即：

$$实际值 = \frac{名义值}{CPI} \times 100\%$$

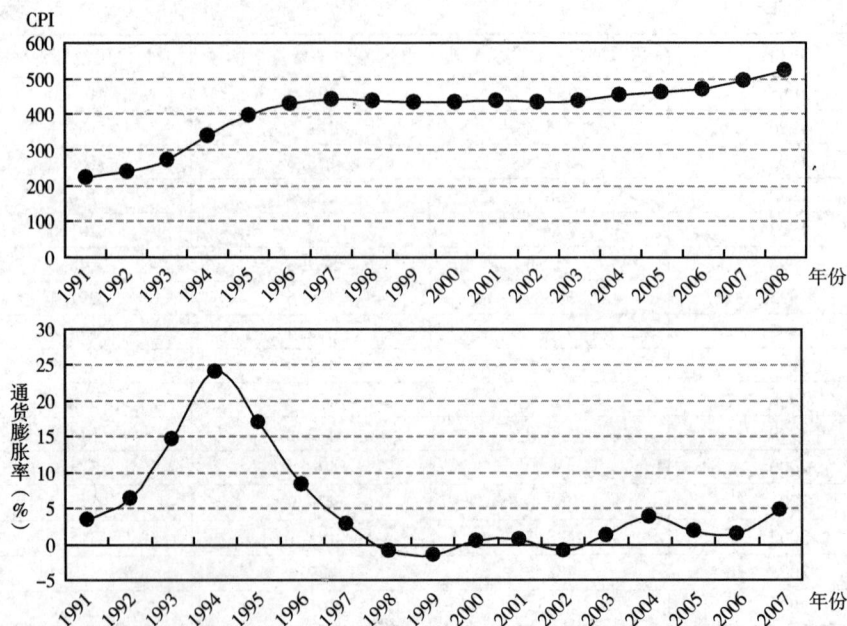

图 11 - 3　我国 1991 ~ 2008 年的 CPI 和通货膨胀率

例如，名义工资是工人获得的货币数量，它不能反映工人的实际购买力，工人的实际工资来衡量工人的购买力，计算公式为：

$$实际工资 = \frac{当年的名义工资}{当年的 CPI} \times 100$$

如果某个工人在 2008 年的名义收入为 8 000 元，以 2002 年为基期，他的实际收入为：

$$实际工资 = \frac{8\ 000}{125} \times 100 = 6\ 400$$

（三）通货膨胀的类型

经济学中最常用的分类，是按通货膨胀的程度来划分的，即按通货膨胀率的高低及其影响来划分通货膨胀的类型。按这种标准，可将通货膨胀分为以下四种类型：

1. 温和的或爬行的通货膨胀

年通货膨胀率在 1% ~ 10% 之间，通货膨胀率低且相当稳定，从而对经济没有太多不利影响。有些经济学家甚至认为这种缓慢而逐渐上升的通货膨胀对经济和收入增长有积极作用。

2. 奔腾的通货膨胀

又称奔驰的通货膨胀，即在较长时期内，物价水平出现较大幅度的持续上升。年通货膨胀率一般在两位数以上，甚至高达百分之几十。例如，拉美一些国家在20世纪50～70年代发生的通货膨胀就属此类，对经济发展非常不利。

3. 恶性通货膨胀

又称为超速通货膨胀，指流通中货币量增速过快，货币购买力急剧下降，物价水平上涨率以加速度增长。年通货膨胀率一般在三位数以上（或年通货膨胀率超过1 000%）的速度持续上升定义为恶性通货膨胀。它的基本特征是物价水平的飞速上升使人们对本国货币完全失去了信任，本国货币完全失去作为价值贮藏的功能，同时也基本丧失了交易功能，这样，不仅严重破坏货币体制和正常经济生活，而且导致经济崩溃及政权更迭。

二、通货膨胀的成因

对于通货膨胀的形成原因，西方学者提出了多种解释。其中，主要的有：

（一）需求拉动的通货膨胀

需求拉动的通货膨胀，又叫超额需求通货膨胀，是指总需求超过总供给所引起的一般物价水平的显著上升。需求拉动的通货膨胀理论用"过多的货币追逐过少的商品"来解释通货膨胀。下面我们用图11－4说明。

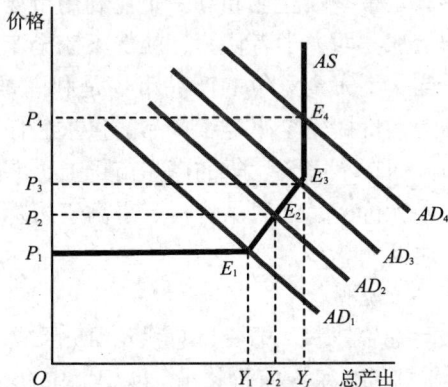

图11－4 需求拉动型通货膨胀

在图 11-4 中，横轴 Y 代表总产量（国民收入），纵轴 P 代表一般物价水平。AD 为总需求曲线，AS 为总供给曲线。在 Y_1 之前，随着总需求增加，产出也增加，但物价不上升。原因是经济中有闲置的生产设备和失业工人。在 Y_1 和 Y_f 之间，随着总需求增加，产出会增加，物价也上升。例如，当 AD_1 增加到 AD_2 时，总产出由 Y_1 增加到 Y_2，物价由 P_1 上升到 P_2。原因是有些原材料供给不足，能源紧张，导致成本上升。这种物价上升叫"瓶颈式通货膨胀"。产量达到 Y_f 以后，总需求再增加，物价会继续上升，但产出不会再增加。例如，当 AD_3 增加到 AD_4 时，产出仍然是 Y_f，但物价由 P_3 上升到 P_4。原因是生产能力已经充分利用，没有闲置要素了。这就是"需求拉动的通货膨胀"。

（二）成本推动的通货膨胀

成本推动的通货膨胀是指在没有超额需求的情况下，由于供给方面成本上升引起的通货膨胀。一般分为工资推动的通货膨胀和利润推动的通货膨胀。

工资推动的通货膨胀是指不完全竞争的劳动市场造成的过高工资所导致的一般价格水平的上涨。据解释，在完全竞争的劳动市场上，工资率完全决定于劳动的供求，工资的提高不会导致通货膨胀；而在不完全竞争的劳动市场上，由于强大的工会组织的存在，工资不再是竞争的工资，而是工会和雇主集体议价的工资，并且由于工资的增长率，超过生产率增长率，工资的提高就导致成本提高，从而导致一般价格水平上涨。这就是工资推动的通货膨胀。

西方学者进而认为，工资提高和价格上涨之间存在着因果关系：工资提高引起价格上涨，价格上涨又引起工资提高。这样，工资提高和价格上涨就形成了螺旋式的上升运动，即所谓工资—价格螺旋。

利润推动的通货膨胀是指垄断企业和寡头企业利用市场势力谋取垄断利润所导致的一般价格水平的上涨。西方学者认为，就像不完全竞争的劳动市场是工资推动通货膨胀的前提一样，不完全竞争的产品市场是利润推动通货膨胀的前提。在完全竞争的产品市场上，价格完全决定于产品的供求，任何企业都不能通过控制产量来改变市场价格。而在不完全竞争的产品市场上，垄断企业和寡头企业为了追求垄断利润，可以操纵价格，把产品价格定得高于边际成本，致使价格上涨的速度超过成本增长的速度。

下面我们结合图 11-5 说明。

在图 11-5 中，假定总需求 AD 不变，总供给 AS 因成本变化而变动。再假设初始均衡为 E_1 点，均衡产出和均衡价格分别为 Y_1 和 P_1。这时，如果工资率上升或利润增加，导致成本上升，总供给曲线就会左移，与原来的总需求曲线形

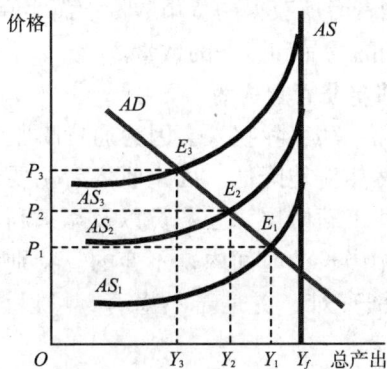

图 11-5　成本推动型的通货膨胀

成新的交点，造成物价上升，产出减少。例如，AS_1 向左移动到 AS_2，与原来的总需求曲线 AD 相交于 E_2 点，产出由 Y_1 减少到 Y_2，物价则由 P_1 上升到 P_2。

（三）结构性通货膨胀

如果总供给和总需求没有变化，但是经济结构变化了，也有可能使物价水平上升。这种价格水平的持续上升叫结构性通货膨胀。

在国民经济中，不同的部门有不同的劳动生产率增长率，但却有相同的货币工资增长率。因此，当劳动生产率增长率较高的部门货币工资增长时，就给劳动生产率增长率较低的部门形成了一种增加工资成本的压力。在成本加成的定价规则下，这一现象必然使整个经济产生一种由工资成本推进的通货膨胀。

三、通货膨胀的经济效应

通货膨胀效应是指通货膨胀给社会经济生活造成的影响。考察通货膨胀的经济效应，目的是弄清楚通货膨胀对经济有什么影响。通货膨胀效应表现在许多方面。这里主要从两个方面进行考察。

（一）收入分配效应

在实际经济生活中，产出和价格水平是同时变动的，通货膨胀常常伴随着实际产出的增长。只有在较少的场合，通货膨胀的发生伴随着实际产出的收缩。为了独立地考察价格变动对收入分配的影响，有必要假定实际收入是固定的，然后去研究通货膨胀如何影响收入再分配。在分析之前，还要区分货币收入和实际收入。货币收入是指一个消费者所获得的货币数量；而实际收入则是指一个消费者用他的货币收入所能买到的物品和劳务的数量。

1. 通货膨胀不利于固定货币收入者

对于固定收入者来说，其实际收入会因为通货膨胀和货币购买力下降而减少，因而其生活水平必然相应地降低。固定收入者主要包括那些领取救济金和退休金的人，也包括那些工薪阶层、公务员以及靠福利和其他转移支付维持生活的人。他们的收入在相当长的时间内是不变的。特别是那些只获得少量救济金的老人，遇到这种经济灾难，更是苦不堪言，可以说他们是通货膨胀的牺牲品。

相反，那些靠变动收入维持生活的人，则会从通货膨胀中得益。这些人的货币收入会随着价格水平和生活费用的上涨而上涨。例如，在扩张中的行业工作并有强大的工会支持的工人就是这样。他们的工资合同中订有工资随生活费用的上涨而提高的条款。企业主也能从通货膨胀中获利。如果产品价格比资源价格上升得快的话，则企业的收益将比它的成本增长得快。

2. 通货膨胀对储蓄者不利

随着价格上涨，存款的实际价值或购买力就会降低。那些口袋中有闲置货币和在银行有存款的人蒙受的损失非常严重。同样，像保险金、养老金以及其他固定价值的证券财产等，它们本来是作为防患未然和蓄资养老的。在通货膨胀中，其实际价值也会下降。

3. 通货膨胀可以在债务人和债权人之间发生收入再分配的作用

具体地说，通货膨胀牺牲债权人的利益而使债务人获利。假如甲向乙借款 1 万元，一年后归还，而在这段时间内价格水平上升了一倍，那么，一年后甲归还给乙的 1 万元的价值仅仅相当于借时价值的一半。这种影响的前提是假定借贷双方没有预期到通货膨胀。但是，如果人们预期到了这种通货膨胀，借贷合约中做了相应的规定，债权人则有可能规避这种风险。

4. 通货膨胀对政府有利

通货膨胀实际上是一种税收，因而对政府有利。首先，政府发行了大量债券，居民户是主要的购买者。在发生通货膨胀时，政府偿付给居民户的货币已经严重贬值了。这样，通货膨胀就像征税一样，把居民户的财富转移到政府手中了。其次，所得税是累进的。在通货膨胀期间，人们的名义货币收入提高了，并且进入了较高的纳税级别，其纳税额必然增加，政府收入也相应地增加。

（二）产出效应

以上的分析是假定国民经济的实际产出固定不变。而实际上，国民经济的产出水平通常是随着价格水平的变化而变化的。下面讨论可能出现的三种情况。

1. 产出随着通货膨胀率的上升而增加

有些经济学家认为，温和的或爬行的通货膨胀，对产出和就业有扩大的效应。例如，如果总需求增加，经济复苏，造成了一定程度的需求拉动通货膨胀。在这种情况下，产品价格上升的幅度会高于工资和其他资源价格的升幅，从而增加了企业的利润。利润的增加就会刺激企业扩大生产，从而使总产出增加，失业减少。这意味着通货膨胀的再分配后果会带来更多的就业和增加的收益。例如，对于一个失业工人来说，如果他唯有在通货膨胀条件之下才能得到就业机会，显然，他受益于通货膨胀。

2. 成本推动的通货膨胀会引致产出下降，失业增加

我们在前面讨论成本推动的通货膨胀时指出，假定原来的总需求已经实现了充分就业和物价稳定，这时如果发生成本推动通货膨胀，则原来总需求所能购买的实际产品的数量将会减少。也就是说，当成本推动的压力抬高物价水平时，既定的总需求只能在市场上支持一个较小的实际产出。所以，实际产出会下降，失业会上升。美国 20 世纪 70 年代的经济情况就是这样。1973 年末，石油输出国组织把石油价格翻了两番，推动 1973～1975 年的物价水平大幅度上升，与此同时，美国失业率从 1973 年不到 5% 上升到 1975 年的 8.5%。

3. 超级通货膨胀导致经济崩溃

超级通货膨胀首先会使居民户和企业产生通货膨胀预期，即估计物价还会继续升高。这样，人们为了不让自己的储蓄和收入贬值，宁愿在价格上升前把这部分财富消费掉，从而产生过度的消费购买，致使稍后的储蓄和投资都会减少，使经济增长率下降。其次，超级通货膨胀还会使劳动者要求提高工资。他们不但会要求增加工资以抵消过去价格水平的上升，而且要求补偿下次工资谈判前可以预料到的通货膨胀所带来的损失。于是企业扩大生产和增加就业的积极性就会下降。再次，企业在通货膨胀率上升时会增加存货投资和设备投资，而银行不能满足其投资贷款需求时，企业就会被迫减少存货，生产就会收缩。最后，当出现超级通货膨胀时，人们完全丧失对货币的信心，人们不再致力于如何创造财富，而是致力于如何尽快将货币转化为可持有的物品，造成资源的无效配置，市场秩序完全紊乱，物物交换通常会重新出现，市场经济机制无法再正常运行，从而导致经济崩溃。

|第|三|节|
失业与通货膨胀的关系

菲利普斯曲线揭示了通货膨胀和失业之间的短期替代关系，以及长期中在自然率水平上的垂线关系，向来是经济学家进行经济分析和政府制定政策的分析工具和理论基础。

一、菲利普斯曲线的提出

1958 年，菲利普斯在《经济学》上发表了著名论文《1861～1957 年英国失业率和货币工资变化率之间的关系》，对英国近百年来的工资统计数据进行了考察，发现：①名义工资的变动率是失业率的递减函数。②即使当名义工资的增长率处于最低的正常水平，失业率仍然为正（菲利普斯的统计大约为 2%～3%），即货币工资增长率和失业率之间存在着替代关系，如图 11－5 所示。该经验数据反映的关系后来被称为菲利普斯曲线，或"失业—物价"菲利普斯曲线。在图 11－6 中，横轴代表失业率 U，纵轴代表通货膨胀率 π，向右下方倾斜的曲线 PC，就是菲利普斯曲线。

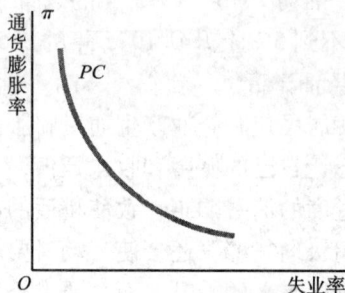

图 11－6　菲利普斯曲线

菲利普斯曲线问世之初，并没有引起学界足够的重视和应有的回应。直到 1959 年萨缪尔森和索洛给予肯定，尤其是 1960 年利普西在《经济学丛刊》第 27 卷上发表著名论文《1862～1957 年英国货币工资率与失业之间的关系：进一步分析》，再次肯定了菲利普斯所发现的关系以后，该曲线才被赋予一般意义，获得学界广泛认可。

1960 年，萨缪尔森和索洛在《美国经济评论》第 6 卷上联名发表了著名论文《反通货膨胀政策分析》，对菲利普斯曲线进行了第一次重要修正。其出发点是如下所示的经济关系：

$$通货膨胀率 = 货币工资增长率 - 劳动生产增长率$$

根据这一关系，如果劳动生产增长率为零，则通货膨胀率与货币工资增长率一致。这样，最初表示失业和工资关系的菲利普斯曲线，就变成了表示失业和物价关系的菲利普斯曲线。诚如萨缪尔森和索洛在论文中所说："如果产品价格水平主要是在工资成本上加成形成，那么菲利普斯曲线就可以改写为一个联系价格膨胀和失业率的函数"。在图 11-5 中，就是把纵轴所代表的工资变化率改换为物价变化率。

实证分析表明，菲利普斯曲线所揭示的通货膨胀与失业之间的替代关系，同美国 1961~1969 年的通货膨胀与失业的数据基本吻合。或者说，菲利普斯曲线对当时的美国经济有明显的解释力。

菲利普斯曲线经过萨缪尔森和索洛修正后，迅即成为 20 世纪 60 年代的标准版本，并被纳入新古典综合理论体系，用以解释通货膨胀。同时，该曲线所揭示的通货膨胀率和失业率之间的权衡关系，也为政府制定经济政策提供了理论依据，从而迅速成为西方宏观经济政策分析的基石。

二、菲利普斯曲线的运用

经过萨缪尔森和索洛修正后的菲利普斯曲线，揭示了短期内通货膨胀率和失业率之间的权衡关系，为政府制定经济政策提供了理论依据，从而迅速成为西方宏观经济政策分析的基石。尽管后来出现了附加预期的菲利普斯曲线和理性预期学派的批评，到目前为止，西方国家的政府仍然依据菲利普斯曲线理论制定反通货膨胀或失业的政策。

在实际经济生活中，政府一般先确定一个社会临界点，由此确定一个失业率与通货膨胀的组合区域。如果实际失业率和通货膨胀率组合在组合区域内，则政府不采取调节行动；若在区域之外，政府就根据菲利普斯曲线进行调节。下面我们结合图 11-7 说明。

在图 11-7 中，假定政府认为 4% 的失业率和通货膨胀率是可以接受的，那么，在图中就可以找到一个临界点 A，由此形成一个如图中阴影部分所表示的安全区域。如果实际的失业率和通货膨胀率在此区域内，政府就不必采取调节行

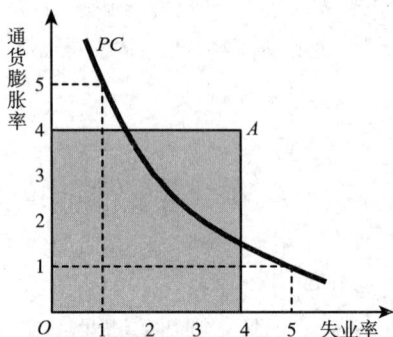

图 11－7　菲利普斯曲线与政策运用

动。如果实际失业率或通货膨胀率超过了此区域，例如通货膨胀上升到 5%，政府就可以实施紧缩政策，用增加失业为代价来降低通货膨胀率。同样，如果实际失业率上升到 5%，政府就可以实施扩张政策，用物价上升为代价来降低失业率。从图示看到，如果物价和失业下降到 4% 以内，社会就可以接受了。

三、附加预期的菲利普斯曲线

附加预期的菲利普斯曲线是由费尔普斯和弗里德曼分别提出的，他们先后将适应性预期假说和自然率假说引入菲利普斯曲线分析，提出了附加预期的菲利普斯曲线和长期菲利普斯曲线。

他们认为，菲利普斯曲线是一种在预期的通货膨胀率不变情况下的失业与通货膨胀之间的短期关系。当预期的通货膨胀率变动时，短期的菲利普斯曲线就会移动。他们采用的是适应性预期概念。适应性预期是指人们根据过去预期的失误来修正以后的预期。根据这种预期，人们的通货膨胀预期是可变的。相应地，菲利普斯曲线也会移动。例如，厂商与工人预期下一年的通货膨胀率为 5%，并以此为据签订了雇佣合同。但是，如果实际通货膨胀率高于预期的通货膨胀率，实际工资下降，企业就会增加生产，就业水平会上升。由此导致短期内失业率下降，通货膨胀与失业率之间的交替关系成立。但是，人们会根据过去的预期失误修正对未来的预期。当人们预期的通货膨胀率与实际的通货膨胀率相同时，失业率与通货膨胀之间就不存在交替关系。从长期来看，预期的通货膨胀与实际的通货膨胀总是一致的。所以，物价上升时，企业不会增加生产，就业也不会扩大，失业率也就不会下降，从而便形成了一条与自然失业率重合的长期菲利普斯曲线。

长期菲利普斯曲线表明，在长期中，不存在失业与通货膨胀的替换关系。图 11-8 显示了短期菲利普斯曲线和长期菲利普斯曲线之间的关系。其中，π_1 和 π_2 为预期通货膨胀率，SPC_0、SPC_1、SPC_2 为不同预期下的菲利普斯曲线，LPC 为长期菲利普斯曲线。其政策含义是，在短期内，宏观政策是有效的；但在长期内，扩张性政策不但不能降低失业率，还会使通货膨胀率不断上升。

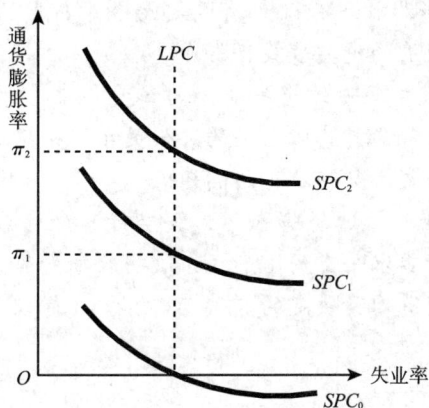

图 11-8　短期菲利普斯曲线与长期菲利普斯曲线

后来，以卢卡斯为代表的理性预期学派又以人们的预期是理性的为据，断言即使是在短期内，通货膨胀与失业之间也不存在替代关系，因而任何旨在消除失业的扩张政策都是无效的。对此，我们不欲展开讨论，感兴趣的同学可参考相关文献。

本章小结

1. 失业是指在法定劳动年龄段内，有就业能力并且有就业要求的人口没有就业机会的经济现象。失业有摩擦性失业、结构性失业和周期性失业等类型，它们各有自己的特点和成因。

2. 自然失业率是指经济正常运行时存在的失业。这种失业率取决于离职率和就职率，与经济景气与否无关。或者说，即使在经济繁荣时期，也存在着自然失业，因而社会不可能消除自然失业。

3. 失业对个人、家庭和社会都有严重的消极影响。奥肯定律，即 $\dfrac{Y - Y_f}{Y_f} =$

$-a(U-U^*)$描述了失业和实际产出之间的关系。降低失业率，实现充分就业，是政府调控经济的重要政策目标。

4. "当物价水平普遍上升时，通货膨胀就产生了。"根据不同的标准，可以将通货膨胀划分不同的类型。从成因角度看，通货膨胀有需求拉动的通货膨胀（需求型通货膨胀）、成本推动的通货膨胀（供给型通货膨胀）和结构性通货膨胀等三种类型。

5. 通货膨胀对产出和收入分配都有重要影响。抑制通货膨胀，保持物价基本稳定，是政府调控经济的重要政策目标。

6. 菲利普斯曲线最初反映的是失业率与工资上涨率之间的关系。现代菲利普斯曲线主要反映失业和通货膨胀之间的替代关系。根据菲利普斯曲线，政府面临着在失业和通货膨胀之间如何抉择的问题。

7. 在失业率为横坐标，通货膨胀率为纵坐标的坐标系中，长期菲利普斯曲线是一条位于自然失业率水平上的垂直线，表明长期失业率与物价没有关系。自然失业率是由一系列实际因素决定的。

思考题

1. 有人认为"高价格就是通货膨胀"，你认为对吗？
2. 通货膨胀对经济有哪些影响？
3. 说明短期菲利普斯曲线与长期菲利普斯曲线的关系。

📚 专栏

津巴布韦的超级通货膨胀

非洲国家津巴布韦自2007年年初开始物价飞涨。据津巴布韦国家中央统计局公布的数据，津巴布韦2007年4月份的物价比去年同期增长了10倍多。此外，津元大幅贬值，按当期官方汇率计算，1美元相当于10.1万津元，而黑市的行情是1美元大约可兑换20万津元左右。津巴布韦的经济形势一再恶化。到了2009年2月，国内通货膨胀率已达到令人吃惊的百分之十亿，当地货币的纸面价值甚至已经低于纸本身的价值。

一、痛苦的津巴布韦人民

据《东方早报》2008年5月9日报道，这场超级通货膨胀已经给当地人民带来严重危害。下面是两个小例子。

（一）一无所有的百万富翁

"百万富翁"希卡姆巴是津巴布韦的一名出租车司机。他成天开着他那破瘪的汽车在首都哈拉雷兜揽生意。希卡姆巴每揽到一个生意，起步收费总在100万津元以上。或许你会觉得那是一个天文数字，但是事实上津巴布韦官方通货膨胀率已经接近1 000%。这打破了非战争状态国家通货膨胀率历史纪录，市场通货膨胀率则更高。事实上，每一个来到首都哈拉雷豪华现代、气派十足的机场的海外游客，马上就摇身一变成为了百万富翁。根据津巴布韦目前的官方汇率，每10美元就可以换到10.1万津元，而黑市上则可以换到两至三倍的官方汇率。是的，我是一个百万富翁，一个什么也买不起的百万富翁。津巴布韦现在遍地都是百万富翁。"我们是一个盛产百万富翁的国家，但是我们也一无所有"，希卡姆巴说。

（二）点钞机成紧俏商品

通货急剧膨胀给津巴布韦带来的另一个直接后果就是，点钞机竟然成为最为紧俏的日用品之一。津巴布韦国营报纸上每天充斥着日本和新加坡生产的高质量点钞机广告，而每台的价格在3.45亿～12亿津元之间。津巴布韦的通货膨胀危机带给人们的影响已经远远超越了种族隔阂。一位亚裔旅店老板恼火地揉着头发，抱怨自己连刮胡子的刀片也买不起了。一包3片装的刀片要1 500万津元。"我没法儿刮脸了。谁还管得了别的？"

二、津巴布韦通货膨胀的原因

观察家认为，造成津巴布韦这种局面的原因既有天灾也有人祸。天灾是指津巴布韦连续四年遭遇旱灾，粮食歉收。曾经作为"非洲面包篮子"的津巴布韦现在需要进口大量粮食。据报道，全国1 200多万人口中大约有400万人口面临饥饿。

所谓人祸，是指该国从2000年实施新的土地改革政策以后，以英国和美国为首的西方国家对其实行经济封锁，并压其尽快偿还外债，从而造成国家外汇、燃油和电力的严重短缺。同时津巴布韦的社会变革，较大的降低了社会的运行效率。2000年以来津巴布韦总统穆加贝开始实行大规模土地改革，当地的黑人逐渐掌权，将有管理能力的白人驱逐出境，并大举国有化。这些不顾经济规律的行为导致商品的供应能力下降。而社会上流通的货币，却与原来一样多，这必然导致物价上涨。

三、津巴布韦的最新情况

2009 年 2 月 3 日津巴布韦发行了新钞，津巴布韦中央银行决定从其发行的巨额钞票上去掉 12 个零，这样一来，津巴布韦一万亿钞票相当于 1 元。津巴布韦全国商会主席奥伯特表示："我们的钞票零太多了，这令机器很难处理。"当时，津巴布韦通货膨胀率已经达到百分之 10 亿，而 1 美元可兑换 250 万亿津巴布韦元。

从 2009 年 2 月份联合政府成立废除当地货币、采用多种外币同时流通措施以来，通货膨胀率大幅下降。津巴布韦财政部长比蒂在 2009 年 12 月底公布一项 3 年宏观经济发展政策时曾预测，津巴布韦 2009 年年通胀率可能在 6%，而国家统计局新公布的数据是负值。数据同时显示，2009 年 12 月份的通胀率比 11 月份提高 0.6 个百分点。津巴布韦政府有关部门预测，2010 年津巴布韦的通货膨胀率将维持在 5.1% 左右。

第十一章 宏观经济政策

> 稳定经济的任务，要求我们能够控制住经济，使之不至于偏离持续高就业之路太远。就业率过高将导致通货膨胀，而过低则又意味着衰退。灵活审慎的财政政策和货币政策，能够帮助我们在这两条路中间穿行出一条"狭窄的通道"。
>
> ——约翰·肯尼迪

本章内容提要：
- 宏观经济政策的目标、政策构成及主要政策工具
- 财政政策的构成、实施及效果分析
- 货币政策工具、传导机制、效果及局限性

2007年2月美国次贷危机初显，2007年8月扩散蔓延引发美国金融危机，随后迅速扩散到全球各国金融市场引发全球金融危机，2008年9月雷曼兄弟破产引发欧美发达国家经济危机和"金砖四国"为代表的新兴国家经济大幅下降。各国政府纷纷救市，先后提出各种经济振兴计划和刺激经济方案。其中，财政政策和货币政策是最主要的工具。学习本章内容，你将看到这些宏观经济政策的实施、效果及局限性。

|第|一|节|
宏观经济政策概述

一、宏观经济政策目标

经济政策是政府制定的旨在规范市场主体行为，增进社会福利的规章、制

度、条例和措施等，其基本功能是促进经济稳定增长和实现社会公平正义。其中，微观经济政策的基本功能是促进公平正义，宏观经济政策的基本功能是维护经济稳定和促进经济增长。所以，宏观经济政策又被称为稳定政策。在经济实践中，政府出台任一政策，都有其预期目标。一般地说，宏观经济政策有以下四个目标。

（一）充分就业

在讨论失业理论时，我们已经提到过，充分就业是指没有非自愿失业的状态。或者说，如果经济中只存在着摩擦性失业和结构性失业，就算实现了充分就业。政府关注的是总需求不足导致的周期性失业。所以，政府调控的目标不是消除所有的失业，而是使失业率控制在自然率水平上。西方学者认为，自然失业率大约在4%~6%之间。只要失业率不超过这个水平，就可以认为已经实现了充分就业。

需要提及的是，本来意义上的充分就业，还包括其他要素的充分利用。例如，机器设备的闲置，也被认为是处于失业状态。但是，测度劳动力之外的其他资源的就业状态，在技术上很难操作。所以，在宏观经济分析中，主要讨论人力资源的就业情况，即用劳动失业率来衡量充分就业。

（二）稳定物价

稳定物价指的是总体价格水平的基本稳定，而不是每种商品的价格都不变。稳定物价也不是要求零通货膨胀率，而是将通货膨胀率维持在社会能接受的水平上。至于社会能接受什么样的通货膨胀率，则需要根据不同的国家、不同的时期和经济运行态势而定。

在宏观经济分析中，一般用价格指数来表示物价水平的变化，具体包括消费价格指数、生产者价格指数和GDP平减指数。这些指数在本书的第8章、第10章中我们已经讨论过。需要提及的是，在现代市场经济中，通货膨胀已经是常态，很难完全消除。如果经济中出现一些轻微的通货膨胀，被认为是正常的，不需要政府干预。宏观经济政策只需关注比较严重的通货膨胀。

（三）经济增长

经济增长是指在一定时期内经济社会生产的总产量和人均产量的增加，通常用国内生产总值和人均国内生产总值的年均增长率来衡量。经济稳定增长是相对于经济波动而言的。在短期内，由于总需求和总供给不匹配，经济增长会出现波动，有时大起大落。政府的调控目标之一，就是通过管理总需求，防止或减轻这种经济波动，保持经济平衡增长。所以，保持经济稳定增长，既不是增长速度越快越好，也不是经济没有波动，而是要把波动控制在一定幅度内。

（四）国际收支平衡

在开放经济条件下，生产要素和产品会在国际间流动，一国经济与其他国家经济密切联系，这就出现了国际收支是否平衡的问题。理论分析和经验证明，一国经济的国际收支不平衡，对国内的经济稳定增长、稳定物价和充分就业，都是极其不利的。所以，政府必须管理对外经济活动，以实现国际收支基本平衡。在第13章，我们将详细地讨论物品和资本在国际间的流动，分析对外经济政策的理论基础。

二、政策目标之间的关系

国民经济是一个整体，各地区、各部门和各经济环节是相互联系、相互依存的。相应地，各项经济政策的作用也相互影响。其中，各项政策的目标和具体效应有一致的方面，也有矛盾的方面。研究各项经济政策之间的相互关系，对于正确制定政策，选择政策工具，分析政策效果等，都是十分必要的。

（一）宏观经济政策目标之间的一致性

从根本说，上述四大政策目标是一致的，都是为了促使经济持续平衡增长，增进社会福利。例如，促进经济稳定增长，就能减少失业，增加收入，也能防止物价大幅度波动。再如，实现了国际收支平衡，也有利于国内经济平衡发展。政府在制定政策目标时，不能过分强调某一目标，而忽视了其他目标。一定要综合考虑目标的相互关系，否则会影响政策目标的实现，不利于经济增长和政治稳定。

（二）宏观经济政策目标之间的矛盾性

宏观经济政策目标之间也有矛盾。如果不能处理好这些矛盾，就会影响宏观调控的效果。政府在确定宏观经济政策目标时，一定要考虑各种目标之间的矛盾，使各项政策密切配合，达到最好的效果。

1. 充分就业与稳定物价之间的矛盾

我们在讨论菲利浦斯曲线时已经注意到，充分就业与稳定物价之间有替代性。就是说，政府实施的降低失业率的措施，会把物价抬上去。这就是两大政策目标之间的矛盾。这就需要在两大政策目标之间进行权衡，选择失业率和通货膨胀率的最佳组合。例如，在经济过热时，主要目标是稳定物价，同时兼顾就业。在经济衰退时，主要目标是减少失业，同时兼顾稳定物价。至于两大政策如何搭配，还需要视经济运行态势而定。

2. 经济增长与稳定物价之间的矛盾

经济增长与稳定物价之间也存在着矛盾。在资源尚未充分利用时，经济增长不会引起严重的通货膨胀。但在资源已经充分利用时，或者说某种资源处于制约整个经济的瓶颈状态时，经济增长就会引起生产要素价格上升，从而导致通货膨胀。这就是经济过热和总需求膨胀拉动的通货膨胀。政府在谋划经济增长速度时，一定要顾及稳定物价。

3. 国际收支平衡与充分就业和稳定物价之间的矛盾

在宏观经济分析中，国内充分就业和稳定物价被定义为内在均衡，国际收支平衡被定义为外在均衡。内在均衡与外在均衡往往不一致。在国内充分就业时，国内工资水平和人均收入提高，会引起内部商品需求增长和资本输出增加，从而使国际收支失衡。相反，国际收支情况若得以改善，则会使外汇增加，从而引起国内货币量增加，易引发通货膨胀。消除失业的扩张性政策和抑制通货膨胀的紧缩性政策都会破坏原有的外在平衡。所以，政府在谋求国际收支平衡时，一定要兼顾内部平衡，力求国际和国内同时平衡。

三、宏观经济政策体系

宏观经济政策是由一系列的具体政策组成的完整体系。其中，最主要的是财政政策、货币政策和汇率政策。

（一）财政政策

财政政策是指政府调整财政收入和财政支出以影响总需求，使之与总供给相适应的经济政策，包括财政收入政策和财政支出政策。在实践中，财政政策是由政府提出，经国会批准后，才能付诸实施。

财政政策的主要政策工具有：税收、公债、政府购买、转移支付和债务利息等。

（二）货币政策

货币政策是中央银行调节货币供应量，影响利率，进而影响投资需求和总需求的政策规定，主要的有利率政策、信贷政策、外汇政策等。

货币政策的主要政策工具有三个：一是法定存款准备率，指商业银行将其吸收存款的一部分上缴中央银行作为准备金的比率。二是再贴现率，指中央银行向商业银行放款的利率。三是公开市场业务，指中央银行在金融市场上公开买卖政府债券的行为。

（三）汇率政策

在开放经济条件下，国际贸易和国际金融对一国经济有重要影响。国家的对外经济政策，对促进对外开放，引进外资、先进技术和管理经验，促进国内经济发展，加强同其他国家之间的经济联系等，有重要作用。其中，汇率政策对一国收支平衡有重要影响。第 13 章将较详细地讨论汇率政策问题。

|第|二|节|
财 政 政 策

财政政策是最重要的宏观需求管理政策之一。其政策目标主要是充分就业，稳定物价，减缓经济波动。同时，财政政策还有调整收入分配，优化经济结构等功能。本节主要从政策实施角度，讨论财政政策的主要内容，以及政策效果问题。

一、财政政策构成与工具

财政政策具体包括财政收入政策和财政支出政策两大类，每一类又包括若干具体的政策。在实施财政政策时，政府还需要运用一些政策工具。

（一）财政收入政策与工具

财政的首要功能是组织收入。这是组织财政支出的基础。有关组织财政收入的各项政策规定，都属于财政收入政策。组织财政收入的主要手段或政策工具是税收和公债。

1. 税收

税收是政府组织财政收入的主要手段。它是由国家通过法律规定的，在征收时具有强制性、无偿性、固定性等特征。税收有许多种，主要的有个人所得税、社会保障税、公司所得税、间接税等。依据不同标准，可以对税收进行分类。

根据课税对象，可以将税收为三类：财产税、所得税和流转税。财产税是对不动产或房地产所征收的税，遗产税一般包含在财产税中。所得税是对个人和公司的所得征税。在西方税收中，所得税占有很大比重，该税税率的变动对经济活动会产生重大影响。流转税则是对买卖商品和劳务征收的一种税，增值税是流转税的主要税种之一。

根据收入中被扣除的比例，可以将税收分为累退税、累进税和比例税。累退税是税率随征税客体总量增加而递减的一种税；比例税是税率不随征税客体总量变动而变动的一种税，即按收入的固定比率征收的一种税，多适用于流转税和财产税；累进税是税率随征税客体总量增加而增加的一种税。西方国家的所得税多属于累进税。通过税率的高低及其变动来反映赋税负担轻重和税收总量的关系。税率的大小及其变动方向，对经济活动如个人收入和消费会产生很大影响。税收作为政府组织收入的手段，既决定着国家财政收入的多少，也对经济运行产生重要影响。

2. 公债

当政府税收不足以弥补政府支出时，就会发行公债。公债也是政府筹措收入的重要手段。公债是政府对公众的债务，或公众对政府的债权。它是政府运用信用形式筹集财政资金的特殊形式，具体包括中央政府的债务和地方政府的债务。

中央政府的债务称国债。政府借债一般有短期债、中期债和长期债三种形式。短期债一般通过出售国库券取得，主要进入短期资金市场（货币市场），利息率较低，期限一般为3个月、6个月和1年三种。中长期债券则一般通过发行中长期债券取得，期限1~5年不等。5年以上的为长期债券。美国长期债券最长的为40年。中长期债券利息率也因时间长、风险大而较高。中长期债券是西方国家资本市场（长期资金市场）上主要的交易品种之一。政府公债的发行，一方面能增加财政收入；另一方面又能影响包括货币市场和资本市场在内的金融市场运行，进而影响总需求和宏观经济运行。

（二）财政支出政策与工具

组织财政收入的目的是为了支出。政策目标更多地体现在财政支出中。政府安排财政支出的政策规定，属于财政支出政策。实施财政支出政策的主要工具有：政府购买、政府转移支付和债务利息。

1. 政府购买

政府购买是指政府对商品和劳务的购买。如购买军需品、机关办公用品、支付政府雇员报酬、公共工程支出等，都属于政府购买。政府购买是一种实质性支出。伴随着商品和劳务的实际交易，政府购买直接形成社会购买力和总需求，是国民收入的一个组成部分。因此，政府购买支出是决定国民收入水平的主要因素之一，其规模直接关系到社会总需求的大小。购买支出对整个社会总支出水平具有十分重要的调节作用。在经济衰退来临时，政府可以提高购买支出水平，如举办公共工程，以扩大总需求。反之，当通货膨胀出现时，政府可以降低购买支出水平，如增加税收，压缩办公经费，以缩小总需求。

2. 转移支付

政府支出的另一部分是转移支付。转移支付是指政府在社会福利保险、贫困救济和补助等方面的支出。这是一种货币性支出。政府在支付这些货币时并未发生相应的商品和劳务交换，因而是一种不以取得本年生产出来的商品和劳务作为报偿的支出。转移支付不能算作国民收入的组成部分。

转移支付是收入再分配的一种形式，因而不能计入总产出。但是，转移支付对总产出和就业有影响。一般地说，在总需求不足时，政府应增加转移支付，增加人们的可支配收入和社会有效需求，以促进产出和就业增加；在总需求过高时，政府应减少转移支付，降低人们的可支配收入和社会总需求，以抑制经济过热。除了失业救济、养老金等福利费用外，其他转移支付项目如农产品价格补贴等，也应逆经济风向而改变。

3. 债务利息

债务利息就是对政府债务支付的利息。政府债务包括外债与内债两部分，支付的债务利息也分为外债利息和内债利息。例如，政府向公债债权人支付的利息，就是内债利息。内债会影响国内需求，外债会影响国际收支。

二、自动稳定器

在运用财政政策调节总需求的过程中，有些政策措施会自动地逆经济风向而动，减缓宏观经济的波动性，使经济趋于稳定。这类政策项目或措施被称为自动稳定器。具体地说，自动稳定器就是指经济系统中存在的一种会减少各种干扰对国民收入冲击的机制。这种机制能够在经济繁荣时期自动抑制通胀，在经济衰退时期自动减轻萧条，无须政府主动地采取任何行动。财政政策内在的稳定经济的功能，主要通过下述三项制度得到发挥：

（一）累进税制度

在实行累进税的情况下，经济衰退使纳税人的收入自动进入较低的纳税档次，政府税收下降的幅度会超过收入下降的幅度，从而发挥抑制衰退的作用。反之，当经济繁荣时，会使纳税人的收入自动进入较高的纳税档次，政府税收上升的幅度会超过收入上升的幅度，从而发挥抑制通货膨胀的作用。可以认为，税收这种因经济变动而自动发生变化的内在机动性和伸缩性，是一种有助于减轻经济波动的自动稳定因素。

（二）转移支付制度

政府的转移支付也有自动稳定经济的功能。例如，当经济出现衰退与萧条时，失业增加，符合救济条件的人数增多，失业救济和其他社会福利开支就会自动地增加，这样就可以抑制人们收入特别是可支配收入的下降，进而抑制消费需求的下降。当经济繁荣时，失业人数减少，失业救济和其他福利费支出也会自动地减少，从而抑制可支配收入和消费需求的增长。

（三）农产品价格维持制度

政府维持农产品价格，实际上是给农民提供财政补贴，旨在保证农民的收入不低于一定水平。在经济繁荣阶段，政府会自动地减少对农产品的收购，并抛售农产品，平抑农产品价格上升。这样，就可以抑制农民收入增长，从而减少总需求的增加量，减缓经济过热的影响。在经济萧条阶段，政府自动地增加采购农产品的数量，并向农民支付货币或价格补贴，就可以增加农民的收入，进而增加总需求，减缓衰退的影响。

以上制度具有自动稳定器的作用。它们的作用越健全，经济运行越不需要政府干预。但在现实经济生活中，这类"自动稳定器"的作用非常有限，不可能从根本上扭转经济衰退与通货膨胀的趋势，消除经济活动中的波动。所以，政府根据经济运行的实际情况，主动地进行干预，仍是必不可少的。这就是斟酌使用的或补偿性财政政策。

三、斟酌使用的财政政策

斟酌使用的财政政策是指政府根据经济运行情况和财政政策有关手段的特点，相机抉择，主动地变动财政支出和收入，以稳定经济和保障就业的财政政策。

斟酌使用的财政政策的主要做法，是逆经济风向行事。当经济衰退时，政府采用扩张性财政政策，即削减税收、降低税率、增加支出或双管齐下来刺激总需求，使之接近充分就业水平。这时会造成财政赤字或预算赤字，即财政收入小于财政支出。反之，当经济过热时，政府则采用紧缩性财政政策来抑制总需求。这时会造成财政盈余或预算盈余，即财政收入大于财政支出。前者称为扩张性财政政策，后者称为紧缩性财政政策。这种交替使用的扩张性和紧缩性财政政策，被称为补偿性财政政策。

鉴于实施宏观财政政策会造成财政赤字或财政盈余，西方学者认为，为了平抑经济波动，财政不能追求年度预算平衡，而应当谋求周期预算平衡，即财政预算只要在一个经济周期中平衡就行了。例如，在经济衰退时，财政有赤字。但是，在繁荣时，财政就有盈余了。用繁荣时期的盈余弥补衰退时期的赤字，周期内财政就可以实现平衡。从西方国家财政政策实践看，衰退时增加支出容易，繁荣时减少支出则很难，因而这种周期性预算平衡很难实现。

四、财政政策的效果

讨论财政政策时，还需要考察其效果，即实施某项财政政策后，收入和就业变化了没有，变化了多少，是否达到了预期目标。理论分析和经验表明，财政政策的效果取决于政府购买乘数和挤出效应两个因素。

（一）购买乘数

乘数思想是卡恩首先提出来的，凯恩斯最早将这一理论引入了《通论》。如果消费倾向能够确定，就可以在投资和收入之间建立一个确定的比例，这一比例就是投资乘数。其公式是：$\Delta Y = k \Delta I$。其中，ΔY 代表收入增量，ΔI 代表投资增量，k 为投资乘数，$1 - \dfrac{1}{k}$ 为边际消费倾向。投资乘数告诉我们，当总投资量增加时，收入的增量将 k 倍于投资增量。例如，假定边际消费倾向为 0.9，即每 10 元收入中有 9 元用于消费。那么，如果新增加 1 元投资，就会使总收入增加 1 元，从而使消费新增加 0.9 元。人们消费 0.9 元后，消费品产出增加 0.9 元，从而使总收入又增加 0.9 元，进而使得消费支出再增加 0.81 元。由此形成的消费会使总收入进一步增加，最终的结果是总收入将会增加 10 元。这样，新增加的 1 元投资最终使收入增加了 10 倍。这就是投资的乘数效应。相应的，最终增加的就业总量也会增加 10 倍。

政府购买同投资一样，对收入增长也有乘数效应。而且，在其他条件不变时，购买乘数和投资乘数相等。所以，如果其他条件不变，乘数越大，一笔财政支出的效果就越好。

（二）挤出效应

挤出效应是指政府支出增加所引起的私人消费或投资降低的效果。这是因为，政府增加购买后，总需求会增加，利率会上升，从而会抑制投资，使总需求和收入减少，抵消政府购买对收入增长的作用。这说明，一项财政支出会产生两方面的效应，一是乘数效应，二是挤出效应，总效果则取决于这两种效应的比较。凯恩斯认为，从总体上看，在萧条时期实施扩张性财政政策，乘数效应大于挤出效应，因而有利于克服萧条，促使经济复苏。

总之，实施一项扩张性的财政政策时，如果购买乘数较大，同时挤出效应较小，则这项财政政策的效果就较好。相反，财政政策的效果就较差。

（三）财政政策的局限性

在西方国家，实施宏观财政政策有效果，但也有局限性。主要是：①时滞。认识总需求的变化，变动财政政策以及乘数作用的发挥，都需要时间。②不确定性。实行财政政策时，政府主要面临两个方面的不确定性：一是乘数大小难以准确地确定；二是财政政策从实施到取得预期效果的时间不好确定。而在这一时间内，总需求特别是投资可能发生戏剧性的变化，这就可能导致决策失误。③随机因素的干扰，也可能导致财政政策达不到预期结果。此外，还存在政策的挤出效应问题。尤其是在经济高涨时期，挤出是完全的，或者说，扩张性财政政策只会导致通货膨胀，不会增加收入。所以，实施财政政策是有条件的。

第三节
货 币 政 策

货币政策也是最重要的宏观需求管理政策之一。其政策目标主要是抑制通货膨胀，消除萧条，促进就业，稳定币值，减缓经济波动。本节主要从政策实施角度，讨论货币政策的主要内容，以及政策效果问题。

一、货币政策工具

在现代市场经济中，货币是一种重要的媒介因素。中央银行通过其政策，调节货币供给量和利率，会对经济运行产生重要影响。因此，央行的货币政策也是现代国家对总需求进行管理的重要手段。

货币政策是指中央银行通过控制货币供应量，影响利率水平，进而改变经济中的投资量，以调节均衡国民收入的政策。货币政策主要通过法定存款准备金率、再贴现率和公开市场业务等政策工具发挥作用。

二、货币政策的实施

央行实施货币政策调节经济，也是逆经济风向行事。具体做法是：

（一）调整法定存款准备金率

法定准备金率是商业银行保留的准备金占存款总额的比例，是由中央银行规定的。准备金率越低，商业银行的贷款能力越大。央行改变准备金率，对货币供给量，进而对经济运行有重要影响。在实践中，央行的一般做法是，在经济繁荣时期，提高法定准备金率，以减少商业银行的贷款，抑制私人投资，给经济降温。相反，在经济出现衰退或陷入萧条时，降低法定准备金率，扩大商业银行的贷款，促进私人投资，摆脱经济衰退或萧条。

但是，央行一般不会轻易地调整法定准备金率。因为，变动法定准备金率会使货币供给量成倍的变化，不利于货币供给量和经济的稳定。同时，中央银行如果频繁地改变法定准备金率，也不利于它对银行的管理，会使商业银行和其他金融机构感到无所适从。所以，变动法定准备金率是一个非常有力，但不常用的货币政策。

（二）调整再贴现率

再贴现是商业银行将未到期的商业票据卖给中央银行。央行在向商业银行支付时需要扣除相当于借款利息的再贴现利息。所以，再贴现相当于央行向商业银行提供贷款，再贴现率就相当于央行对商业银行的贷款利率。因此，央行变更再贴现率，对货币的供给量，进而对经济运行有重要影响。在实践中，央行的一般做法是，在经济繁荣时期，提高再贴现率，以减少商业银行的贷款，抑制私人投资，给经济降温。相反，当经济出现衰退或陷入萧条时，降低再贴现率，扩大商业银行的贷款，促进私人投资，摆脱经济衰退或萧条。央行在实施再贴现政策时，一般结合公开市场业务，两者配合使用。

（三）公开市场业务

公开市场业务是指中央银行在公开市场（面对社会公众的市场）上买卖政府债券。当中央银行购进政府债券时，流通中的货币量就增加了；相反，当中央银行卖出政府债券时，流通中的货币量就减少了。这就会影响利率水平，进而影响经济运行。所以，央行有可能通过公开市场业务，对总需求进行调节。在实践中，央行的一般做法是，在经济繁荣时期，卖出政府债券，以减少货币供给量，提高利率，抑制私人投资，给经济降温。相反，当经济出现衰退或陷入萧条时，买进政府债券，以增加币供给量，降低利率，促进私人投资，摆脱经济衰退或萧条。

公开市场业务有许多优点：一是中央银行可通过买卖政府债券把银行准备金控制在其希望的规模内。二是公开市场业务具有主动性，中央银行可以根据自己的意愿进行。三是这种手段具有灵活性。即使中央银行政策有误，也可以及时纠正。最后就是公开市场业务具有可测性，即这一政策对货币供给的影响可以较准确地观测到。

（四）运用其他货币政策工具

除了上述政策工具外，中央银行还可以运用选择性货币政策工具。主要的有：①消费信贷控制，即对各种消费信贷的条件、用途、还款方式、利率等进行限制，从而达到控制某些类型贷款的目的。②房地产信贷控制，主要是对土地和房屋等不动产信贷进行控制，例如对贷款中的首付款成数，贷款期限等进行控制。通过这些控制可以在一定程度上防止因房地产投机造成的经济波动。③证券信用交易的保证金比率，即中央银行对以信用方式购买各类证券规定最低应付现款的比率，限制信用规模，从而控制市场投机行为。④道义劝告，是指中央银行利用其特殊地位，向商业银行和其他金融机构通过发布通告、指示、指南或者进行人员沟通等，传达央行的政策意图，从而达到一定的政策目的。虽然道义劝告不具备法律效力，但商业银行往往愿意遵循央行的指示，以免对自身业务造成不利的影响。

三、货币政策的传导机制

任何政策在从制定、实施到产生效果时都会有一个过程。通过一定的政策工具，影响某些经济变量的变动，实现经济目标，这就是传导机制。由于货币政策不直接对总需求产生影响，而是通过政策工具间接调整投资规模，因此，货币政策与财政政策相比更为间接、迂回，涉及的中间变量和环节较多。货币政策的传导机制如下：

货币政策工具→货币供应量→货币市场供求关系→利率→投资→国民收入

上述传导机制说明，当中央银行调整某个货币政策工具后，引起货币供应量发生变化，接着货币市场的供求关系出现相应的变化，进而引起利率变化，最终导致投资变动和国民收入变化。

下面，我们以央行调整再贴现率略作说明。假设经济中出现了衰退现象，央行拟给经济加温，它就可以调低再贴现率。这样，商业银行向中央银行贷款的成本降低了，就愿意向中央银行更多地借款，并由此扩大了货币供应量。假定货币市场上的需求没有变化，利率就会下降。利率下降，意味着私人投资的成本下降，会激励私人投资增加，进而促使总需求、总产出和就业相应地增加。可见，降低再贴现率是一种扩张性的货币政策。

由于货币政策是运用政策工具通过中间目标达到最终目标的，且时滞较长，在短期内无法预测最终目标，所以一般是通过对中间目标的观测来预测最终目标并根据情况及时调节控制。因此中间目标必须具有可控性、相关性和可测性。

四、货币政策的效果

讨论货币政策时，还需要考察其效果，即实施某项货币政策后，收入和就业变化了没有，变化了多少，是否达到了预期目标。理论分析和经验表明，货币政策的效果主要取决于投资的利率系数和货币需求对利率的反映程度。

（一）投资利率系数

投资的利率系数是指利率变化后投资变化的程度。如果投资对利率变化比较敏感，利率稍有下降，投资就会增加较多，那么，扩张性的货币政策效果就较好。相反，如果投资对利率变化比较不太敏感，利率即使明显下降，投资也没有增加多少，那么，扩张性的货币政策效果就较差。例如，在衰退时期，即使利率下降，投资也不活跃，货币政策效果较差。

（二）货币需求对利率的反应程度

货币需求对利率的反应程度是指利率变化后货币需求变化的程度。如果货币需求受利率的影响较大，即利率稍有变化就使货币需求量变动很多，那么，货币供给量变动对利率的影响就较小，从而增加货币供给对增加收入和就业影响不大，政策效果就较差。相反，如果货币需求受利率的影响较小，即利率虽然变化较大，但货币需求量的变动却很小，那么，货币供给量变动对利率的影响就较大，从而增加货币供给对增加收入和就业就影响较大，政策效果较好。

总之，一项扩张性的货币政策如果能使利率下降较多，并且利率下降后投资增加较多，则这项货币政策的效果较好。相反，货币政策的效果就较差。

五、货币政策的局限性

实施适当的货币政策，对于调节社会总需求，减少经济波动，稳定经济，具有积极意义，但货币政策也存在着其固有的局限性。

(一) 货币政策的效果在不同时期明显不同

在通货膨胀时期实行紧缩的货币政策可能效果比较显著，但在经济衰退时期，实行扩张的货币政策效果就不明显。因为在经济衰退时期，厂商对经济前景普遍悲观，即使中央银行松动银根，降低利率，投资者也不肯增加贷款从事投资活动。商业银行为安全起见，也不肯轻易贷款。特别是由于存在着流动性陷阱，不论银根如何松动，利息率都不会下降。这样，货币政策作为反衰退的政策，其效果就相当微弱。即使从反通货膨胀看，货币政策的作用也主要表现于反对需求拉上的通货膨胀，而对成本推进的通货膨胀，货币政策效果就很小。因为，如果物价的上升是由工资上涨超过劳动生产率上升幅度引起或由垄断厂商为获取高额利润引起，则中央银行想通过控制货币供给来抑制通货膨胀就比较困难了。

(二) 货币政策的时滞

货币政策作用的外部时滞也影响政策效果。中央银行变动货币供给量，要通过影响利率，再影响投资，然后再影响就业和国民收入，因而，货币政策作用要经过相当长一段时间才会充分发挥。尤其是，市场利率变动以后，投资规模并不会很快发生相应变动。利率下降以后，厂商扩大生产规模，需要一个过程，利率上升以后，厂商缩小生产规模，更不是一件容易的事。

总之，货币政策即使在开始采用时也不会花费很长时间，但从出台到产生效果却需要一个相当长的过程。在此过程中，经济情况有可能发生和人们原先预料的相反变化。比方说，经济衰退时中央银行扩大货币供给，但未到这一政策效果完全发挥出来时，经济就已转入繁荣，物价已开始较快地上升，则原来扩张性货币政策不是反衰退，却为加剧通货膨胀起了火上加油的作用。货币政策在实践中存在的问题不止这些。但仅从这些方面看，货币政策作为平抑经济波动的手段，作用也是有限的。

（三）货币流通速度的变化

从货币市场均衡的情况看，增加或减少货币供给要影响利率的话，必须以货币的流通速度不变为前提。如果不存在这一前提，货币供给变动对经济的影响就要打折扣。

在经济繁荣时期，中央银行为抑制通货膨胀需要减少货币供给，或者说放慢货币供给的增长率。然而，此时公众一般会增加支出，并且物价上升也很快。在这种情况下，公众就不愿把货币留在手里，而希望尽快花出去，从而货币流通速度会加快，这无异于在流通领域增加了货币供给量。这时候，即使中央银行减少货币供给，也无法使通货膨胀率降下来。反之，当经济衰退时期，货币流通速度下降，这时中央银行增加货币供给对经济的影响也就可能被货币流通速度下降所抵消。

本章小结

1. 管理总需求的宏观经济政策主要有四个目标：充分就业、稳定物价、经济均衡增长和国际收支平衡。这些目标从根本上说是一致的，但也有矛盾。政府在具体实施政策时，要兼顾各个目标。

2. 财政政策包括财政收入政策和财政支出政策两部分。财政政策的调节包括主动调节和自动调节两类。自动稳定器调节属于自动调节，包括税收的自动变化、政府转移支付的自动变化和农产品价格维持制度；主动调节是指政府有意识地实施财政政策，即斟酌使用的财政政策。

斟酌使用的财政政策的基本要求是逆经济风向行事。当经济衰退时，政府采用扩张性财政政策，以增加总需求。反之，当经济过热时，政府则采用紧缩性财政政策，以抑制总需求。这种交替使用的扩张性和紧缩性财政政策，被称为补偿性财政政策。

财政政策效果主要取决于购买乘数和挤出效应的比较。

3. 货币政策是中央银行通过货币政策工具控制货币供应量，从而影响利率水平，进而改变经济中的投资量，以调节均衡国民收入的政策。

货币政策的主要工具是法定准备金率、再贴现率和公开市场业务。

实施货币政策的基本要求是逆经济风向行事。当经济衰退时，政府采用扩张性货币政策，包括降低法定准备金率、再贴现率和买进政府债券。反之，当经济过热时，政府则采用紧缩性货币政策，包括提高法定准备金率、提高再贴现率和卖出政府债券。

货币政策效果主要取决于投资的利率系数和货币需求对利率的反映程度。

思考题

1. 举例说明宏观经济政策之间的一致性和矛盾性。
2. 中央银行的货币政策工具主要有哪些？
3. 什么是自动稳定器？是否税率越高，则税收作为自动稳定器的作用越大？
4. 试说明货币政策的传导机制。
5. 请说明经济衰退期应如何选择使用经济政策。

专栏

我国的宏观政策选择

众所周知，美国的金融风暴已经影响到我国的经济。2008 年上半年，我国珠三角地带已经出现企业倒闭的情况，仍坚持生产的企业也举步维艰。相比之下，长三角地带由于经济发展时间较长，经济结构更为稳定，受损程度较小，但是前景也不容乐观。2010 年毕业的大学生，就业问题也是十分严峻。许多企业纷纷谋求良策，诸如裁员来度过危机。目前看来，尽管我国不会出现美国那样的金融危机，但是我国的经济将受到金融危机的严重影响，出现经济增长放缓是无可争议的事实。

一、金融危机对中国经济的影响

这次金融危机对中国经济的影响到底有多大呢？这些影响都体现在哪些领域呢？

其主要负面影响在我国的外贸出口及金融领域。由于中国对出口（特别是对美国出口）的依赖程度较高，金融危机将会透过降低美国国内消费需求，影响到中国对美国的出口大幅下降。同时政府就会采取更加严厉的宏观调控措施限制产能，并容易导致通货紧缩。由此，出口不振将增加就业和产业结构调整的压力。另外，美元的持续下跌，导致了国际石油等大宗商品价格持续上涨，原材料价格上涨对以进出口加工为特点的中国企业盈利会构成极大压力。所以，随着时间的推移，这场金融危机对中国实体经济和经济增长的影响将会逐步显现。

金融危机对中国股市和金融市场中的流动性也会产生影响，有可能会出现两种情况：一种情况是，受此次危机的影响，欧美投机性资金会放弃高风险高收益的投资取向，撤资回国"保驾"，以缓解流动性和融资危机。如果在短时间内发生大量撤资情况，就会对中国股市和经济造成负面影响。另一种情况，亚洲新兴市场国家的金融市场成为国际游资的避风港。例如，由于中国经济持续向好、投资回报率高、美国降息、人民币加息，以及人民币持续升值等因素，会进一步降低投机中国资产的资金成本，由此会加速热钱流入，这样就会产生对冲掉央行抑制流动性过剩的效果。并进一步推高中国股市和房市价格，资产泡沫化和通货膨胀形势会日趋严重，为更大的金融危机埋下了隐患。

二、财政和货币政策的应对措施

随着金融危机对实体经济的影响逐渐凸显出来，如何避免出现经济衰退，在未来使经济保持一定的增长速度，成为当前财政和货币政策的首要目标。

（一）积极的财政政策：扩大内需，关注有关民生的财政支出

可以预见的是，此次危机将在很长一段时间导致外需萎缩，而国际流动性的紧缩不可避免地会缩减国内投资。外需和投资的增长一直是中国经济增长的引擎，而随着金融震荡的来临，这条路已经行不通了。因此虽然仍要继续坚持积极的财政政策，但不应再重复1998年那样通过大规模的基础设施建设来推动经济发展。目前在国民经济增长模式中，投资所占的比例已经超过了一半。投资的增速过快不仅给环境带来巨大压力，同时也不利于经济平稳有效增长。从统计数据来看，投资仍然是推动中国GDP增长的主要动力。2007年度，固定资产投资占GDP的比重在50%左右，居民消费占比为35%，而且还在逐年下降，而美国的居民消费占GDP的比重高达70%以上，远高于中国水平。同时，从为社会创造就业机会来讲，美国制造业提供的就业机会仅占全社会的27%，而服务业却提供了30%以上的就业机会。因此当务之急在于，应该扩大有关民生的财政支出，提高居民收入，提高消费能力。中国必须尽快转变增长和发展模式，以适应新的经济形势，尽快完成从投资转向消费、从制造业转向服务业的转变。

（二）适度宽松的货币政策：顺利实施财政政策的保障

未来持续降息的必要性不言而喻。按照目前的物价变动趋势，2009年CPI、PPI可能双双跌破零值。在总需求紧缩成定局的情况下，2009年CPI反弹的可能性不大，"防通缩"将是今年宏观经济管理中价格调控的主要任务。

同时，在国务院通过了"4万亿元"投资计划基本为政府主导的情况下，降

息是减少资金成本最直接有效的办法。随着当前经济紧缩的持续，财政收入高增长的趋势已经逆转，2010 年减收增支已成定局，财政赤字将有较大程度提高，政府发债规模将不可避免地扩大。同样出于削减财政发债成本、扩大财政支出规模的需要，降息等放松货币政策成了顺利实施财政政策的必要条件之一。

第十二章 长期经济增长

> 增长问题并没有什么新东西，只不过是为古老的问题穿上了一件新衣。但是，增长是一个永远使经济学者着迷和神往的问题：无论是现在还是未来。
>
> ——詹姆斯·托宾

本章内容提要：

- 经济增长和经济增长率，研究经济增长的两种方法：经济增长核算和经济增长模型
- 增长核算方程，决定经济增长的因素及其贡献率
- 经济增长模型：哈罗德－多马模型、索洛模型和 *AK* 模型。资本增长的"黄金律"

1978 年，我国人均 GDP 是 226 美元，2007 年，我国的人均 GDP 是 2 553 美元，20 年增长了 11 倍。据估计，我国 2010 年的人均 GDP 有望达到 4 000 美元。20 年前，汽车进入家庭是个梦想，而到 2008 年年底，我国平均每百户家庭拥有家用汽车 8.83 辆。政府说，我们至少要保持年均 8% 的经济增长。这些数字背后到底隐含着什么意义，本章将告诉你经济增长的性质、度量、源泉和核算，并解释经济增长的主要理论。

|第|一|节|
经济增长

经济学家历来重视经济增长问题。亚当·斯密最早考察了经济增长的源泉，属于古典经济增长理论。哈罗德在《论动态理论》中，提出了经济增长的最初模型，标志着现代经济增长理论的出现，其基础则是凯恩斯的收入决定理论。

一、经济增长的性质

经济增长是指一国经济在一定时期内所生产的最终产品和劳务的增加，包括总产出的增加和人均产出的增加。总产出以 GDP 衡量，人均产出用人均 GDP 来衡量。人均 GDP = GDP ÷ 人口总数。这两个量彼此联系，又存在区别。总产出反映一国或地区的经济实力与市场规模；人均产出反映一国或地区的经济发展水平和居民生活水平。2009 年，我国 GDP 为 335 353 亿元人民币，按现行的汇率折算为 4.985 万亿美元，仅次于世界第二大经济体日本的 5.068 万亿美元。人均 GDP 为 3 603 美元，按照人均 GDP 排序，我国在世界排位中仍然在 100 位之后，属不发达国家之列。

经济增长体现为一国潜在产出或经济生产能力的持续增加，是劳动和资本等要素增加以及技术进步的结果，表现为生产可能性边界向外扩张，是一种长期经济现象。潜在产出即潜在 GDP，是指当经济体的所有劳动、资本、土地和企业家才能都得到充分利用时所对应的 GDP。实际 GDP 通常围绕潜在 GDP 波动。

经济增长和经济发展是既有联系但又不完全相同的两个范畴。前者仅指经济量的增加，后者则除了产出量的增加外，还包括结构调整、制度演化和居民生活方式的改变等。在许多发展中国家，人们往往只重视经济增长，忽视经济发展。这是许多国家经济增长速度快，但居民受惠少的重要原因。同样，现代宏观经济学只研究经济量的增长，忽视人的需要和福祉，是有片面性的。经济增长必须关注"人"的因素，把人的因素纳入模型。

二、经济增长的度量

在宏观经济分析中，经济增长一般用经济增长率（增长速度）来表示，包括总产量增长率和人均产量增长率。

总产量增长率是指实际 GDP 或实际产出的增长率。如果用 G_t 代表增长率，Y_t 代表 t 期的产出，Y_{t-1} 代表 $t-1$ 期的产出，那么，增长率的公式就是：$G_t = \dfrac{Y_t - Y_{t-1}}{Y_{t-1}}$。例如，假定当年的实际 GDP 为 11 万亿元，而前一年的实际 GDP 为 10 万亿元，那么当年的经济增长就是 $\dfrac{11-10}{10} \times 100\% = 10\%$。

生活水平的度量用人均实际 GDP 来反映，如果上式中的 Y_t 和 Y_{t-1} 改为人均产

出 y_t 和 y_{t-1}，经济增长率就变为人均经济增长率 $g_t = \dfrac{y_t - y_{t-1}}{y_{t-1}}$。例如，假定当年的

实际 GDP 为 11 万亿元，人口总数为 2.02 亿，那么人均实际 GDP 就是 $\dfrac{11}{2.02} =$

5.4455（万元）。假定前一年的实际 GDP 为 10 万亿元，人口总量为 2 亿，那么

人均实际 GDP 就是 $\dfrac{10}{2} = 5$（万元），人均经济增长率为 $\dfrac{5.4455 - 5}{5} \times 100\% =$

8.9%，人均经济增长率还可以用经济增长率减去人口增长率来度量。上面的例
子中，实际 GDP 的增长率为 10%，人口增长率为 1%，人均实际 GDP 的增长率
就大致等于 10% − 1% = 9%。

三、经济增长的源泉

假设，社会生产投入只有资本 K、劳动 N、社会技术水平 A，则社会经济的
生产函数可以表示为：

$$Y = AF(K, N)$$

式中，Y 代表总产出，K、N 分别代表资本和劳动，A 代表全要素生产率，
即产量与全部要素投入量之比。

现在假定，资本、劳动和技术的变动分别为 ΔK、ΔN、ΔA，利用微分知识，
可以得到产出的变动 ΔY 为：

$$\Delta Y = MP_K \times \Delta K + MP_N \times \Delta N + F(N, K) \times \Delta A$$

进而最终得到：

$$\frac{\Delta Y}{Y} = \frac{MP_K}{Y}\Delta K + \frac{MP_N}{Y}\Delta N + \frac{\Delta A}{A}$$

进一步变形为：

$$\frac{\Delta Y}{Y} = \left(\frac{MP_K \times K}{Y}\right)\frac{\Delta K}{K} + \left(\frac{MP_N \times N}{Y}\right)\frac{\Delta N}{N} + \frac{\Delta A}{A}$$

在第六章讨论要素价格时，我们曾经把 $MP_K \times K$ 和 $MP_N \times N$ 分别作为资本收益

和劳动收益，因而，我们可以把 $\dfrac{MP_K \times K}{Y}$ 和 $\dfrac{MP_N \times N}{Y}$ 分别看作是资本收益和劳动收

益在总产出中的份额，并且分别记作 β 和 α。这样，核算方程就可以改写为：

$$\frac{\Delta Y}{Y} = \alpha \frac{\Delta N}{N} + \beta \frac{\Delta K}{K} + \frac{\Delta A}{A} \qquad (12-1)$$

或者：

产出增长 = 资本份额 × 资本增长 + 劳动份额 × 劳动增长 + 技术进步

这就是经济增长核算方程。核算方程表明，长期经济增长取决于三个因素：一是资本。二是劳动。三是技术。这也被认为是经济增长的源泉。

根据核算方程，我们还可以测算技术进步对经济增长的贡献率。一般地，由于技术进步无法直接观察到，所以需要间接地测算。根据（12-1）式可以得到：

$$\frac{\Delta A}{A} = \frac{\Delta Y}{Y} - \alpha \frac{\Delta N}{N} - \beta \frac{\Delta K}{K} \qquad (12-2)$$

上式告诉我们，当知道了劳动和资本在产出中的份额的数据，并且有产出、劳动和资本增长的数据，经济中的技术进步就可以作为一个余量被计算出来。因此，表达式 $\frac{\Delta A}{A}$ 有时也被叫做索洛余量。

四、经济增长的核算

根据增长核算方程，可以把产出的增长分为两个不同的来源：一是生产要素量的增加。二是技术进步。当生产要素只包括资本和劳动时，经济增长就可以分解为资本增加、劳动增加和技术进步三个来源。美国经济学家丹尼森在这一研究中有较大影响。本节主要介绍丹尼森的研究成果。

在经济增长因素分析中，首先遇到的问题是如何对增长因素进行科学分类。丹尼森的做法是，把经济增长的因素先分为两大类：生产投入要素的量和投入要素的生产率。关于生产要素投入的量，丹尼森认为主要的是劳动、资本和土地。其中，土地可以看成是不变的，劳动和资本是可变的。关于投入要素的生产率，丹尼森把它看成是产量与投入量之比，即单位投入量的产出量。要素生产率主要取决于资源配置效率、规模经济和知识进展。在此基础上，他把影响经济增长的因素归结为6个：①劳动。②资本存量的规模。③资源配置状况。④规模经济。⑤知识进展。⑥其他因素。

丹尼森根据美国 1929～1982 年间的经济数据，测算了劳动、资本和生产率对总产出的具体贡献份额，如表 12-1 所示。

表 12 - 1		美国经济增长的来源：丹尼森的估算			单位：%
年份 项目	1929 ~ 1948	1948 ~ 1973	1973 ~ 1982	1929 ~ 1982	1982 ~ 2004
劳动的增加	1.42	1.40	1.13	1.34	0.96
资本的增加	0.11	0.77	0.69	0.56	0.80
总投入的增加	1.53	2.17	1.82	1.90	1.76
生产率的增长	1.01	1.53	- 0.27	1.02	0.99
总产出的增长	2.54	3.70	1.55	2.92	2.75

资料来源：转引自［美］亚伯、伯南克、克鲁肖，任曙明等译：《中级宏观经济学》（第六版），机械工业出版社 2009 年版，第 167 页。

表 12 - 1 表明，在 1929 ~ 1982 年中，美国经济总产出增长率 2.92%，其中劳动对美国经济增长率的贡献最大，达到 1.34%；生产率的增长即核算方程中的索洛余量 $\frac{\Delta A}{A}$，则贡献了 1.02%。丹尼森发现对于美国 1929 ~ 1982 年的经济增长，生产要素数量的增加与要素生产率的提高起到同等重要的作用。不过生产率的提高对经济增长的重要作用在由美国劳工统计局提供的 1982 ~ 2004 年的数据中看到更加明显，生产率的增加对经济增长起到首要的拉动作用。而且，在生产率增长中，知识进步约贡献了 2/3。这是一个惊人的发现。另外，资源配置对生产率的增加，贡献也很大。他还发现，人们从薪水少的工作转移到薪水高的工作，就会促进产出增加。再如，农民转移到城市就业，也有利于资源优化配置，促进产出增长。

丹尼森的结论是，知识发展是经济增长的最重要因素。知识发展包括技术知识和管理知识的进步，以及由于采用新知识而产生的新的设计，也包括国内外的科学研究、发明和创新等知识。

此外，库兹涅茨也对影响经济增长的因素，进行了研究。他的结论是，影响经济增长的主要因素有三个：即知识存量的增长、劳动生产率的提高和结构的变化（例如劳动力从低生产率的部门转移到高生产率部门）。

林毅夫运用相关理论，对影响我国经济增长的因素，进行了定量分析。其结论是：在我国的经济增长中，各因素的贡献份额分别是：物质资本 28%；劳动力 24%；人力资本 24%；劳动力转移 21%；未解释因素 3%（主要是技术效率改进对经济增长的贡献）。

|第|二|节|
经济增长理论

现代经济增长理论源于哈罗德—多马模型，该模型标志着一个系统化的、完整的现代经济增长理论的出现。后来，又出现了索洛模型和内生增长理论模型。

一、哈罗德—多马增长模型

20 世纪 40 年代，英国经济学家哈罗德（Harrod，R. F.）和美国经济学家多马（Domar，E. D.）根据凯恩斯的收入决定论的思想，将凯恩斯理论动态化、长期化，几乎同时提出了相似的长期经济增长理论，即哈罗德—多马模型。

（一）基本假设

哈罗德—多马模型的主要假设是：

（1）全社会只生产一种产品。这种产品既可以用于消费，也可以用于生产。

（2）储蓄率 s 给定，它表示储蓄与收入（或产出）之比，且等于其平均储蓄倾向，即 $s = \dfrac{S}{Y} = \dfrac{\Delta S}{\Delta Y}$。

（3）生产过程中只使用劳动 L 和资本 K 两种要素，而且两者比例固定不变，从而资本—产量比率也不变。并且，边际资本—产出比率等于资本—产出比率，即：

$$v = \frac{\Delta K}{\Delta Y} = \frac{K}{Y}$$

式中，$\Delta K = I$，K 是资本存量，I 是投资。

（4）劳动力按给定的比率增长，用 L 表示劳动力，即：

$$n = \frac{\Delta L}{L}$$

（5）技术状态是给定的，不考虑技术进步，也不考虑折旧问题。

（6）规模报酬不变（或称为规模收益不变），也就是说单位产品成本不随生产规模的变化而变化。

（二）基本方程

在上述基本假定下，哈罗德给出的基本方程是：

$$G = \frac{\Delta Y}{Y} = \frac{\dfrac{S}{Y}}{\dfrac{\Delta K}{K}} = \frac{s}{v}$$

上式中，G 为经济增长率，s 为储蓄率，v 为边际资本—产量比率。

模型的基本思想是，在充分就业的条件下，要实现经济的持续均衡增长，经济增长率必须等于社会储蓄率与资本—产出比率之比。更一般地说，经济增长率和储蓄率之间呈正相关关系，而与资本—产出率之间呈负相关关系。

（三）模型的经济学分析

哈罗德—多马模型是在凯恩斯收入理论的基础上，将其动态化、长期化的产物。该模型强调了资本积累和资本效率在经济增长中的决定作用，从而为经济增长找到了一种似乎是合理的持久动力和源泉，加之模型的简明扼要，且易于使用和估算，在发展中国家得到广泛的使用。另外，由于模型过于严峻的假设，模型的结论却不太令人满意。

首先，资本—产出比率固定不变。这一比率保持不变，即意味着资本存量和劳动力必须保持同样的增长率，经济才能达到均衡。而且固定系数意味着一旦两者的增长率不相等，由于经济系统本身不存在协调二者统一的内在机制，这种差异将持续存在。加之模型中的储蓄率、资本—产出比和劳动力增长率分别由不同的因素相对独立地决定，除非偶然，经济实现均衡增长的可能性虽然存在，但却是极小的。因此，经济一旦偏离均衡增长路径，经济体不仅不能自我恢复均衡增长，而且会产生更大的偏离，从而使得经济增长带有"刀刃"性质。

其次，技术进步中性。该模型忽视了技术进步对长期经济增长的贡献。理论分析和经验事实表明，技术进步对经济增长的实际贡献是非常明显的，巨大的。一个忽视技术进步意义的增长理论，显然是不完备的。

二、新古典增长模型

鉴于哈罗德—多马模型的均衡增长具有"刀刃"性质，索洛（1956）和斯旺（1956）以生产要素之间可以充分替代的新古典生产函数为基础，构建了索洛—斯旺增长模型，又称新古典经济增长模型。该模型成为所有研究经济增长问题的基础，甚至那些与索洛—斯旺增长模型完全不同的模型，也要在与之对比中得到更好地理解。

（一）基本假设

为了克服哈罗德—多马模型经济增长理论的缺陷，索洛在其经济增长模型中引入了一个关键性假设：用新古典生产函数替代固定比例生产函数。索洛认为，固定比例生产函数是使得经济的均衡增长带有"刀刃"性质的关键假设。要改变这一结论，就必须放弃这一假定，并用新古典生产函数取而代之。在新古典生产函数中，假定资本和劳动可以相互替代，能够用不同的资本与劳动组合，生产出等量的产品。新古典生产函数的一般形式为：

$$Y = F(N, K)$$

其中，Y、K、N 分别表示产出、资本存量、劳动力。

此外，索洛关于增长模型的其他假设主要有：①储蓄率 s 外生给定，社会储蓄函数 $S = sY$。②劳动力按一个不变的比率 n 增长。③生产的规模报酬不变。④技术水平以速率 g 增长。

（二）基本方程

在索洛模型中，假设经济中只有家庭和企业两个部门，且总储蓄 S 等于总投资 I，并进一步假设，现有资本 K 以固定速率 δ 折旧，则资本存量的变化量 ΔK 为：

$$\Delta K = I - \delta K$$

由于 $I = S = sY$，因此，有：

$$\Delta K = sY - \delta K \qquad (12-3)$$

另一方面，设人均产出为 y，人均资本为 k，那么，就有：

$$y = \frac{Y}{N}, \ k = \frac{K}{N}$$

经整理，最终可得：

$$\Delta k = sY - (n + \delta) k \qquad (12-4)$$

上式即为索洛模型的基本方程。这一关系式表明，人均资本的增加等于人均储蓄 sy 减去 $(n + \delta) k$ 项。$(n + \delta) k$ 可以这样来理解：劳动力的增长率为 n，一定量的人均储蓄 sy 必须用于装备新的工人，每个工人占有的资本为 k，

这一用途的储蓄为 nk。另外，一定量的储蓄必须用于替换磨损了的资本，这一用途的储蓄为 δk。总计为 $(n+\delta)k$ 的人均储蓄被称为资本的广化。人均储蓄超过 $(n+\delta)k$ 的部分则导致了人均资本 k 的上升，即 $\Delta k>0$，这被称作资本的深化。因此，新古典增长模型的（12-2）可以表述为：

$$资本深化 = 人均储蓄 - 资本广化$$

（三）稳态分析

1. 稳态条件

稳态指的是在经济模型中的所有内生变量都以不变速率增长的状态。根据索洛模型，实现稳态的条件是：人均资本增量为零，即 $\Delta k=0$，从而得到

$$sy = (n+\delta)k$$

在此稳态下，尽管人均产量 y、人均资本 k 固定不变，但总产量 Y、资本存量 K 却必须以 n 的速率增长。理解这一点，只需注意到劳动人口以速度 n 增长。因此，由于 $k=\dfrac{K}{N}$ 固定，所以总资本存量 K 必须与劳动力按相同的比率 n 增长。又因为 $y=\dfrac{Y}{N}$，且在稳态时 Y 亦固定，因此总产量 Y 也必须按此比率 n 增长。总之，在新古典增长框架内，稳态意味着：

$$\frac{\Delta Y}{Y} = \frac{\Delta N}{N} = \frac{\Delta K}{K} = n$$

稳态的索洛模型如图 12-1 所示。

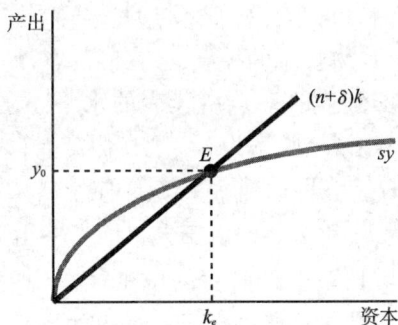

图 12-1　经济增长的稳态

图 12-1 中 E 点显示了经济增长的稳态条件，而且经济运行即使偏离稳态即 E 点，也会在边际收益递减规律的作用下不断地趋于稳态 E 点，即无论经济是运行在 E 点以左或以右阶段，最终将会调整到并稳定于 E 点，且经济增长率为 n。换言之，稳态的经济增长率将依赖于劳动增长率。

2. 储蓄率

储蓄率在索洛模型中是被给定的。这种外生的储蓄率的变动对经济运行的影响可用图 12-2 来说明。假定经济起初运行在 E_0 点所代表的水平。在该水平上，人均资本、人均产出分别为 k_0、y_0，经济增长率为 n。现在假定储蓄率 s 上升，即储蓄率由 s 上升到 s'，此时经济将达到一个新的稳态 E_1。在新的稳态条件下，人均资本、人均产出分别为 k_1 和 y_1。由于劳动的增长率仍为 n，所以经济增长率也为 n。可以看出，$k_1 > k_0$，$y_1 > y_0$，即储蓄率的上升，提高了人均产量和人均资本的水平，但并不改变经济增长率。

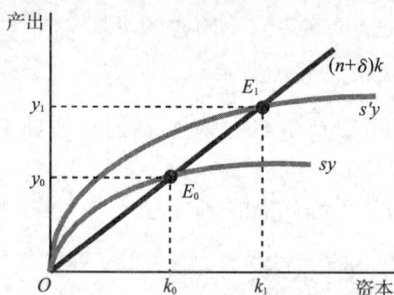

图 12-2 储蓄率增加的影响

3. 人口增长

对稳态和储蓄率的分析可以看出，经济增长率独立于储蓄率而取决于人口增长率。图 12-3 反映了人口增长率的提高，对经济运行的影响。

仍然假定，经济起初运行在 E_0 点所代表的水平。在该水平上，人均资本、人均产出分别为 k_0、y_0，经济增长率为 n。现在假定人口增长率上升，即人口增长率由 n 上升到 n'，此时经济将达到一个新的稳态 E_1。在新的稳态条件下，人均资本、人均产出分别为 k_1 和 y_1。但由于人口增长率由 n 上升到 n'，故经济增长率也上升为 n'。人口增长率上升前后的两个稳态说明，$k_1 < k_0$，$y_1 < y_0$，但 $n' > n$，即人口增长率的上升，虽然提高了总产出的增长率，但人均产量和人均资本水平却下降了。这正是许多发展中国家面临的问题：人口增长过快，致使这些国家尽管提高了储蓄率，但人均收入水平仍然不高。

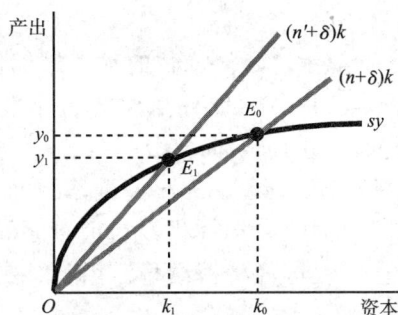

图 12–3 人口增长的影响

4. 技术进步

在索洛模型中，技术进步是作为外生变量给定的。如果引进技术进步因素，新古典模型就可以解释一些国家生活水平的持续提高。根据理论研究，技术进步会引起人均产出的持续增加。一旦经济处于稳定状态，人均产出的增长率就只取决于技术进步率。换言之，根据新古典增长理论，只有技术进步才能解释生活水平（即人均产出）的长期上升。然而，技术进步的源泉在哪里？在新古典理论中并没有给出解释，而仅仅作为一个假设。这表明，新古典经济理论还需要发展。

三、资本积累的"黄金率"

新古典增长模型的核心思想是，一国的储蓄、人口增长和技术进步，决定着该国经济的产出水平，并随着时间的推移而实现增长。该模型的一个重要结论是：如果不考虑人口增长和技术进步，一国经济的储蓄率高，其投资和资本存量增加就快，相应的产出水平和消费水平就高，该国就富有。相反，一国经济的储蓄率低，其投资和资本存量增加就慢，相应的产出水平和消费水平就低，该国就贫穷。

新古典增长模型的根本缺陷是，没有考虑经济增长的福利特性，也没有研究与人均消费最大化相联系的最优储蓄率。费尔普斯沿着索洛—斯旺模型的思路，研究增长过程中的社会福利效应，最终发现了与人均消费最大化相联系的人均资本量应满足的条件，即资本积累的"黄金率"。其基本内容是：若使稳态的人均消费达到最大，稳态的人均资本量的选择应使资本的边际产品等于劳动的增长率。用方程式表示，就是：

$$f'(k^*) = n$$

资本积累的"黄金率"揭示了经济增长的动态最优化路径，指出储蓄进而资本积累有一个最优水平。如果一个社会的储蓄率高于最优水平，就会导致经济增长"动态无效率"，降低人们的长期福利。

资本积累的"黄金率"或"经济增长黄金率"理论给出了判断储蓄和投资是否合意的客观标准，为政府选择积累与消费之间的比例关系，实现稳定状态的人均消费最大化，促进经济持续稳定增长，提供了分析框架和决策依据。

四、新增长理论

20 世纪 80 年代中期以来，罗默、卢卡斯等经济学家超越新古典增长理论，将生产率（人们平均掌握的技术）因素内生化，创立了新增长理论或内生增长理论。下面以 AK 模型为代表，略作说明。

内生增长理论的基本思想可以用一个简单的模型—— AK 模型来说明：

$$Y = AK \tag{12-5}$$
$$\Delta K = sY - \delta K \tag{12-6}$$

（12-5）式为生产函数，Y、K 分别为产出和资本存量，A 为常量。

（12-6）式为资本积累方程，s 为储蓄率。

由上述两式，可以推出：

$$\frac{\Delta Y}{Y} = \frac{\Delta K}{K} = sA - \delta \tag{12-7}$$

模型的基本思想是：只要 $sA > \delta$，即使不存在外生技术进步的假定，经济的收入也一直增长。

得出此结论的关键在于放弃了新古典增长理论中边际收益递减的假定，而代之以边际收益递增的假定。现在的问题是：在哪些情况下，边际收益递增，起码不是递减。围绕着这个问题，内生增长理论沿着以下四个方向展开：以罗默为代表的技术进步内生化理论、以卢卡斯为代表的人力资本内生化理论、以杨小凯为代表的劳动分工内生化理论以及以诺斯为代表的制度内生化理论。这些理论的详细论述已超出本书的范围，故不再展开。

本章小结

1. 经济增长是指一国在一定时期内所生产的最终产品和劳务的增加，包括总产出的增加和人均产出的增加。总产量反映一国的经济实力；人均产量反映一国经济发展水平和居民生活水平。

经济增长一般用经济增长率（增长速度）来表示，包括总产量增长率和人均产量增长率。

2. 长期经济增长的源泉为：（1）资本；（2）劳动；（3）技术。这也被认为是经济增长的源泉。

3. 丹尼森指出，劳动对美国经济增长率的贡献是 1.34%；生产率的贡献是1.02%。在生产率增长中，知识进步的贡献超过了三分之二。

4. 哈罗德—多马模型的基本思想是，在充分就业的条件下，要实现经济的持续均衡增长，经济增长率必须等于社会储蓄率与资本—产出比率之比。

5. 索洛提出的新古典增长模型把人均资本和人均产出不变时的状态称为稳态，此时人均产出增长率保持不变，等于人口增长率。他认为，储蓄率的提高只是增加稳态时的人均产出水平，并不影响稳态时的人均产出增长率。而人口增长率的提高则会降低人均产出的稳态水平，但会提高人均产出在稳态时的增长率。

6. 如果稳态的人均资本量能够使资本的边际产品等于劳动的增长率，稳态的人均消费就能达到最大。这就是与人均消费最大化相联系的人均资本量应满足的条件，即资本积累的"黄金率"。

7. 20世纪80年代中期以来，罗默、卢卡斯等经济学家超越新古典增长理论，将生产率（人们平均掌握的技术）因素内生化，创立了新增长理论或内生增长理论，AK模型。

思考题

1. 什么是经济增长？
2. 经济增长有哪些基本特征？
3. 经济增长和经济发展有何区别？
4. 经济增长的源泉是什么？
5. 哈罗德模型的基本假设和公式是什么？它是如何解释经济中短期波动和长期增长的？
6. 新古典经济增长模型的基本假设和计算公式是什么？其公式的含义是什么？

📚 专栏

我国经济增长的源泉（1978～2007 年）

第一，中国经济增长主要依靠资本的投入强力推动。1979～2007 年，资本投入的年均增长率达到 10.75%，高于 GDP 的增速。就对经济增长的贡献率而言，资本的年均贡献率达到 53.5%，高于附加人力资本的劳动与总要素生产率的贡献率之和。从发展趋势看，资本投入的增长速度持续上升，对经济增长的贡献率也大幅增加，贡献率增幅在 10 个百分点以上。

第二，人力资本对于中国经济增长的贡献逐渐减弱。1979～2007 年，人力资本对经济增长的平均贡献率是 12.2%。它对经济增长的推动作用在改革开放最初的 11 年里特别明显（年均达到了 22.87%），在这一时间段内，人力资本的增长率和贡献率都远高于全要素生产率（TFP）。但在之后的时间里，随着义务教育的普及，人力资本存量的增长率和贡献率大幅降低。1990 年之后，其贡献率被 TFP 远远地超越。2000 年之后，人力资本对于经济增长的贡献率仅有 5.28%。

第三，劳动力对于中国经济增长的贡献较低。1979～2007 年，劳动力投入对经济增长的平均贡献率是 13.08%。在各时间段内，劳动投入的增长率和贡献率都远远小于资本投入，这一方面是因为改革开放以来，中国进入了工业化和城市化的高速发展阶段，高投资率是其所处发展阶段的客观规律；另一方面，改革开放之前中国处于资本稀缺而劳动力相对充足的状态，因此改革开放之后，中国经济对资本需求的迫切程度远远大于对劳动力的需求程度。1990 年之后，劳动力的增长率和贡献率比前一时间段有大幅下降，而且一直稳定在较低的水平，这表明在 20 世纪 90 年代以后，中国经济对于劳动力需求的增加一直处于较低水平。

第四，全要素生产率对于中国经济增长的贡献一直维持在较高水平。1979～2007 年，全要素生产率对经济增长的平均贡献率是 21.2%。从 20 世纪 80 年代到 90 年代，全要素生产率增长率增加了一倍，贡献率增加了 20 个百分点。进入 21 世纪之后，全要素生产率的增长率和贡献率出现明显的下降。

第五，技术进步对经济增长的贡献较大，但在 2000 年之后呈明显的下降趋势。1979～2007 年，技术进步对经济增长的平均贡献率是 9.6%。从 20 世纪 80 年代到 90 年代，其贡献率大幅增加了约 8 个百分点，但 2000 年之后，又下降了约 7 个百分点。主要原因是，改革开放带来了科学的春天，而科学技术对经济的促进作用有可能在数年之后，即进入 20 世纪 90 年代才突出地显现出来，这是因为科学技术的发展是需要时间的。科技转化成为生产力和经济效益也是需要时间的；进入 2000 年之后，技术进步对经济增长的贡献率出现下降趋势，其主要原因之一是在技术研发上投资不足，与发达国家相比存在较大差距，另外一个重要原因是投资的质量问题影响了科技进步的速度和效果。从时间段 1990～1999 年到时间段 2000～2007 年中国的资本增长率提高了约 4 个百分点，达到了 14.16%，资本投入对经济增长的贡献率提高了约 12 个百分点，达到了 66%，科技进步的贡献率却降低了约 7 个百分点。资本投入的高速增加和金融市场的不完善导致的一系列问题，如资金流向不合理、产业结构的失调和资源配置结构不合理等，很有可能导致科学技术向经济效益转化效率的降低。

第六，市场化对经济增长的推动作用突出，但在 2000 年之后呈明显的下降趋势。1979～2007 年，市场化对经济增长的平均贡献率是 15.89%。从 20 世纪 80 年代到 90 年代，其贡献率大幅增加了约 10 个百分点，但在 2000 年之后，又大幅下降了约 15 个百分点。主要原因是在 20 世纪 80 年代，我国经济体制和市场条件正在发生剧烈频繁的变化，这必然导致全要素生产率增长发生剧烈而频繁的变化。进入 20 世纪 90 年代，各项改革措施陆续出台，市场经济体制的运行逐渐步入正轨，日益变得成熟有序，制度变迁对经济增长的影响显著地发挥了作用。而在 2000 年之后，在政策逐步推行到位之后，市场化程度对经济增长的贡献就不再突出了。

第七，国际化对经济增长的推动稳步增大，在 2000 年之后已经成为经济的重要推动力之一。从 20 世纪 80 年代到进入 21 世纪，国际化对经济增长的贡献率已经从最初的 1.56% 增加到 9.24%，并在 2000 年之后成为 TFP 所包含的三大因素中贡献率最大的一个因素。可见我国的对外开放政策成效显著，国际化程度持续加深。2001 年中国加入世界贸易组织，与国外的经济联系更加密切，国际化进程进入了新时代，因此对外经济活动对经济的推动力越来越大。

资料来源：根据中国人民大学 985 课题"经济增长、收入分配与公共政策研究"2009 年分报告整理。

第十三章　开放条件下的宏观经济学

> *国际贸易的有益之处，在于更加有效地利用我们这个世界的生产能力。*
>
> ——约翰·斯图亚特·穆勒

本章内容提要：

- 比较优势学说，净出口函数，国际贸易政策
- 净资本流出、国际收支平衡，汇率的决定，汇率与一国经济的关系
- 开放经济中的经济均衡、国际经济关系、宏观经济管理政策的相互配合。

今天的世界经济已经进入全球化时代，没有哪一个国家可以与世隔绝。实际上，任何一个国家的经济都是开放的，即任何一个国家总是与他国发生这样或那样的交易，只是程度有所不同而已。那么国家之间联系的经济纽带是什么？本章介绍的国际经济学的基本理论和实践，将使你更好理解开放条件下国际经济事件。

第一节
国际贸易理论

在开放经济中，一国与他国通过两种方式进行交易：商品交易或商品的流动和资本交易或资本的流动。本节先讨论物品和劳务在国际间的流动，即国际贸易或经常项目。下一节讨论资本在国际间的流动，即净资本流出和国际收支平衡问题。

一、国际贸易基本理论

随着商品生产规模的扩张，交易范围也不断扩大。当商品或劳务的交换突破一国地理限制时，国际贸易或进出口贸易就出现了。在国际贸易中，商人们关心的是怎样赚钱，经济学家们关心的则是国际贸易为什么会发生。他们提出了许多理论，用以解释国际贸易背后的逻辑。

（一）绝对优势理论

绝对优势理论，也叫绝对成本理论，是由英国古典经济学的奠基人亚当·斯密首先提出来的。在斯密时代，英国处于产业革命的前夕，工场手工业正向机器大工业过渡，封建主义和重商主义所奉行的贸易保护主义，严重地阻碍着这一进程。斯密在代表工业资产阶级的要求，批评贸易保护主义的过程中，提出并阐述了其绝对成本理论。

斯密指出，生产同样的产品，不同国家的生产成本是有差异的。如果在各国之间按照各自的优势进行分工，各自生产成本最低的产品，然后进行自由贸易，就能增进共同的利益。

他对这一思想的解释是，分工能够提高生产率，进而降低产品成本。分工的基本原则，是成本的绝对优势或绝对利益。一国在某一产品的生产上有优势，用同样的资源可以生产出比别国更多的产品，其单位产品的生产成本就低于别国。这样，该国只生产这种成本上有优势的产品，并用以出口，再进口本国生产上没有优势的产品，就可以获得更多的利益。所有的国家都这样做，就可以增加所有国家的利益。因此，斯密主张，各国都应该按照这一原理，选择自身具有优势的产品进行专业化生产，然后进行交换，这对贸易双方都有好处。

该理论解释了国际贸易的部分原因。但是，它不能解释当绝对优势集中在一方时出现的国际分工和国际贸易。李嘉图在斯密的绝对优势论的基础上，提出了"相对优势论"，试图解决这一问题。

（二）比较优势理论

比较优势理论的基本思想是：相互贸易的两个国家，其中一个国家有可能在所有商品生产上劳动生产率都较高，而另一国家在所有商品生产上劳动生产率都较低。但是，两个国家之间仍然有贸易的可能，原因就在于他们生产各种产品具有不同的机会成本。如果每个国家集中生产机会成本比较低的产品，然后通过国际贸易，就可以从分工和贸易中获益。比较优势理论的核心内容是"两利相衡取其重，两害相衡取其轻"。

下面我们结合例子说明。假设，中国工人生产一辆汽车用 500 个工时，生产一件衣服用 5 个工时。日本工人生产一辆汽车用 100 个工时，生产一件衣服用 4 个工时。日本在两种产品生产上都有绝对优势。但是，日本生产 1 辆汽车的机会成本是 25 件衣服，中国生产 1 辆汽车的机会成本是 100 件衣服，因此，日本在汽车生产上有相对优势。中国生产 1 件衣服的机会成本为 $\frac{1}{100}$ 辆汽车，日本生产一件衣服的机会成本是 $\frac{1}{25}$ 辆汽车，因此，中国在生产衣服上具有比较优势。根据比较优势理论，如果中国专门生产衣服，日本专门生产汽车，则两国可以通过贸易获益。

假定在中日两国进行国际分工和国际贸易前，中国工人用 505 个工时可以得到 1 辆汽车和 1 件衣服，日本工人用 200 个工时可以生产 1 辆汽车和 25 件衣服。两国共生产汽车 2 辆，衣服 26 件。现在，假设两国进行了分工和贸易。中国人用 505 个工时生产 101 件衣服，日本人用 200 个工时生产 2 辆汽车，两国共生产汽车 2 辆，衣服 101 件，比未分工前增加了 75 件。这时，如果中国拿出一部分衣服去交换日本 1 辆汽车，即日本拿出 1 辆汽车去交换中国的衣服，并且两国商人讨价还价的结果是："50 件衣服换 1 辆汽车"。经过交换，中国除了有 1 辆汽车外，还有 51 件衣服，比未交换前多了 50 件衣服。日本除了有一国内汽车外，还有 50 件衣服，比未交换前多了 25 件衣服。两国的利益都增加了。见表 13 - 1。

表 13 - 1 　　　　　　　　中国和日本从贸易中获益

项目	国家	汽车	衣服
贸易前	中国	1	1
	日本	1	25
分工	中国	0	101
	日本	2	0
贸易后 (50 件衣服：1 辆汽车)	中国	1	51
	日本	1	50

从比较优势理论可以看出，即使一国处于绝对优势地位，另一国处于绝对劣

势地位，国际分工和贸易的基础仍然存在，国际分工和贸易仍然可以给参加国带来物质消费水平增进的利益。比较优势理论部分地解释了为什么先进国家往往出口工业品，而落后国家出口原料产品。

（三）资源禀赋学说

20 世纪 30 年代，瑞典经济学家赫克歇尔和他的学生俄林在质疑亚当·斯密和大卫·李嘉图国际贸易理论的基础上，提出了生产要素禀赋学说，又叫做赫克歇尔—俄林理论。该模式是现代国际贸易理论的新开端，与李嘉图的比较成本模式并列为国际贸易理论的两大基本模式。

要素密集度是指生产某种产品所使用的生产要素的组合比例，是一个相对概念。在只有资本与劳动两种生产要素的情况下，要素的密集度就是指生产该产品的资本－劳动比率。资本密集型产品是生产技术性较高，需要大量的机器设备和资本投入，即单位产品成本中资本消耗所占比重较大。劳动密集型产品则主要是手工操作，需要大量的劳动力，即单位产品成本中劳动消耗所占比重较大。产品生产的相对成本，不仅可以由技术差别决定，也可以由要素稀缺程度决定。有的国家资本相对丰裕，资本的价格会相对较低，生产资本密集型产品会相对有利。有的国家劳动力相对丰裕，劳动的价格会相对较低，生产劳动密集型产品会相对有利。根据赫克歇尔—俄林理论，一国应当生产并出口密集使用该国相对丰裕而便宜要素的商品，进口密集使用该国相对稀缺而昂贵要素的商品。换言之，劳动丰裕型国家应该出口劳动密集型产品，进口资本密集型产品；而资本丰裕型国家应该出口资本密集型产品，进口劳动密集型产品。

二、国际贸易限制

从实践上看，国际贸易同国内政治有联系，为了保护本国产业免受来自国外的竞争压力，各国政府都在某种程度上奉行贸易保护主义，实行贸易保护政策。通常的做法有两种：关税和非关税壁垒。

（一）关税政策

关税是一个国家对于通过其国境的货物所课征的租税。关税是一种间接税，最后会转嫁给买方或消费者。关税可以调节进出口贸易和生产方向。按商品的流向分类，关税可分为进口关税、出口关税、过境关税。在各国实践中，主要是征收进口关税。

进口关税是进口国家的海关对进口货物和物品征收的关税。征收进口关税会增加进口货物的成本，提高进口货物的市场价格，影响外国货物进口数量。对国内现在不能大量生产，但将来有可能大量生产的产品征收较高进口关税，有助于国内同类产品的发展；对于奢侈品征收高关税，可以限制这些商品进口；当贸易逆差较大时提高关税，可以缩小贸易逆差。但是，使用过高的进口关税，会对进口货物形成壁垒，阻碍国际贸易的发展，也可能遭到其他国家的报复，影响出口。

（二）非关税壁垒

非关税壁垒是指一国政府采取除关税以外的措施对对外贸易进行调节、管理和控制，目的也是限制进口，保护国内市场和国内产业的发展。与关税壁垒相比，非关税壁垒保护作用更强。它具有更大的灵活性和针对性，能直接达到限制进口的目的，并且具有隐蔽性和歧视性。当今国际贸易中，关税逐步下调，但非关税壁垒有增加的趋势。

1. 控制数量的非关税壁垒

进口配额制是指一国政府在一定时间内，对于某些商品的进口数量或金额，事先加以规定，直接给以限制。超过配额的不准进口，或者征收高额关税或罚款。进口配额主要有绝对配额和关税配额两种。绝对配额是规定一个最高数额，达到这个数额后便不准进口。绝对配额又分为全球配额和国别配额。关税配额是不对进口绝对数额加以限制，而对规定配额内的进口商品给予低税、减税或免税待遇，对超过配额的则征收高关税。

控制数量的非关税壁垒，除了配额之外，还有进口许可证制、外汇管制、进口抵押金制、进口最低限价制等。

2. 技术性贸易壁垒

技术性贸易壁垒是指一国制定的一些强制性和非强制性的技术法规、标准以及检验商品的合格性评定程序所形成的贸易障碍。技术性贸易壁垒一般通过法规确立，一些标准也被法规所引用。从国际贸易壁垒的发展趋势看，以技术壁垒为核心的新贸易壁垒将长期存在，并不断发展，逐渐取代传统贸易壁垒成为国际贸易壁垒中的主体。

3. 绿色贸易壁垒

绿色贸易壁垒是一种新型的非关税壁垒，指在国际贸易中一些国家为保护本国市场，以保护生态资源、生物多样性、环境和人类健康为借口，设置一系列苛刻的高于国际公认或绝大多数国家不能接受的环保法规和标准，对外国商品进口采取的准入限制或禁止措施。与传统的非关税壁垒措施相比，绿色保护壁垒具有更多的隐蔽性。它不明显地带有分配上的不合理性和歧视性，不容易引起贸易摩擦，而且建立在现代科学技术基础之上的各种检验标准不仅极为严格，而且烦琐复杂，使出口国难以应付和适应。绿色贸易壁垒的使用频率将会越来越高，使用领域也会越来越广。

4. 其他形式的非关税壁垒

除了上述壁垒政策外，有些国家还采取其他形式的非关税壁垒。如政府采购政策，指一国政府制定的必须优先购买本国产品和劳务的规定。贸易救济措施，包括对进口产品实施的反倾销、反补贴和保障措施。服务贸易方面的壁垒，指造成阻碍国外服务或服务供应商进入本国市场的壁垒措施。

（三）出口补贴

出口补贴（Export Subsidies）是一国政府为降低出口商品的价格，增强其在国外市场上的竞争能力，在出口某种商品时直接给予出口厂商的现金补贴或出口退税。

发达国家一直实施农产品出口补贴政策。主要原因是农产品在国际市场上的卖价较低，不实施补贴，农场主的经济收益就会大大降低或者亏损，随之而来的是减少种植面积、工人失业等等。但是，发达国家对本国农业进行保护的后果是扭曲了正常的农产品国际贸易，阻碍了农产品国际贸易的发展。同时发达国家对本国农业的保护，损害了发展中国家的利益。2005 年世界贸易组织多哈回合发表了《部长宣言》，规定发达国家到 2006 年取消棉花出口补贴，2013 年底前取消农产品出口补贴。

|第|二|节|
国际金融理论

在开放经济中，一国的居民不仅参与国际物品与劳务市场，还参与世界金融市场。例如，一个拥有 50 万元人民币的中国居民可以用这笔钱买一辆福特汽车，也可以用这笔钱购买福特公司的股票。前者代表着物品流动，后者则代表着资本流动。本节讨论国际资本流动的基础知识，以及国际收支问题。

一、资本净流出

在国际金融市场上，本国居民可以购买外国的资产，外国居民也可以购买本国的资产。前者叫资本流出，后者叫资本流入。两者之间的差额，叫净资本流出或国外净投资。一国净资本流出，对其国内经济均衡有重要影响。

（一） 国外投资

本国居民购买外国的资产，即对外国进行投资，有两种基本形式。

（1）直接投资，指本国居民购买外国的资产。这些资产包括厂房、机械设备、交通工具、通讯、土地或土地使用权等实物资产，也包括专利、商标、咨询服务等无形资产。具体的投资形式有：①投资者直接开办企业，并独自经营。②与当地企业合作开办合资企业或合作企业，并派人员进行管理或参与管理。③投资者投资入股，但不直接参与经营，必要时可派人员担任顾问或进行指导。

（2）间接投资，指本国居民购买外国的有价证券，如购买外国的公司债券、金融债券或公司股票等。间接投资也被称为证券投资。与直接投资相比，间接投资的投资者除股票投资外，一般只享有定期获得一定收益的权利，而无权干预被投资对象对这部分投资的具体运用及其经营管理决策；间接投资的资本运用比较灵活，可以随时调用或转卖，转换成其他资产，谋求更大的收益；可以减少因政治经济形势变化而承担的投资风险。

（二） 影响国外投资的因素

一国居民在对外投资时，要考虑许多因素的影响。其中主要的有：

（1）国外资产支付的实际利率。国外资产支付的实际利率是对外投资的收益。如果其他条件不变，外国债券的利率高，对外投资就会增加。改革开放以来，许多外国资本来我国投资。其中一个重要原因，是我国债券的实际利率较高。

（2）国内资产支付的实际利率。国内资产支付的实际利率是对国外投资的成本。如果其他条件不变，国内债券的实际利率低，对外投资就会增加。例如，许多台湾资本到大陆来投资，与岛内债券的实际利率低有关。

（3）投资风险。投资风险是指投资失败蒙受的损失，包括经济风险和政治风险，属于投资的成本。到国外投资，既要考虑收益，也要考虑风险。例如，1994 年墨西哥的政治不稳定，包括主要政治领导人遇刺，导致世界金融市场混乱。有些人开始从墨西哥撤出其资产，转移到美国或其他"安全的场所"。一个国家这种大量而突然的资金流出被称为"资本外流。"资本外流的直接影响是流出国的资本减少，实际利率上升，国内投资下降，产出和就业减少。

（4）国家政策。国家对外资实行优惠政策，可以吸引更多的外国资本流入。

（三）净国外投资

在一定时期，一国既有资本流出，也有资本流入，两者之间的差额叫净资本流出，或国外净投资，或资本差额。

$$净资本流出（F）=流出的资本量-流入的资本量$$
$$=资本输出量-资本输入量$$

如果 $F=0$，叫资本项目平衡；如果 $F>0$，叫资本项目盈余；如果 $F<0$，叫资本项目赤字。

二、国际收支

在开放经济中，一个国家在一定时期内，从国外收进的全部资金和向国外支付的全部资金的系统记录，被定义为国际收支，它是一国居民与世界其他地方进行交易的记录。一国的国际收支是否平衡，对国内均衡有重要影响。

（一）国际收支平衡表

国际收支平衡表，或国际收支差额表，是指系统记录一国在一定时期内所有国际经济活动收入与支出的统计报表。它反映一国居民与外国居民在一定时期内各项经济交易的货币价值总和。

国际收支表具体包括三个项目：经常账户、资本账户和官方储备。

经常账户是本国与外国交往中经常发生的国际收支账户，具体包括商品、服务、收入和经常性转移四个部分。其中最主要的是国际贸易收支。它反映了一国与他国之间真实资源的转移状况，在整个国际收支中占有主要地位。

资本账户包括资本转移和非生产、非金融资产的收买和放弃。它反映了一国资产所有权在国际间转移的状况。

官方储备又称官方的外汇储备，由一个国家官方的货币机构持有。这部分储备是政府和货币机构用来管理汇率用的。

（二）国际收支差额

通过国际收支账户资料，可以核算一国国际收支平衡状况。在经济分析中，把一国从国外收入的全部资金和向国外支付的全部资金之间的差额，定义为国际收支差额。即：

国际收支差额 = 从国外收入的全部资金 - 向国外支付的全部资金

= (出口 + 流入的资本) - (进口 + 流出的资本)

= (出口 - 进口) - (流出的资本 - 流入的资本)

= 净出口 - 净资本流出

这说明，国际收支差额就是净出口与净资本流出之间的差额。如果用 BP 代表国际收支差额，用 NX 代表净出口，用 F 代表净资本流出，那么，

$BP = NX - F = 0$，表示国际收支平衡，或外部均衡；

$BP = NX - F > 0$，表示国际收支盈余，或国际收支顺差；

$BP = NX - F < 0$，表示国际收支赤字，或国际收支逆差。

(三) 净出口与净国外投资的关系

当一国国际收支达到平衡时，一国的净出口 NX 必然等于其净资本流出 F。例如，我国海尔公司以 500 万日元的价格卖给一个日本家庭一台家用电子设备。如果其他条件不变，我国的 NX 增加了 500 万日元。海尔公司可以用多种方式处理这 500 万日元，但每种方式都使 $NX = F$。①海尔公司直接持有 500 万日元日本资产。②用 500 万日元购买索尼公司的股票（间接投资）。③在东京购置一间写字楼（直接投资）。这三种方式都使我国的国外净投资（股权或写字楼）增加 500 万日元，从而使 $NX = F$。④海尔公司用 500 万日元购买日本尼公司的随身听，则我国的进口增加 500 万日元，使 NX 变为 0，F 也变为 0，最终也使 $NX = F$。⑤海尔公司把 500 万日元兑换成人民币，国内银行则像海尔公司一样处理这 500 万日元，最终也使 $NX = F$。

总之，当一国净出口与净资本流出相等时，就实现了国际收支平衡。当一国国际收支失衡时，政府通过调节净出口或净资本流出，就可以实现外部平衡。

(四) 净国外投资与国内经济的关系

我们在讨论收入核算理论时曾经指出，一国的收入 Y 等于消费 C、投资 I、政府购买 G 和净出口 NX 之和，即 $Y = C + I + G + NX$。在本节的分析中，我们又知道当一国国际收支平衡时，其净出口（NX）必然等于净资本流出或净国外投资（F）。又因为，$Y - C - G = S$，所以，$S = I + NX = I + F$，即一国的储蓄必然等于国内投资和国外净投资。换言之，一位中国居民在自己的收入中为未来储蓄了一元人民币时，这一元人民币既可以用于国内投资，也可以用于购买外国的资产。目前，我国购买了大量美国国债，是我国人民在美国的间接投资，其基础是我国人民的储蓄。同时，也减少了国内投资。从这个角度看，不是我国从美国引

进外资，而是美国从我国引进资金。我国对美国的间接投资支持了美国经济增长。

三、汇率理论

在开放经济中，不管是购买外国的物品，还是到国外投资，都需要在外汇市场上，先把本国的货币兑换成外国的货币。一国货币兑换另外一国货币的比例就是汇率。汇率变动对一国国际收支有重要影响。

（一）汇率

在西方经济学文献中，如果没有特别说明，汇率指的都是名义汇率，即一个国家的货币折算成另一个国家货币的比率。例如，2010 年 6 月 26 日，美元和人民币的兑换比率是 1:6.8。

汇率有两种标价方法：直接标价法和间接标价法。

直接标价法就是以外币为计算标准，本币为计算单位。例如，1 美元等于6.8 元人民币就是直接标价。这种标价法的特点是：外币数额固定不变，折合为本币的数额根据外国货币与本国货币币值的变化而变化。按直接标价法，汇率上升，指的是外币升值，本币贬值。例如 1 美元等于 6.9 元人民币。相反，汇率下降，指的是外币贬值，本币升值。例如 1 美元等于 6.7 元人民币。目前，除了英国等少数国家外，多数国家都采用直接标价法。

间接标价法是以本币为计算标准，外币为计算单位。例如，1 元人民币等于0.147 美元。就是间接标价。这种标价法的特点是：本币的数额固定不变，折合为外币的数额根据本币与外币币值的变化而变化。按间接标价法，汇率上升，指的是本币升值，外币贬值。例如 1 元人民币等于 0.148 美元。相反，汇率下降，指的是本币贬值，外币升值。例如 1 元人民币等于 0.146 美元。

（二）实际汇率

在宏观经济分析中，经济学家们区分了名义汇率和实际汇率。名义汇率是两国货币的直接比率，实际汇率则是一个国家的物品交换另一个国家物品的比率。例如，1 吨中国大米兑 2 吨美国大米。实际汇率有时又称为贸易条件。

名义汇率与实际汇率之间的关系：

$$实际汇率 = \frac{名义汇率 \times 国内价格}{国外价格}$$

假设，一辆美国汽车值1万美元，而一辆同类型的日本汽车值240万日元。又假设1美元可以兑换120万日元（名义汇率），则实际汇率为：

$$实际汇率 = \frac{（120\ 日元/美元）\times（1\ 万美元/美国汽车）}{240\ 万日元/日本汽车}$$

$$= 0.5（日本汽车/美国汽车）$$

实际汇率对一国的贸易余额有重要影响：实际汇率高时，本国商品相对较贵，因而出口减少，进口增加，净出口将减少；相反，实际汇率低时，本国商品相对较便宜，因而进口减少，出口增加，净出口将增加。所以，净出口是实际汇率的减函数。

（三）汇率的决定

关于汇率是由什么决定的问题，经济学家们提出了许多解释。其中主要的有两种。

1. 外汇供求决定理论

外汇供求决定理论认为，外汇实际上也是一种商品，汇率只不过是外汇的价格，所以汇率同其他商品的价格一样，也是由其供求关系决定的。

根据前面的讨论，净出口是汇率的函数，即当实际汇率较低时，国内商品相对于国外商品较为便宜，因而净出口将增加。同时，净出口必然等于净资本流出，而净资本流出又等于储蓄减去投资。储蓄由消费函数和财政政策固定；投资由投资函数和世界利率固定。这样，在实际外汇市场上，向右下方倾斜的净出口曲线，代表了外汇的需求；垂线（$S-I$）代表了外汇的供给；两条曲线的交点，决定了实际汇率（见图 13-1）。

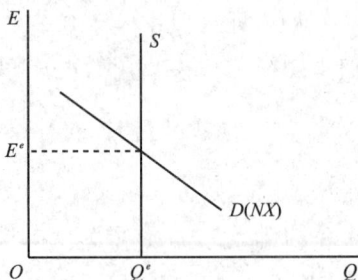

图 13-1 外汇市场均衡

需要说明的是，这里的假定条件是，外汇市场是自由的，汇率是自由浮动的，并且是实际汇率。

这种汇率理论可以解释，当一国净出口增加时，其汇率有上升的压力。例如，近年来美国等国家一直要求我国人民币升值。其中一个原因是我国对美国的净出口大量增加，对人民币的需求上升。

2. 购买力平价理论

购买力平价理论的根据是"一价定律"。该定律断言同样的产品在同一时间在不同地方不能以不同的价格出售。其逻辑是：如果在纽约出售一吨小麦的价格低于芝加哥，在纽约购买小麦然后运到芝加哥出卖就可以谋利。精明的套利者会利用这种机会，增加纽约的小麦需求并增加芝加哥的小麦供给。这就使纽约的小麦价格（因需求增加）上升，而芝加哥的小麦价格（因供给增加）下降。这个过程会一直持续到两个市场上的价格最终相等时为止。

一价定律运用于国际市场就被称为购买力平价。它说明，如果国际套利交易是可能的，那么，1美元（或任何一种其他通货）在每个国家都应该有同样的购买力。其逻辑是：像在国内一样，国际套利者会使同一产品在不同的国家价格相同。这样，两国之间的名义汇率就取决于两个国家的物价水平。例如，假定1杯相同的啤酒在美国标价1美元，在日本标价100日元，则名义汇率就是1美元对100日元。这里的前提是各国实行自由贸易，国际价格（即不同货币的相对购买力）保持稳定，国际收支趋于平衡。这样，就可以从两国物价水平求得均衡汇率。这就是绝对购买力平价说。

在实际生活中，汇率的决定要复杂得多。例如，这些年围绕着人民币汇率问题，我国与美国等西方国家之间进行了长时间的艰苦谈判，至今仍在讨价还价。原因是人民币汇率调整会对国内经济发展和政治稳定产生重要影响，不完全是经济问题。

（四）汇率制度

鉴于汇率的重要经济政治影响，各个国家的货币当局一般都对本国汇率水平的确定、汇率变动方式等问题给出相应的制度安排。这就是汇率制度。目前，各国实行的汇率制度，大体上有三种类型：

1. 固定汇率制度

固定汇率制度指一国货币与他国货币之间的比价基本固定，其波动被限制在一定的幅度之内，政府有义务维持所规定的波幅。目前，中国香港地区、阿根廷以及一些东欧国家，实行这种制度。

2. 自由浮动汇率制度

自由浮动汇率制度指一国不规定本国货币与他国货币的官方汇率，听任外汇市场自由地决定汇率。在这种汇率制度下，政府没有义务维持汇率波幅。在1973年以前，世界各国基本上实行这种汇率制。1973年以后，世界主要工业国实行的是浮动汇率制，多数发展中国家则采取钉住汇率制。

3. 中间汇率制度

中间汇率制度指介于完全固定汇率和完全浮动汇率之间的汇率制度。具体又有管理浮动、爬行钉住、汇率目标区等制度。这些制度安排的共性是：汇率都是在政府的控制下在一个或大或小的幅度内变化。我国实行的是有管理的浮动汇率制度。从目前看，我国的汇率制度是合适的。

本章小结

1. 在开放经济中，一国与他国通过两种方式进行交易：商品交易（或商品的流动）和资本交易（或资本的流动）。

2. 经济学家们用绝对优势原理、相对优势原理和生产要素禀赋学说或赫克歇尔—俄林理论，解释国际贸易的出现。

3. 在开放经济中，一国既有资本流出，也有资本流入，两者之间的差额叫净资本流出，或国外净投资，或资本差额。汇率是影响资本差额的重要因素。

4. 一国净出口和净国外投资之间的差额，被定义为国际收支差额。一国国际收支可能是国际收支平衡，也可能是国际收支盈余，还有可能是国际收支逆差。

5. 名义汇率是一国通货与另一国通货的比率，实际汇率则是一个国家的物品交换另一个国家物品的比率。实际汇率有时又称为贸易条件。一国通货的供求关系、货币的购买力等，决定了其实际汇率。国家的汇率制度和汇率政策，对汇率也有重要影响。

思考题

1. 绝对优势理论和比较优势理论的区别与联系是什么？

2. 国际收支平衡表主要有哪些内容？

3. 国际收支不平衡对经济有何影响？

4. 汇率是如何决定的？世界基本的汇率制度有哪些？各自有何特点？

5. 什么是非关税壁垒? 能举出几个例子吗?

专栏

经济全球化的收益与成本

经济全球化是以资本、技术、信息等各类生产要素在全球范围内进行流动和配置,各国经济相互联系、相互依赖的一体化过程。具体表现为贸易自由化程度提高、金融国际化趋势增强、全球生产经营网络形成、区域集团化向纵深发展、世界各国在共同关心的资源、环境等方面的合作与联系日益加强等。经济全球化以贸易自由化、生产国际化、金融全球化、科技全球化为主要载体,以跨国公司为推动者与担当者。

经济全球化是与资本主义生产方式在全球的扩展相伴随的。20 世纪 80 年代以后,特别是进入 90 年代,世界经济全球化的进程大大加快。进入 21 世纪以来,经济全球化与跨国公司的深入发展,给世界贸易带来了重大的推动力。同时,世界经济也在为全球化付出成本。

一、经济全球化的收益

（一）经济全球化使资金、技术、产品、资源等在世界范围内进行有效合理的配置

经济全球化加速了生产要素在全球范围内的自由流动,形成了统一的全球市场,最大限度地实现了资源的优化配置。发达国家可通过资本和技术的输出和转移,不断开拓发展中国家市场,并利用发展中国家丰富的资源和廉价的劳动力,以获取利润。发展中国家则可通过吸收和引进发达国家的资金和技术,来发展本国家和本民族的经济,逐步缩小与发达国家的差距。这种不同国家、不同地区的经济要素的有效组合,客观上促进了全球社会生产力的发展,减少或避免了人类社会现有的各种资源的浪费。

（二）经济全球化为世界各国人民提供了选择物美价廉的商品和优质服务的机会

随着世界市场发展,物流将成为国际贸易的主要形式,自由贸易的推行,贸易壁垒将会被逐步取消,将使世界各国人民可根据自己的爱好和消费需要,选择自己需要的商品和服务。

（三）经济全球化促进贸易和投资的自由化

贸易与投资自由化是世界经济全球化的产物,又是全球化的强大推动力,二

者相互促进。世界贸易组织（WTO）正式运转后，首次将服务贸易、知识产权和投资等非货物贸易，也纳入到多边规则之中。加快国际贸易自由化进程成为世界贸易组织的一个核心职能。投资自由化也已经成为当前国际投资发展的主流。不仅是发达国家而且越来越多的发展中国家也积极采取投资自由化措施。一方面大量引进外资，另一方面又积极进行对外投资，从而使世界直接投资额迅速增加，投资活动遍及全球。

（四）经济全球化加速技术转让和产业结构调整的进程

在经济全球化过程中，跨国公司为了延长技术的生命周期，大大加快了技术转让步伐。这尤其有利于发展中国家的技术发展；有利于发展中国家加快产业结构的升级和工业化进程；有利于发展中国家从发达国家引进外资，弥补自身资本的不足；有利于发展中国家学习发达国家先进的管理经验，从而加速从传统经济向现代经济的转变。

二、经济全球化的成本

（一）经济全球化加剧了世界经济的不平衡，贫富差距不断拉大

虽然经济全球化客观上能导致全球物质财富的增加，但在市场化的过程中，竞争在创造高效率的同时，必然导致财富越来越向少数国家或利益集团集中，导致贫富差距的扩大。据世界银行提供的数据，1999 年，低收入人口为 24.17 亿，占世界人口的 40.5%，其收入仅占世界 GNP 的 3.4%；高收入人口 8.91 亿，占世界人口的 14.9%，其收入却占世界 GNP 的 78.4%。按人均收入比较，占世界人口 20% 的富人和 20% 的穷人相比，1965 年前者为后者的 30 倍，1990 年扩大到 60 倍，到 20 世纪末已扩大到 70 多倍。造成这种差距扩大的具体原因是多方面的，有制度安排的原因、市场发展的原因及结构变动的原因等，但有一个因素不容忽视，即经济全球化的利益分配不均衡。发达国家作为资本和先进技术的主要拥有者，处于全球化的中心地位，使它们在价格制定方面具有主动权，在与发展中国家进行交换时获得更多的利益。

（二）经济全球化使世界经济不稳定性加强，存在引发全球性经济危机的可能性

经济全球化使各国经济同世界经济的联系更为密切，各国国内经济更大程度上要受到国际因素的巨大影响。市场经济除了可以优化资源配置和提高效率以外，还具有盲目性、自发性和滞后性等缺陷。经济全球化也把这些缺陷全球化了。随着国际贸易的不断扩大，其他国家尤其是主要贸易伙伴的经济状况如通货膨胀、金融危机等将通过国际经济的传递机制影响到本国。尤其发展中国家市场

不完善，经济结构比较脆弱，更容易受到外部不利因素的冲击。而且由于发展中国家容易立法不全、执法不严、有法不依，还给"国际游资"留下可乘之机。经济全球化使发达国家的经济周期、汇率、利率的变动传导给发展中国家，使发展中国家的经济经常出现不利波动。比如2008年，始于美国次贷危机造成的不良影响，短短几个月就席卷全球，造成了世界性的经济危机。

（三）经济全球化使国家经济主权受到冲击，发展中国家对发达国家的依附性加强

国家主权是国家独立和民族尊严的象征。但经济全球化使一国独立拥有的权力日益成为国际社会共同体拥有的权力，国家主权特别是经济主权受到了一定程度的制约，甚至冲击。同时，发展中国家对发达国家的依附性更强了。在全球化发展的过程中，推动经济发展的要素，如资金、技术、人才大都为发达国家所支配，发展中国家是以廉价资源，包括低廉的劳动力资源和自然资源，加入到经济全球化进程当中。这使许多发展中国家处在国际分工体系的最底层，而长期生产低附加值的产品虽然能使发展中国家经济有所增长，但由于产业发展空间趋于狭窄，过分依赖海外市场，发展中国家内部产业严重失衡，对发达国家的依附程度也日渐加深。

（四）经济全球化必然对民族文化带来一定的冲击

文化是多种多样的，每个民族都有本民族的文化和价值观。但是，随着经济全球化趋势的加快，妨碍资本、技术和产品跨国界流通的障碍一个接一个地被拆除，继之而来的是不同文化、不同价值观、不同生活方式、不同信念的流入，在相互冲突和撞击中改变着本民族的生活方式、价值观念和文化特性。尤其是西方发达国家利用它们在全球化进程中的优势，试图把自己的意识形态和政治价值观念强加给发展中国家，进行文化扩张，造成意识形态或政治价值观念的冲突。

附录一　历届诺贝尔经济学奖获得者

获奖 年份	获奖者	国别	主要贡献
1969	简·丁伯根（*Jan Tin Bergen*，1903~1994） 拉格纳·安东·基特·弗里希（*Regant Anton Kittil Frisch*，1895~1973）	荷兰人 挪威人	计量经济学研究 计量经济学研究
1970	保罗·安东尼·萨缪尔森（*Paul Anthorny Samuelson*，1915~　　）	美国人	数量经济学和凯恩斯经济学
1971	西蒙·史密斯·库兹涅茨（*Simon Smith Kuznets*，1901~1985）	美籍 俄国人	国民收入核算
1972	约翰·理查德·希克斯（*John Richrd Hichs*，1904~1989） 肯尼斯·J·阿罗（*Kenneth J. Arrow*，1921~　　）	英国人 美国人	宏观经济理论 福利经济学
1973	瓦西里·里昂惕夫（*Wassily W Leontief*，1906~1999）	美籍 俄罗斯人	投入—产出分析
1974	冈纳·缪尔达尔（*Gunar Myrdal*，1898~1987） 弗里德里希·奥古斯特·冯·哈耶克（*Friedrich August Von Hayek*，1899~1992）	瑞典人 英籍 奥地利人	宏观经济学；制度经济学 宏观经济学；政治经济学
1975	列奥尼德·康托罗维奇（*Leonid V. Kantorovich*，1912~1986） 加林·库普曼斯（*Tjalling Koopmans*，1910~1985）	俄罗斯人 美籍 荷兰人	线性规划 线性规划
1976	米尔顿·弗里德曼（*Milton Friedman*，1912~2006）	美国人	货币理论；政治经济学
1977	戈特哈德·贝蒂·俄林（*Bertil Ohlin*，1899~1979） 詹姆斯·爱德华·米德 （*James Edward Meade*，1907~1995）	瑞典人 英国人	国际贸易理论 国际贸易理论
1978	赫伯特·西蒙（*Herbert Simon*，1916~2001）	美国人	管理行为；理性

获奖年份	获奖者	国别	主要贡献
1979	西奥多·舒尔茨（Theodore Schultz, 1902～1998） 威廉·阿瑟·刘易斯（William Arthur Lewis, 1915～1991）	美国人 美国人	农业；人力资本 发展经济学
1980	劳伦斯·罗伯特·克莱因 （Lawrence Klein, 1920～　）	美籍 犹太人	计量经济学预测
1981	詹姆士·托宾（James Tobin, 1918～2002）	美国人	宏观经济学；金融经济学
1982	乔治·斯蒂格勒（George Joseph Stigler, 1911～1991）	美国人	产业组织；信息经济学
1983	吉拉德·德布鲁（Gerard Debreu, 1921～　）	英籍 法国人	福利经济学
1984	理查德·斯通（Richard Stone, 1913～1991）	英国人	国民收入核算
1985	弗兰克·莫迪利安尼 （Franco Modigliani, 1918～2003）	美籍 意大利人	储蓄理论
1986	詹姆斯·布坎南（James Buchanan, 1919～　）	美国人	公共选择
1987	罗伯特·默顿·索罗 （Robert Merton Solow, 1924～　）	美国人	增长理论
1988	莫里斯·阿莱斯（Maurice Allais, 1911～　）	法国人	公共部门定价
1989	特里夫·哈维尔莫（Trygve Haavelmo, 1911～1999）	挪威人	计量经济学
1990	哈里·马克维茨（Harry Markowitz, 1927～　） 威廉·F·夏普（William F·Sharpe, 1934～　） 默顿·米勒（Merton Miller, 1923～2000）	美国人 美国人 美国人	金融经济学 金融经济学 金融经济学
1991	罗纳德·科斯（Ronald H. Coase, 1910～　）	英国人	产权；组织理论
1992	加里·贝克尔（Gary S. Becker, 1930～　）	美国人	人力资本；歧视；家庭行为
1993	道格拉斯·诺斯（Douglass C. North, 1920～　） 罗伯特·威廉·福格尔（Robert Fogel, 1926～　）	美国人 美国人	经济史；制度分析 经济史
1994	约翰·纳什（John Nash, 1928～　） 约翰·查里斯·哈萨尼（John C Harsanyi, 1920～2000） 莱茵哈德·泽尔腾（Reinhard Selten, 1930～　）	美国人 美籍 匈牙利人 德国人	博弈论 博弈论 博弈论
1995	罗伯特·卢卡斯（Robert E. Lucas Jr, 1937～　）	美国人	宏观经济学

续表

获奖年份	获奖者	国别	主要贡献
1996	威廉·维克里（*William Vickrey*，1914~1996） 詹姆斯·莫里斯（*James Mirrlees*，1936~　）	美国人 英国人	微观经济学 微观经济学
1997	迈伦·斯科尔斯（*Myron S. Scholes*，1941~　） 罗伯特·默顿（*Robert Merton*，1944~　）	美国人 美国人	金融经济学 金融经济学
1998	阿马蒂亚·森（*Amartya Sen*，1933~　）	印度人	发展经济学；收入分配
1999	罗伯特·蒙代尔（*Robert Mundel*，1932~　）	加拿大人	开放的宏观经济模型； 最优货币区理论
2000	丹尼尔·麦克法登（*Daniel McFadden*，1937~　） 詹姆斯·赫克曼（*James Heckman*，1944~　）	美国人 美国人	微观计量经济学 微观计量经济学
2001	乔治·阿克尔洛夫（*George A. Akerlof*，1940~　） 迈克尔·斯彭斯（*Michael Spence*，1943~　） 约瑟夫·斯蒂格利茨（*Joseph E. Stiglitz*，1942~　）	美国人 美国人 美国人	信息不对称市场研究 信息不对称市场研究 信息不对称市场研究
2002	弗农·史密斯（*Vernon L. Smith*，1927~　） 丹尼尔·卡尼曼（*Daniel Kahneman*，1934~　）	美国人 美国和以色列双重国籍	心理和实验经济学 心理和实验经济学
2003	克莱夫·格兰杰（*Clive W. J. Grang*，1934~　） 罗伯特·恩格尔（*Robert F. Engle*，1942~　）	美籍 英国人 美国人	时间序列分析 时间序列分析
2004	爱德华·普雷斯科特（*Edward Prescott*，1940~　） 芬恩·基德兰德（*Finn E. Kydland*，1943~　）	美国人 挪威人	实际的经济周期理论 实际的经济周期理论
2005	托马斯·谢林（*Thomas C. Schelling*，1921~　） 罗伯特·约翰·奥曼 （*Robert John Aumann*，1930~　）	美国人 美国和以色列双重国籍	博弈论 博弈论
2006	埃德蒙德·费尔普斯（*Edmund S. Phelps*，1933~　）	美国人	宏观经济学
2007	里奥尼德·赫维茨（*Leonid Hurwicz*，1917~　） 罗杰·迈尔森（*Roger B. Myerson*，1951~　） 埃里克·马斯金（*Eric Maskin*，1950~　）	犹太人 美国人 美国人	机制设计理论 机制设计理论 机制设计理论
2008	保罗·克鲁格曼（*Paul Krugman*，1953~　）	美国人	新贸易理论
2009	埃莉诺·奥斯特罗姆（*Elinor Ostrom*，1933~　） 奥利弗·威廉姆森（*Oliver E. Williamson*，1932~　）	美国人 美国人	经济治理 经济治理

附录二 诺贝尔经济学奖 40 年回眸

诺贝尔经济学奖自 1969 年首次颁奖，到 2010 年已经整整 40 年了。期间共颁奖 41 届，有 64 位经济学家获此殊荣。获奖成果代表了当今经济学的最高学术水平，反映了经济学自 20 世纪 20 年代以来近百年的发展轨迹。回顾诺贝尔经济学奖获得者的理论创新和学术贡献，研究他们获奖的宝贵经验，对于推动我国经济研究的现代化，有重要的现实意义。

一、经济学研究对象的创新

经济学研究对象是摆在经济学家面前的首要问题。它决定着经济学研究的边界和范围。诺贝尔经济学奖获得者的一个重要贡献，就是不断拓展经济学的研究对象，创建了许多全新的经济学分支或学科，壮大了经济学家族。

在亚里士多德时代，经济学、政治学和伦理学是三位一体的。因而在很长一段时间内，经济学科被认为是伦理学的一个分支。亚当·斯密突破了这种观点，在其著名的《国富论》中首次提出，经济学主要是研究一个社会如何利用稀缺的资源，生产有价值的物品和劳务，并在不同的社会成员之间分配。这就明确界定了经济学的研究对象，为其后来的发展演进奠定了基础。

1890 年，马歇尔出版了里程碑式的《经济学原理》。该书继承斯密经济学的传统，兼收并蓄，融合供求论、生产费用论、边际效用论、边际生产力论等理论，创立了一个以完全竞争为前提、以"均衡价格论"为核心的相当完整的经济学体系。这就是后来被称为新古典经济学的现代微观经济学体系。从 19 世纪末起至 20 世纪 30 年代，《经济学原理》一直被西方经济学界奉为典范。

1936 年，凯恩斯（如果健在的话，应当是首位诺贝尔经济学奖获得者）出版了其划时代的《就业、利息和货币通论》。凯恩斯将经济学的研究对象从经济个体转向国民经济总体，着力研究国民收入和就业的决定，创立了一个与马歇尔微观分析完全不同的宏观经济学体系，极大地拓展了经济学研究领域。此后，宏观经济学就和微观经济学并列，成为理论经济学的核心构成部分。

后来的诺贝尔经济学奖获得者，继续拓展经济学的研究领域，不断创建和发展新的经济学分支或学科。其中最著名的有：（1）1962 年，公共选择理论之父布坎南出版了《赞同的计算：宪法民主的逻辑基础》（合著），将经济学的研究对象扩展到政治领域，奠定了公共选择理论的基础，创立了"新政治经济学"或"公共选择"理论。（2）1937 年和 1960 年，科斯发表了《企业的本质》和《社会成本问题》，将经济学的研究对象扩展到法律领域，奠定了产权分析的基础，创立了产权经济学、新制度经济学和法与经济学。（3）1976 年，"作为帝国创建者的经济学家"贝克尔出版了《人类行为的经济分析》，将经济学的研究对象扩展到传统上只是社会学家、人类学家和心理学家关心的婚姻、生育、犯罪等人类行为，开创了"经济学帝国主义"时代，奠定了社会经济学的基础。（4）新经济史学家诺斯和福格尔，将经济学的研究对象扩展到经济史领域，创立了"制度变迁理论"和"历史计量学"或"新定量经济史学"，奠定了新经济史学的基础。诺贝尔经济学奖获得者致力于创新研究对象，拓展研究领域，创立新的经济学分支，促进了经济学繁荣，壮大了经济学家族。

二、经济学方法论的创新

经济学方法论是经济学研究的一个基本方面，在经济学的研究中起着非常重要的决定作用。从一定意义上说，经济理论的创新和发展，首先是经济方法论的创新与发展。

经济学方法论大体上有三个层次。第一个层次是经济学的哲学基础或哲学意义上的方法论，是最高和最抽象层次上的经济学方法论。如功利主义、个人主义、自由主义、辩证唯物主义和历史唯物主义等哲学思潮和流派。第二个层次是经济学的思维原理和方法，或者说，是经济学家从事理论研究、构建理论体系的方法。诸如逻辑的方法、规范分析方法和实证分析方法、动态（静态）分析方法、微观（宏观）分析方法等。第三个层次是经济学的技术方法，即为了使经济学理论精细化并趋于完善，而对特定对象所采用的具有技术性的具体方法。如数学方法、个案研究方法、均衡分析方法、比较分析方法等。诺贝尔经济学奖获得者主要在后两个层次上，创新和发展经济学方法论，并在经济分析中应用。其中最主要的是：

经济计量分析方法。经济计量学和数量经济学，既是一门独立的学科，也是研究经济学的重要工具。诺贝尔经济学奖获得者创立、发展和完善了经济计量学和数量经济学，为经济学研究提供了新的方法和工具。其中主要的有：丁伯根创建了经济计量学，并用于经济分析，发展了动态模型，开创了一个全新的经济学分支－经验宏观经济学。弗里希运用数理经济学和经济计量学的方法，分析资本主义的经济波动，首创描述资本主义经济周期的数学模型，为当代经济周期理论奠定了重要基础。哈维尔莫将概率方法引入经济计量学，发展和完善了经济计量学，并使之转化经济理论的各个部分，从而在经济计量学和经济理论之间架起了一座桥梁，实现了经济学的科学化，同时也把经济计量学推向一个更高的发展阶段。麦克法登创立了离散选择分析和有条件的罗吉特分析方法，并用以分析微观经济学问题，创造性地发展了微观计量经济学。赫克曼设计出了一种研究人们生活方式决策的分析方法，并将其运用于经济学和其他研究领域，从而建立和发展了个体计量经济学。斯通成功地推出了联合国《国民经济核算体系（1968年）》，简称新 SNA，为改进宏观经济分析奠定了基础，被誉为国民经济统计之父。格兰杰提出了处理非稳定变量的方法和协整理论以及误差校正模型（简称 ECM），改变了经济学家处理时间序列数据的方法，为研究财富与消费、汇率与价格以及短期利率与长期利率之间的关系，提供了方法。恩格尔提出了描述经济时间序列数据时波动性的关键概念：自回归条件异方差（ARCH），并发展了一系列波动性模型及统计分析方法。恩格尔的研究，不仅为理论家们提供了不可或缺的工具，同时还为分析家们在资产定价、资产配置和风险评估方面找到了捷径。

　　数学方法。数学是研究现代经济学的重要工具，其优势是假设描述清晰，逻辑推理严密，结论精确，无歧义。诺贝尔经济学奖获得者的一个重要贡献，就是将数学工具（包括统计学）运用于经济理论研究，推动了经济学的精确化和科学化。其中主要的有：萨缪尔森运用数学工具研究静态均衡和动态过程，用物理学和数学的论证推理方式研究经济问题，为数理经济学的现代化做出了贡献。阿罗和德布鲁运用集合论和凸性分析技术，系统地证明了一般均衡的存在、一般均衡的稳定和一般均衡状态恒等于最大效率等三个基本定理，使斯密"看不见的手"最终从天才的想象变成缜密的科学体系。他们提出的一般均衡分析理论，已经成为西方微观经济理论的统一构架。他们使用的公理化分析方法，已经成为西方经济分析的标准形式。康托罗维奇运用线性规划方法，研究资源的最优利用问题，构建了"康托罗维奇问题数学模型"，对资源最优分配理论做出了贡献。库普曼创立了活动分析方法，将里昂惕夫的投入产出法、康托罗维奇的线性规划和瓦尔拉斯的一般均衡论融合在一块，形成了一种更具普遍意义的分析工具，使微观经济学除了传统的边际分析外，又增加了一个新的理论领域和实用工具。克莱因发展和完善了现代宏观模型的理论和方法，创立了宏观经济计量学，并首次将凯恩斯的经济理论完整地表述为数学形式。阿莱用数学工具对市场经济进行了描述。随着数学工具在经济研究中的普及和完善，经济学越来越精确、完备、严谨和一般化。

投入产出分析方法。里昂惕夫创立了完整的投入产出理论和投入产出分析方法，并用于分析社会生产各部门之间的相互依赖关系，特别是经济内部各产业之间错综复杂的交易关系，为国民经济核算和制定经济政策，提供了依据。联合国也把它定为国民经济核算体系中的一个重要组成部分。

博弈分析方法。纳什、哈萨尼和泽尔腾提出了纳什均衡模型，发展和完善了博弈理论，并使之发展成为经济分析工具。谢林和奥曼进一步发展了非合作博弈理论，并用以研究讨价还价和冲突管理理论等，为研究长期合作提供了一般框架。

制度分析。科斯提出了交易费用分析、制度主体分析和契约关系分析等分析方法，为分析产权制度、制度变迁、组织理论等，提供了方法论基础。

实验方法和心理学方法。史密斯将经济分析引入实验室，创立了实验经济学，为研究经济决策者（实验中的研究对象）的行为，提供了有价值的方法。很多学者认为，实验方法不仅可以用于经济学，还可以用于公共选择理论、公共经济学和政治学等诸多领域。卡尼曼则将心理学的前沿研究成果引入经济学分析，创立和发展了行为经济学，为研究人在不确定情况下进行判断和决策的过程，提供了分析工具。

诺贝尔经济学奖获得者在方法论的探索和创新，充实了经济学研究的"工具箱"，推动了经济学研究的现代化。

三、经济学范畴体系的创新

经济学是由一系列范畴、概念和命题组成的学术体系。诺贝尔经济学奖获得者的最大贡献，是对传统的经济学解释或假设、既有理论的一般结论、甚至某些理论的核心命题，以挑战的方式，展开独立思考和深入研究，取得了重大突破。其中主要的有：

1948 年，萨缪尔森出版了"经济学百科全书"式的《经济学》教科书。该教科书把以马歇尔《经济学原理》为代表的微观经济学和以凯恩斯《就业、利息和货币通论》为代表的宏观经济学综合起来，创立了新古典综合派的理论体系，从而创造性地发展了现代经济学。该教科书一经出版，就在整个西方经济学界引起轰动，被翻译成数十个国家的文字，广为流传，成为继穆勒 1848 年出版的《政治经济学原理》和马歇尔 1890 年出版的《经济学原理》之后的第三本具有里程碑意义的教材。目前，该教科书已经再版 18 次，有五个中文译本。60 多年来，该书作为经济学教科书中的常青树，长盛不衰，历久弥新，启迪了一批又一批经济学人。这可能是萨缪尔森对现代经济学的最重要贡献。

在微观经济理论方面，诺贝尔经济学获得者的理论创新，主要是修正、补充和完善新古典经济学体系。其中主要的有（按萨缪尔森《经济学》顺序，下同）：（1）"蛛网理论"。由舒尔茨、丁伯根和意大利的里奇分别独立地提出，用以解释某些商品价格与产量相互影响循环变动的规律性。（2）序数效用论和无差异曲线分析。由希克斯提倡和推广，用以替代基数效用论，解释消费者需求的规律；此外，希克斯还重新解释了消费者剩余概念，改进了福利经济学的分析。（3）列昂惕夫生产函数。由列昂惕夫提出，用以解释固定投入比例的生产函数。（4）"纳什均衡"和博弈理论。由纳什、哈萨尼和泽尔腾等提出，用以解释寡头厂商的共谋及其特征。（5）威胁与承诺的可信性。由谢林和奥曼提出，用以解释非合作博弈的特征，深化对经济冲突的理解。（6）一般均衡的存在。由阿罗和德布鲁运用集合论和凸性分析技术证明，一般均衡的存在、一般均衡的稳定和一般均衡状态恒等于最大效率等三个基本定理，构造了全新的一般均衡理论。（7）卡尔多－希克斯标准。由卡尔多和希克斯提出，用以判断经济的效率。（8）社会福利函数理论。由萨缪尔森提出，用以解释社会全体成员的效用水平。（9）不可能性定理。由阿罗提出，用以解释现代社会选择的规律。（10）寻租理论。由布坎南等提出，用以解释垄断造成的损失。（11）科斯定理。由科斯提出，用以解释对付负外部性的办法。（12）公共选择理论。由布坎南等提出，用以解释与政府行为有关的集体选择问题。（13）政府失灵。由布坎南等提出，用以解释政府的低效率。（14）信息不完全理论。由斯蒂格利茨等提出，用以解释市场失灵和政府干预。（15）"柠檬市场"。由阿克尔洛夫提出，用以解释二手车市场的信息不对称问题。（16）隐藏均衡。由斯蒂格利茨提出，用以解释保险公司和投保人之间的信息不对称问题。（17）信号理论。由斯彭斯提出，用以解释委托人和代理人之间的信息不对称问题。（18）委托—代理理论。由莫里斯、斯蒂格里茨、罗斯和斯彭斯等人共同开发研究，用以分析委托—代理关系中的信息不对称问题，如道德风险、逆向选择等问题。

在宏观经济理论方面，诺贝尔经济学获得者的理论创新，主要是修正、补充和完善凯恩斯主义。其中主要的有：

国民收入核算理论和方法。包括：（1）国民收入核算理论。由库兹涅茨提出，用以指导国民收入核算，为西方现代国民收入核算体系奠定了基础。库兹涅茨因而被称为 GNP 之父。（2）国民经济核算体系。由斯通创立，用以修订联合国《国民经济核算体系及辅助表》和联合国《国民经济核算体系（1968 年）》，改进了经济实践分析的基础。斯通因而被誉为国民经济统计之父。

国民收入决定理论。包括：（1）库兹涅茨之谜。由库兹涅茨提出，用以说明长期内凯恩斯边际消费倾向递减规律与实际消费倾向基本稳定之间的矛盾。（2）消费函数理论，包括莫迪利安尼提出的"生命周期假说"和弗里德曼提出的"恒久性收入假说"，用以分析消费和收入之间的关系。（3）乘数理论。由萨缪尔森提出，用以解释投资和收入增长之间的关系。（4）"托宾的 Q 值"。由托宾提出，用以解释股票价格和企业投资之间的关系。

IS－LM 模型。由希克斯提出，用以解释产品市场和货币市场同时均衡时，利率和收入的决定。

失业与通货膨胀理论。包括：（1）"自然失业率"假说。由弗里德曼和费尔普斯分别独立提出，用以解释通货膨胀与失业并存的问题。（2）效率工资模型。由斯蒂格利茨和夏皮罗合作提出，用以解释非对称信息下的非自愿失业。（3）物价—失业的菲利普斯曲线。由索罗与萨缪尔森提出，用以修正原始的菲利普斯曲线，说明失业和通货膨胀之间的关系。（4）附加预期的菲利普曲线。由费尔普斯和弗里德曼分别独立提出，用以解释通货膨胀和失业之间的短期权衡替代关系，以及在自然失业率位置上的长期垂线关系。

国际贸易理论。包括：（1）要素禀赋理论或赫克歇尔—俄林理论（简称 H－O 定理）。由俄林与其导师赫克歇尔联袂提出，用以解释资源优势不同国家之间的贸易。（2）"列昂惕夫之谜"。由列昂惕夫发现并提出，用以说明传统比较优势理论和美国实际贸易之间的矛盾。（3）规模经济理论或新贸易理论。由克鲁格曼提出，用以解释相似资源储备国家之间和同类工业品之间的贸易。（4）双重政策目标理论。由米德提出，用以分析一个国家的国内平衡与国外平衡之间的关系。（5）蒙代尔—弗莱明模型。由蒙代尔和弗莱明联袂提出，用以说明资本是否自由流动以及不同的汇率制度对一国宏观经济的影响。（6）最优货币区域。由蒙代尔提出，用以说明在一些条件约束下，几个国家或地区放弃各自的货币主权而认同共同的货币是有益的。蒙代尔的研究为发行欧洲单一货币单位——欧元，奠定了理论基础，因而他被称为"欧元之父"。

经济增长理论。包括：（1）索罗剩余。由索罗提出，用以解释经济增长过程中技术进步的贡献份额。（2）新古典增长模型或索罗模型。由索洛和斯旺等人共同提出，用以解释长期经济增长的规律。（3）索洛—米德模型。由索洛和米德共同提出，用以说明在技术进步条件下的经济增长规律，是对索罗模型的修正。（4）"大道定理"。由索罗与萨缪尔森提出，用以在冯·诺伊曼研究的基础上，证明经济增长的最优路径。（5）经济增长的黄金律。由费尔普斯提出，用以解释经济增长过程中的社会福利效应，揭示经济增长的动态最优化路径。（6）内生增长理论。包括罗默的知识溢出模型、卢卡斯的人力资本模型和"干中学"的外部性模型以及巴罗模型，用以解释内生的技术进步在保证经济持续增长中的决定性作用。（7）人力资本理论。由舒尔茨首先提出，用以解释人力资本是农业增长和经济增长的主要源泉。（8）倒 U 字假说。由库兹涅茨提出，用以解释长期中收入分配不平等的倒 U 形变化趋势。

经济周期理论。包括：（1）库兹涅茨周期或建筑业周期。由库兹涅茨提出，用以说明建筑业经济周期的规律性。（2）投资过度理论。由哈耶克提出，用以说明信贷、投资和经济周期的内在联系。（3）乘数—加速数模型。由萨缪尔森提出，用以说明乘数和加速数的相互作用同总需求变动及经济周期的关系。（4）货币经济周期模型。由弗里德曼和卢卡斯等分别提出，用以说明外生的货币冲击和经济波动的内在联系。（5）实际周期理论。由基德兰德与普雷斯科特共同研究提出，用以说明总供给冲击，尤其是技术进步对经济波动的影响。

其他理论创新：（1）现代货币数量论。由弗里德曼提出，用以考察货币数量变动同产出、就业以及价格之间的关系。（2）单一政策规则。由弗里德曼提出，用以解释货币主义的宏观经济政策建议。（3）理性预期假说。由卢卡斯提出，用以解释预期价格与实际价格的偏离同实际产出与潜在产出的偏离，进而导出总供给曲线和 AD – AS 模型。（4）时间不一致性。由基德兰德和普雷斯科特提出，用以分析宏观政策的有效性，为经济政策特别是货币政策的实际有效运用提供了思路。

需要指出，上述罗列仅限于理论经济学部分，有些部门经济学或应用经济学的创新，如二元经济模型、期权定价模型、M – M 定理等，未予介绍。另外，有些重要的创新并没有获奖，如垄断竞争模型（张伯伦垄断竞争）、斯威齐模型、公地悲剧、无谓损失、洛伦斯曲线、基尼系数、奥肯定律、经济增长核算方程、经济增长因素分析、哈罗德—多马模型、粘性理论、原始菲利普斯曲线等。对提出这些观点的经济学家，我们也应当表示同样的尊敬。

参考文献

1. 高鸿业：《西方经济学》（微观部分）（第三版），中国人民大学出版社 2004 年版。

2. 魏埙等：《现代西方经济学教程》（微观部分）（第二版），南开大学出版社 2001 年版。

3. ［美］哈尔·R·范里安：《微观经济学现代观点》（第六版），上海人民出版社 2006 年版。

4. ［美］斯蒂格利茨：《〈经济学小品〉和案例》，中国人民大学出版社 2002 年版。

5. ［美］斯蒂格利茨：《经济学》（第一版），中国人民大学出版社 1997 年版。

6. ［英］迈克尔·帕金，梁小民译：《微观经济学》（第五版），人民邮电出版社 2007 年版。

7. ［英］迈克尔·帕金，梁小民译：《微观经济学》（第八版），人民邮电出版社 2008 年版。

8. ［英］迈克尔·帕金，梁小民译：《宏观经济学》（第八版），人民邮电出版社 2008 年版。

9. ［美］萨缪尔森、诺德豪斯：《经济学》（第十七版），华夏出版社 2003 年版。

10. ［美］萨缪尔森、诺德豪斯：《经济学》（第十八版），人民邮电出版社 2008 年版。

11. ［美］曼昆：《经济学原理》（第四版），北京大学出版社 2006 年版。

12. ［美］多恩布什：《宏观经济学》，中国人民大学出版社 2000 年版。

13. ［美］亚伯、［美］伯南克、［美］克鲁肖，任曙明等译：《中级宏观经济学》（原书第六版），机械工业出版社 2009 年版。

14. ［美］罗伯特·霍尔，［美］约翰·泰勒：《宏观经济学》，中国人民大学出版社 2000 年版。

15. ［英］亚当·斯密，唐日松等译：《国富论》，华夏出版社2007年版。

16. ［英］凯恩斯：《就业利息和货币通论》，商务印书馆1963年版。

17. ［美］米什金：《货币金融学》（第七版），中国人民大学出版社2006年版。

18. ［美］沃尔特·亚当斯、［美］詹姆斯·W·布罗克主编，吴汉洪译：《美国产业结构》（第十版），中国人民大学出版社2002年版。

19. 吴汉洪：《经济学基础》（第三版），中国人民大学出版社2008年版。

20. 胡希宁：《当代西方经济学概论》（第三版），中央党校出版社2004年版。

21. 罗丽英、黄新泽、鲁丽梅：《经济学导论》，湖南大学出版社2007年版。

22. 陈淑君：《西方经济学》（第一版），西南财经大学出版社2008年版。

23. 黄宝海、倪慧君：《西方经济学简明教程》（第一版），山东大学出版社2006年版。

24. 张维迎：《博弈论与信息经济学》（第一版），格致出版社、上海三联出版社、上海人民出版社1996年版。

25. 杨伯华、缪一德：《西方经济学原理》（第三版），西南财经大学出版社2004年版。

26. 汪祥春：《微观经济学》（第一版），东北财经大学出版社2002年版。

27. 梁小民：《高级宏观经济学教程》，北京大学出版社1993年版。

28. 厉以宁：《宏观经济学的产生和发展》，湖南1997出版社2004年版。

29. 周军：《宏观经济学》（第一版），武汉理工大学出版社2005年版。

30. 左大培、杨春学：《经济增长理论的内生化历程》，中国经济出版社2007年版。

31. 洪银兴：《发展经济学与中国经济发展》（第二版），高等教育出版社2005年版。

32. 薛荣久：《国际贸易》，对外经济贸易大学出版社2005年版。

33. 钱荣堃：《国际金融》，四川人民出版社2004年版。

34. 刘军善：《国际金融学》，东北财经大学出版社2004年版。

35. 姜波克、朱云高：《国际金融新编》，复旦大学出版社2003年版。

36. 高扬等：《微观经济学》，中国财经科学出版社2010年版。

37. 周清杰等：《宏观经济学》，机械工业出版社2008年版。

38. ［美］马克·利伯曼，罗伯特·霍尔：《经济学导论》，东北财经大学出版社2006年版。

后　　记

本教材是北京工商大学优秀教材建设项目的成果。自 2007 年开始，我们先后承担了学校的教育教学研究与改革项目和教材建设项目，进行经济学导论课程的设计、实施与教材建设，经过近三年的探索和实践，这些项目终于圆满结题。

本教材的顺利出版，不仅得益于北京工商大学对通识教育的重视，也得益于教务处和经济学院对经济学导论课程教学和教材建设的支持，以及莘莘学子对该课程所提出的真诚建议。经济科学出版社王东岗先生为该教材的出版也付出了辛勤的努力。在此，我们对所有为本书的出版付出心血的领导、同仁和学生们表示衷心的感谢。

在本教材的编写过程中，廖运凤教授和孟潇、刘奇山、石侃、王禅、车怡、李海燕、吴正丹等研究生在教材初稿写作、资料收集等方面付出了辛劳和智慧；栾红、孟昌、徐振宇、高扬、余向华等教师对教材的编写框架和初稿提出了宝贵意见。我们也向他们致以衷心的感谢。

由于水平所限，对于教材中可能会出现的纰漏与错误，理应由编者负责，请各位专家、读者指正。

编　者

2010 年 7 月